RICHARD THURNWALD

Grundfragen menschlicher Gesellung

Forschungen zur Ethnologie und Sozialpsychologie

Herausgegeben von Hilde Thurnwald

Band 2

Grundfragen menschlicher Gesellung

Ausgewählte Schriften

Von

RICHARD THURNWALD

DUNCKER & HUMBLOT / BERLIN

Alle Rechte vorbehalten
© 1957 Duncker & Humblot, Berlin
Gedruckt 1957 bei Richard Schröter, Berlin SW 29
Printed in Germany

Vorwort

Die von Richard Thurnwald ein knappes Jahr vor seinem Tode begonnene Reihe von Veröffentlichungen in zwangloser Folge wird mit diesem zweiten Heft der „Forschungen" fortgesetzt. Sie erscheinen in Verbindung mit der von mir weitergeführten Zeitschrift „Sociologus", jedoch nicht im ursprünglich geplanten Zusammenhang mit dem Institut für Ethnologie der Freien Universität Berlin, weil sich die Voraussetzungen dafür geändert haben.

Das vorliegende Heft bringt elf von mir ausgewählte Schriften von Richard Thurnwald, die zum Teil weit verstreut in in- und ausländischen Zeitschriften und Sammelwerken erschienen sind. Die Schriften umschließen die Jahre 1918 bis 1945 — fast drei Jahrzehnte, in denen ihr Verfasser, zurückgekehrt aus den Urwäldern von Neuguinea, aus dem ersten Weltkrieg, aus Afrika und abermals aus der Südsee (1935), seine erweiterten Erfahrungen und Erkenntnisse in umfassenden Werken und in zahlreichen kleineren Arbeiten niedergelegt hat.

Thurnwalds auf die sozialen Phänomene und auf die Grundlagen des menschlichen Zusammenlebens gerichtete Aufmerksamkeit ließ ihn von Anbeginn in der Ethnologie eine Forschungsweise anwenden, die soziologische und psychologische Fragestellungen einschloß; auch von der sprachlichen, der frühgeschichtlichen, der rechtsvergleichenden Seite ging er an die Probleme heran. Aufschlußreiche Vergleichsmöglichkeiten gewährte ihm seine genaue Kenntnis der altorientalischen Hochkulturen. Es kam ihm darauf an, das Gesellungsgeschehen in seinen bio-psychischen Abhängigkeiten, in seiner Verflochtenheit und Wechselwirkung mit allen anderen Bezirken menschlicher Kulturgestaltung zu erfassen und, unter Berücksichtigung der historisch greifbaren Konstellationen, der Dynamik seiner Abläufe nachzugehen. Von der erforschbaren Wirklichkeit aus suchte er zu Abstraktionen zu gelangen, Gesetzmäßigkeiten aufzufinden und Typisierungen vorzunehmen. Dabei warnte er stets vor einem Verwechseln gedanklicher Konstruktionen mit den konkreten geschichtlichen Vorgängen. Er wollte die Völkerwissenschaft auch als Lehrfach in immer engerer Zusammenarbeit mit der Soziologie und der Psychologie wirksam werden lassen, denn diese Disziplinen stellten sich ihm „nur als verschiedene Gesichtswinkel dar, unter denen das Phänomen Mensch mit seiner kulturellen Aura zu betrachten ist".

Aus der Fülle der Abhandlungen habe ich solche ausgewählt, die Thurnwalds Stellungnahme zu einigen Grundfragen menschlicher Gesellung eindringlich hervortreten lassen und die, wie ich glaube, charakteristisch für seine oben skizzierte Forschungsweise sind. Das gilt auch für zwei Einleitungen und zwei Abschnitte aus verschiedenen Bänden seines Hauptwerkes „Die menschliche Gesellschaft in ihren ethno-soziologischen Grundlagen", die ich hinzugefügt habe. Diese Sammlung möchte — als kleiner Ausschnitt aus dem gesamten Lebenswerk Thurnwalds — erneut Forschungsergebnisse und Auffassungen in das Blickfeld rücken, die für die Ethnologie und ihre Nachbarwissenschaften besondere Bedeutung gewonnen haben. Manche der jahrzehntealten Erkenntnisse, die heute fachliches Allgemeingut sind, gehen auf Thurnwald als ihren Urheber zurück, wie etwa seine Theorie der Überschichtungsvorgänge in vorstaatlichen und archaischen Kulturen oder das wichtige Prinzip der Gegenseitigkeit oder der Begriff der Siebung.

Die hier vereinigten Schriften, die sich bis zu einem gewissen Grade in der Thematik ergänzen, sind nach ihren Sachbeziehungen angeordnet. Ihr vorwiegendes Zurückgreifen auf die sog. Naturvölker gab Veranlassung, den Aufsatz über den „Kulturhintergrund des primitiven Denkens" an den Anfang zu stellen. Die den Abschluß bildende Abhandlung „Völkerkundliche Vergleiche unter den Erdteilen" soll in Sonderheit auf Thurnwalds Beurteilung der die Entwicklung der modernen Ethnologie kennzeichnenden Richtungen und Methoden hinweisen. Unvermeidlich ist es, daß der Leser in diesen elf Schriften einigen Wiederholungen von Gedankengängen begegnet, da die Arbeiten aus verschiedenen Anlässen und zu verschiedenen Zeiten geschrieben worden sind.

Berlin-Nikolassee, Oktober 1957   Hilde Thurnwald

Inhalt

Vorwort   5

Der Kulturhintergrund des primitiven Denkens 9

Problematik der Untersuchung menschlicher Gemeinwesen 35

Politische Gebilde bei Naturvölkern 39

Entstehung und Bedeutung von Institutionen 63

Soziale Organisation und Verwandtschaftsnamen bei Primitiven 70

Grundzüge des primitiven Rechts 77

Gegenseitigkeit im Aufbau und Funktionieren der Gesellungen und deren Institutionen 82

Die sozialpsychologische Verflochtenheit der Wirtschaft 104

Analyse von „Entwicklung" und „Zyklus" 114

The Psychology of Acculturation 136

Völkerkundliche Vergleiche unter den Erdteilen 149

Der Kulturhintergrund des primitiven Denkens [1]

Einleitung

Spricht man vom primitiven Denken, so erinnern wir uns dabei an das, was wir gelesen und gehört haben von merkwürdigen Sitten und Bräuchen, von Vorbedeutungen und Zaubereien bei Krankheit, Geburt und Sterben, von Tabus, Totemismus und Mana, von Kannibalismus, Menschenopfer und Kopfjagd, von Fruchtbarkeitsriten und Heilverfahren, von Ahnengeistern, Dämonen und Göttern. Doch beurteilen wir die Gedanken und Riten nur zu oft von unserem Standpunkt am Schreibtisch und im geheizten Zimmer mit hochgezogenen Augenbrauen und überlegenem Lächeln. Manche verlieren sich in Spekulationen, ohne das Leben der Naturvölker zu berücksichtigen.

C. G. *Jung* bezweifelt[2], daß man überhaupt etwas „Wahres" oder „Richtiges" über das Wesen der Seele „ausmachen" kann, und meint, daß wir es bestenfalls zu einem „wahren Ausdruck" bringen können, zu einem Bekenntnis und einer ausführlichen Darstellung, einer gestaltenden Anschauung des subjektiv Vorgefundenen. In diesem Sinne mögen meine folgenden Erörterungen verstanden werden.

Es mag sich empfehlen, als Einführung einige persönliche Erlebnisse zu erwähnen, die ich während meines Aufenthaltes in Neu-Guinea, auf den Salomo-Inseln der Südsee, und in Afrika im Verlauf von zusammen acht Jahren erfahren habe.

Im Innern Neu-Guineas bewegte ich mich 1913 und 1914 unter Eingeborenen, die nie vorher einem Weißen begegnet waren. Wie war deren erste Reaktion? Kam ich etwa unerwartet auf einem Fluß im Kanu, so geschah es wohl, daß ich einen Mann am Ufer im Wald mit gespanntem Bogen und auf mich gerichtetem Pfeil lauern sah. Hob ich die Hände hoch und winkte ab, so entspannte er den Bogen. Begegnete ich Leuten auf dem Pfade, so rannten sie gewöhnlich weg wie vom panischen Schrecken gepackt. Näherte ich mich einem Dorf und war eher gesichtet worden, so hörte ich hastiges Rufen und Rennen, und das Dorf wurde leer bis auf ein paar Alte, die oft zitternd und bebend meinem Kommen entgegensahen. Mein Bemühen durfte nicht darauf gerichtet sein, die Angst etwa pomphaft zu vergrößern, sondern, wenn ich mit den Leuten in Berührung kommen wollte,

---

[1] Zuerst erschienen in der Zeitschrift für Psychologie Bd. 147 (1940).
[2] In „Seelenprobleme der Gegenwart" (Gegensatz zwischen *Freud* und *Jung*), S. 75.

mußte ich sie zu beruhigen trachten. Näherte ich mich, so wichen die Wartenden zurück. Ich mußte sie daher locken, zu mir herzukommen. Erfahrungsgemäß geschah das durch Geschenke, die ich zeigte, besonders durch Glasperlen und Porzellanringe. Aber nicht durch solche Geschenke, deren Gebrauch sie nicht verstanden. Eisenmesser und Axtklingen wurden zuerst immer abgelehnt, da man nur Messer aus Bambus und Beile aus Stein kannte. Gewöhnlich beschmierte ich den Alten ihre Backen und Stirn mit roter Farbe. Da ich selbst von der Sonne gerötet war, so deuteten sie das Beschmieren als Freundschaftszeichen, zumal im Glauben mancher Stämme dadurch gefährliche Dämonen ferngehalten werden. War ich gesichtet worden, ohne es zu merken, so erschallten Trommelsignale, die die Ankunft eines Fremden verkündeten, und bald tauchten überall Bewaffnete auf, die beruhigt werden mußten.

Einmal, am Keramfluß, begleitete mich mein weißer Maschinist. Als wir am Ufer standen und Eingeborene sich versammelt hatten, zündete er für seine Pfeife ein Streichholz an. Das erschreckte die Leute so, daß sie auseinanderstoben und nicht mehr zurückkamen. Auf einem Ausflug ins Innere von Buin (Bougainville) wurde ich gebeten, doch zu schießen. Als der Flintenschuß krachte, fiel einer der Männer rücklings auf den Boden vor Entsetzen. Die Empfänge waren oft sonderbar freundlich, wenn man von mir schon gehört hatte. So sprangen in der Lagune von Kumbragumbra alle jungen Leute, die am Ufer aufgestellt waren, mit erhobenen Armen unmittelbar vor dem Motorboot, mit dem ich kam, ins Wasser, um ihre Unbewaffnetheit und ihre Freundlichkeit auszudrücken. Einmal hatte mich ein Dorf (Angorman) zu besonderem Besuch eingeladen. Als ich ankam, waren alle Männer und Frauen, jung und alt, am Ufer versammelt, und in dem Augenblick, als ich meinen Fuß ans Land setzte, begannen sie zu tanzen und zu singen. Die Leute in den Bergen dachten, daß meine Jacke eine eigenartige Haut sei, und konnten nicht fassen, daß ich sie ausziehe. Als ich im März 1915 aus dem Innern von Neu-Guinea nach dem Unterlauf des Sepik-Stromes zurückkehrte, wurde ich von den Eingeborenen der Dörfer, an denen ich vorbei kam, gewarnt, mich dem kleinen Posten von vier australischen Soldaten zu zeigen, und als ich mich aufmachte, von dem einen Ufer zum gegenüberliegenden zu fahren, wo das Quartier des Postens war, heulten einige meiner Jungen aus Anhänglichkeit und meinten: „Jetzt werden die Engländer dich töten und aufessen."

I. Die Fremdheit des Kulturhintergrundes

Mit diesen selbst erlebten Beispielen wollte ich etwas von der Welt der ganz unberührten, oder nur sehr wenig berührten papuanischen

Völker aufzeigen, auf die ich meine folgenden Ausführungen hauptsächlich stützen möchte. Es ist eine sehr andersartige Kultur, in der diese Menschen leben. Uns erscheint ihr Verhalten so sonderbar und unberechenbar wie unser Verhalten ihnen. Was sollen diese Leute der Steinzeitwerkzeuge vom puffenden Motor anders denken, als daß ein dienstbar gemachter Dämon die Pinasse treibt, daß das Blech der Kisten als Bast von Bäumen gewonnen wird, daß wir in einer Welt wohnen, die von freundlichen Geistern betreut wird, und in einer Natur, die uns Geräte und Werkzeuge direkt von den Bäumen zu holen erlaubt. Ich wurde gefragt, wie die Früchte aussehen, aus deren Kern wir Gläser und Porzellanschalen lösen, und wie die Schoten beschaffen sind, aus denen Messer und Gabel herausgeschält werden. Aber bilden nicht auch wir uns oft ein, daß den Naturvölkern die Nahrung in den Mund wächst, stellen wir uns deren Jägerleben nicht auch nach dem Modell vor, das wir von einem Jagdsportler unserer Tage entlehnen?

Wie ihre Technik, ist auch ihr Denken „primitiv", von dem Grad unserer Naturbeherrschung aus betrachtet. An diesem allgemeinen Maßstab gemessen, wundern wir uns nicht, daß ihnen unser Können und Wissen „zauberisch" erscheint. Wir sind ihnen mystisch, wie unsere ganze Welt. Wir sind ihnen die großen Magier. In den Bergen Neu-Guineas tanzte ein Mann vor mir her und vertrieb mit einem belaubten Zweig die Geister, dann forderte er mich auf, eine schwammartige Masse auszudrücken und das Wasser gegen sein Dorf zu spritzen. Auch die Eingeborenen, die in die Siedlungen und Pflanzungen der Weißen gekommen sind und dort leben, überschätzen uns: „white man he make him", = „der weiße Mann hat es gemacht" ist die Lösung in pidgin-englischer Fassung. Nichts wundert den braunen „boy", der nach einigen Dienstjahren in sein Heimatdorf zurückkehrt. Ihm fehlt der Maßstab für die Schwierigkeit und Probleme, die wir haben, er nimmt seinen Genossen gegenüber eine blasierte Haltung an, um zu zeigen, daß ihm nun nichts mehr imponieren kann, nachdem er sich den Geist der Weißen angeeignet hat.

Hingegen sind wir geneigt, den „Menschen" im Eingeborenen zu unterschätzen, weil er mit dem Erwerb unserer Fertigkeiten und Kenntnisse nicht Schritt gehalten hat. Es ist bekannt, daß man den eingeborenen Indianern zuerst den Besitz einer Seele absprach und es einer besonderen Bulle des Papstes Paul III. vom 2. Juni 1537 bedurfte, um ihnen eine Seele zuzuerkennen und sie als Geschöpfe Gottes zu erklären. Man hat auch heute oft den Eindruck, als wäre ein ähnliches Edikt gelegentlich nicht überflüssig.

Selbst in wissenschaftlichen Kreisen herrscht mitunter eine merkwürdige Verwirrung, die damit zusammenhängt, daß so viele Leute, die Bücher über die Naturvölker schreiben oder autoritativ über sie reden, niemals unter ihnen geweilt haben, so daß der rein menschliche Kontakt mit ihnen fehlt. Der ist aber unbedingt nötig, um zu einer ausbalancierten Haltung zu gelangen, die es ermöglicht, mit so wenig unbewußten Voraussetzungen wie möglich an die Deutung des Verhaltens und Denkens dieser Völker heranzutreten. Ein Arzt wagt keine Diagnose, bevor er den Kranken gesehen hat. Und Berichte von Zeugen eines Vorfalls werden von einem Richter kritisch geprüft. Wenn es sich aber um eine so wichtige Frage handelt, wie die von der Entwicklung der menschlichen Fähigkeiten und deren Bedingtheiten, glaubt man mitunter sich mit Spekulationen begnügen zu dürfen. So haben einige Vorurteile eine gewisse Mode in den letzten Jahren erlangt. Ich meine die Behauptung, daß die Naturvölker überhaupt nicht logisch und kausal denken.

Es mag angezeigt sein, diese Frage sogleich zu besprechen, denn von da aus finden wir den Weg weiter zu anderen Problemen, die uns bedrängen.

II. Kausalität

Verraten die Anekdoten, die ich einleitend erzählte, Fehlen von kausalem Denken und Handeln? Ich vermag das nicht zu entdecken, wenn ich mich in die Geistesverfassung des Eingeborenen und die Gegebenheiten seiner Kultur versetze. Angst und Mißtrauen vor dem Fremden und Unbekannten fehlt auch bei uns nicht. Man denke an die Mißverständnisse, denen früher in Europa die Japaner und Chinesen ausgesetzt waren. Die merkwürdigen Symbolhandlungen, die zur Begrüßung veranstaltet wurden, widersprechen nicht dem kausalen Denken. Auch wir haben symbolische Formen der Begrüßung. Der Verdacht meiner schwarzen Jungen, die Engländer würden mich aufessen, entspricht dem Spekulieren mancher unserer Philosophen, die das Denken von Fremden nach ihren eigenen Bräuchen deuten, nicht nach denen der anderen.

Wenn wir aber das Legen von Fallen und Schlingen mit großer List und auf Grund genauer Beobachtung des Lebens der Tiere oder die Art der Feldbestellung mit vorausschauender Disposition über die Reifezeit erwägen (so nämlich, daß gewisse Felder in Abständen von etwa je drei Monaten tragen), und die vielerlei Techniken, die ein sorgfältiges Voraussehen und Disponieren umfassen, wie beim Bau von Häusern, von Kanus, von Trommeln u. dgl., wenn man an die Heiratsordnungen oder an die Speise- oder Töteverbote (Tabus) denkt, so kann man keineswegs Kausalität des Denkens vermissen. Das tägliche Leben und die Deutung übersehbarer Zusammenhänge vollziehen sich nach kausalen und logischen Grundsätzen.

Wie ist es aber, wenn ein kräftiger Mann an einer Krankheit stirbt und man seinen Feind beschuldigt, durch gewisse geheimnisvolle Manipulationen die Krankheit und den Tod des Mannes herbeigeführt zu haben? Unsere Ärzte würden das als „Schwindel" erklären, und kein Richter würde bei uns den Angeschuldigten verurteilen. Die europäischen Polizeimeister oder Bezirksamtmänner weigern sich auch in Neu-Guinea oder auf den Salomo-Inseln, eine solche Kausalverkettung anzuerkennen. Das ist nicht verwunderlich. Sollen wir in diesen Chorus einstimmen? Der Eingeborene hat nach einer Ursache gesucht und hat sie nach seiner Denkweise gefunden. Vielen magischen Handlungen liegt ein starkes Kausalbedürfnis zugrunde. Ein Mann, der eine Puppe schnitzt, sie nach seinem Feind benennt und sie dann durchbohrt, oder einen Frosch fängt und ihm den Namen eines Mannes gibt, dessen Tod er gegen Bezahlung herbeiführen soll, denkt kausal, wenn auch nicht in unserem Sinn. Ebenso der Regenmacher, der ein durchscheinendes Quarzkristall, den Regenstein, mit Wasser begießt, hat die verursachende Absicht, Regen herbeizuführen. Die Mythen und die Sagen von Kulturbringern „erklären" die Welt, die Gestirne, die Phänomene der Erde, Wind, Blitz, Donner, Regen, Wolken, Überschwemmungen, Berge, Meer, Tiere und Pflanzen, Werkzeuge und Geräte der Menschen, Feste, Tänze, Zeremonien, Heiratsordnungen, Sippeneinteilung, Häuptlingschaft, Totems, Kasten — kurz die Natur, in der der Mensch lebt, seine technischen Schöpfungen und seine sozialen Einrichtungen. Alles wird auf Ursachen und Wirkungen zurückgeführt.

Allein, wie geschieht das? Man sagt auf a-logische, prälogische, il-logische Weise. Ist das richtig? Vom Stande unserer Kenntnisse aus gesehen erscheint das Denken der Naturvölker ebenso außer- oder un-logisch wie unser Denken ihnen. Denn sie deuten die Fertigkeiten und Kenntnisse des Weißen, wie schon erwähnt, als Ausfluß magischer Kräfte, sie unterstellen ihm ein andersartiges Denken und Handeln.

III. Logik

Gräbt eine Frau ein Loch in die Erde und setzt Taroschößlinge hinein, damit die Pflanze wächst, von der sie weiß, daß sie Knollen ansetzt, die man nach neun oder zehn Monaten ausgraben und essen kann, so verfährt sie kausal und logisch. Es handelt sich um die Aneinanderfügung von übersehbaren und in ihrer Wirkungsverknüpftheit erprobten Teilhandlungen. Die Verknüpftheiten wurden irgendwo von irgendwelchen Menschen einmal entdeckt, wahrscheinlich auf Grund verschiedener Einzelbeobachtungen und Kombinationen. Andere haben diese Wirkungsverknüpftheit begriffen und nachgeahmt.

So hat sich der Anbau von Kulturpflanzen und die Züchtung von Haustieren verbreitet. Ähnlich sind auch die Verfahrensarten bei der Herstellung von Häusern, Geräten und Werkzeugen und bei ihrer Anwendung streng logisch. Hier gibt es sinnlich greifbare und deutlich erkennbare Zusammenhänge. Mancher Philosoph würde viel ungeschickter und unlogischer Fallen stellen, den Garten bearbeiten, Bäume mit dem Steinbeil fällen usw., als die Papuaner im Innern von Neu-Guinea es tun.

Hat ein Schwein eine Frau in die Hand gebissen oder hat einer den anderen mit dem Messer verletzt, fand also eine sinnlich wahrnehmbare Handlung statt, so daß die Wunde als deren Folge deutlich erkennbar ist, so setzt man kausal und logisch die beiden Ereignisse in Abhängigkeitsbeziehung. Anders aber wenn eine Wunde am Arm entsteht, ohne daß man die Ursache festzustellen vermag. Man forscht nach der Ursache. Würden die Leute nicht kausal denken, so würden sie auch nicht nach Gründen fragen. Das tut man aber. Wie findet man sie?

IV. Bewältigung unübersichtlicher Zusammenhänge

Hier beginnen die Probleme des primitiven Denkens. Wir können sie nicht lösen in der Weise, daß wir von unserem Denken ausgehen, das über reiche, weltumspannende, in Jahrtausenden uns überlieferte Erfahrung zahlreicher Völker verfügt, einer Erfahrung, die mit geschliffenem Denken gehandhabt und immer weiter ausgebaut wird. Sondern wir müssen ausgehen von der Eigenart der primitiven Kulturen, in deren Ganzheit das Denken als eine Funktion der Kultur eingebettet liegt. Das Erfahrungsbereich einer Papuagemeinde ist eng, umfaßt ein paar Quadratkilometer, die Überlieferungen sind mangels schriftlicher Aufzeichnungen vage und an ein paar intelligente Personen geknüpft, die in winzigen Gemeinden leben von ein paar Dutzend Leuten, wenn es hoch geht von ein paar Hundert, selten mehr. Das ist der Existenzhintergrund der meisten sog. primitiven Kulturen, die ihrerseits den Mutterboden für das darin vor sich gehende Denken und Handeln abgeben.

Was für Erfahrungseinheiten stehen den Leuten zur Verfügung? Was der Gau ihnen bietet, aus dem sie ihren Lebensunterhalt gewinnen. Kein Wunder, daß sie meinen, der Mond klettert tatsächlich an den Bäumen hoch. Daß sie wegen der häufigen Bewölkung nicht festgestellt haben, ob ein Mondmonat 24 oder 30 Tage dauert, daß sie nicht beobachtet haben, daß Raupe, Puppe und Schmetterling ein Tier sind. Aber auch Menschliches ist unsicher. Die Dauer der Schwangerschaft wird mit sechs, sieben oder acht Monaten angegeben, da man die ersten Symptome nicht in Beziehung zur Kohabitation zu setzen gelernt hat. Darum ist es auch nicht verwunderlich, daß bei abgelegeneren Stämmen der Zusammenhang zwischen Kohabitation und Konzeption unklar ist, ja mitunter dogmatisch geleugnet wird (darauf deuten Mythen der Australier und Ansichten der Trobriander).

Alles das deutet an, wie ungeheuer langwierig und schwierig der Weg der Erfahrung war, den das Menschengeschlecht zurückgelegt hat zu Feststellungen, die uns selbstverständlich erscheinen, weil wir sie in frühester Jugend daheim oder in der Schule mitgeteilt erhielten. Aber die Erziehung der Naturvölker bezieht sich auf praktische Dinge des Nahrungserwerbs, auf Verteidigung und auf ihre Methode, mit den Naturkräften fertig zu werden. Das Alltagsleben dieser Jäger, Bauern, Hirten, gestattet nicht viel Vergleichen und Analysieren der Vorgänge. Die Erscheinungen der Natur wirken in ihrer Komplexheit. Hat einer tiefer geforscht, so ist die Frage, ob seine Gemeinde die Ergebnisse annimmt. Sollte sie das tun, so erhebt sich ferner die Frage, ob, wie weit, und in welcher Gestalt sie von Generation zu Generation überliefert werden.

Wie soll nun eine plötzlich am Arm aufbrechende Wunde oder der unerwartete Tod eines kräftigen Mannes erklärt werden? Was soll man gegen die Wunde tun? Was, um Erkrankung und Tod hintanzuhalten? Selbst ein moderner Arzt ist oft vor ein schwieriges Problem gestellt, wenn er eine richtige Diagnose stellen soll. Seine Kenntnisse sind aber unvergleichlich reicher und sein Denken geübter. Wo soll der Mensch anfangen, der in vielen Hinsichten unwissend wie ein Kind ist, das noch keine Belehrungen empfangen hat? Hier eröffnet sich uns eine Sicht zurück auf den unendlich schwierigen und irrtumsreichen Weg, der mit der Erwerbung von Erfahrung, deren Analyse und der Gestaltung von synthetischen Hypothesen verbunden war und noch ist, und unser Denken mehr und mehr, trotz aller Rückschläge, schärft und kräftigt.

Wie denkt und verfährt nun etwa der Mann in Buin auf der Salomo-Insel Bougainville, wenn eine Wunde an seinem Arm auftritt, wie wir, meine Frau und ich, das vor zwei Jahren an einem Manne namens Kíumo erlebt haben? Die Auffassung besteht unter den Leuten, daß ein Mann solche Armwunden bekommt, wenn er Kokosnüsse von einer Palme stiehlt, die mit dem Eigentumszeichen, einem Band aus Teilen des Palmwedels, umwickelt ist.

Wie ist es zu einer solchen Lehre gekommen? Sie entspringt einer genossenschaftlichen Zusammenarbeit für die Erhaltung des Lebens einer Sippe oder einer Gruppe von Sippen oder Familien. Diese Schicksals- und Lebensgemeinschaft findet ihren ideellen Ausdruck in einer Anschauung von der Welt und in einer bestimmten Gestaltung des Zusammenlebens. Es gibt keine Unterscheidung in unserem Sinn zwischen Menschenordnung und Naturordnung. Sie sind eins. Die Verletzung der einen zieht Vergeltung auf anderem Gebiet nach sich. Denn Gegenseitigkeit[3] bildet die Grundlage des Zusammenlebens in der Gemeinde und daher auch in der Weltordnung. So sucht man die Störung der körperlichen Ordnung (die Geschwüre am Arm) auf eine solche des geordneten Zusammenlebens in der Gemeinde zurückzuführen (den Diebstahl von Kokosnüssen).

Der Patient denkt nach und bespricht sich mit einem befreundeten Magier, wir würden sagen: mit seinem „Hausarzt". Dieser zieht die Augenbrauen hoch, setzt eine wichtige Miene auf und veranlaßt den Patienten zunächst zur Hergabe eines kleinen Schweines an ihn, den Magier, und zur Zahlung von etwas Muschelgeld an den Besitzer der Kokospalme. Letztere Zahlung soll nicht eine Entschädigung sein, sondern soll den Zorn des Besitzers der gebannten Kokospalmen besänftigen, weil durch die Wirkung der Tabuierung die Wunden hervorgerufen wurden. Die soziale Ordnung soll also durch ein Entgelt wieder ins Gleichgewicht gebracht werden. Der Magier beginnt, nachdem die Zahlungen entrichtet wurden, den Patienten zu behandeln, und zwar mit der Flüssigkeit aus einer wasserhaltigen Liane (die Flüssigkeit schmeckt wie lauwarmes Wasser). Diese Flüssigkeit ist ein beliebtes Mittel für Behandlung aller möglichen Krankheiten. Heilt die Wunde, so liegt die Wirkungsverknüpfung auf der Hand a) durch „magische" Wirkung der Zahlungen, b) durch die eigentliche Behandlung. Heilt sie nicht, so muß man weiter nach Ursachen forschen. Vielleicht ist Orómrui, der gewaltige Dämon der Häuptlinge, böse und dadurch die Weltordnung gestört. Dann muß ihm ein Opfer in Gestalt eines Schweines dargebracht werden, das vom Häuptling und seinen Leuten verzehrt wird, wobei gewisse Stücke für den Orómrui am Hauptpfosten der Häuptlingshalle verbrannt werden, denn er lebt vom Duft verbrannten Schweinefleisches. Wenn die Wunde nicht heilt, wird auf verschiedene weitere Geister und Dämonen oder auf feindliche Zauberer als Verursacher der Wunde geraten. Kommt man zur Begründung mit der Störung der Weltordnung nicht aus, so sucht man nach anderen direkten persönlichen Einflüssen.

Alle diese Behandlungsweisen erinnern an Psychotherapie, und zwar an solche Varianten, die man als Suggestivbehandlungen kennt, wie sie z. B. in der „Christian Science" angewendet werden.

Neben solcher uns „magisch" erscheinenden Behandlung gibt es eine sozusagen profane, die Heilkräuter kennt oder Arm- und Beinbrüche zu schienen versteht. Es ist gerade so wie bei der Feldbestellung, die genau weiß, wie man die Gruben für die Pflänzlinge anlegt, die

---

[3] Siehe meinen Aufsatz „Gegenseitigkeit im Aufbau und Funktionieren der Gesellungen und deren Institutionen" in der Festschrift f. Ferdinand Tönnies. Leipzig, Buske, 1936. Siehe im vorliegenden Heft S. 82—103.

Schößlinge auszuwählen versteht, Unkraut jätet, Zäune anlegt, aber daneben weiß, daß für das Wachstum und das Ausfallen der Frucht damit noch nicht alles getan ist und nun durch allerlei „Zauberriten" den Ertrag des Gartens oder Feldes sichern will. Man hat erfahren, daß die sorgfältigste Bemühung des Menschen den Erfolg noch nicht garantiert, es bedarf noch, wie wir zu sagen pflegen, „des göttlichen Segens". Den sucht man durch gewisse Manipulationen zu erzielen.

V. Lebensträger

Nichts ist so eindrucksvoll wie der Unterschied zwischen Leben und Tod. Leben wird aufgefaßt als ein Etwas, das den Körper verläßt und in verschiedener Gestalt vorgestellt wird. Dieses Etwas wird in die Welt der übermenschlichen Kräfte, also nach außen, projiziert und mit einer Gestalt ausgestattet, wie sie die betreffende Kultur aus ihrer Erkenntnis erdacht hat. Dieser Dualismus von Leib als einem Objekt und Seele (oder mehreren Seelen) als anderem Objekt, gibt den Schlüssel für viele Auffassungen und Handlungen in primitiven Kulturen. Die Winnebago-Indianer z. B. holten die Skalps ihrer Feinde, um ihr eigenes Leben durch die abgebrochene Dauer des feindlichen Lebens zu verlängern. Die Seele bleibt im Skalp, alles zu erwartende Leben geht vom Skalp aus und ergießt sich nun auf dessen neuen Besitzer[4]. Es ist etwa wie die Verpflanzung einer fremden Drüse im Sinne der modernen Medizin. Es ist durchaus logisch, solche Skalpe zu erbeuten. Ebenso wie in Buin die Kopfjagd es war. Denn die Schädel wurden dort nur von Hörigen genommen und deren Geister vom erfolgreichen Häuptling seinem persönlichen Schutzdämonen dargebracht, wodurch dem Häuptling Erfolg und Lebenskraft zuwuchs. Dadurch profitierte wieder die Gemeinde, die sich an der Schädeljagd beteiligte.

Man wird aber fragen, warum wird die „Seele" oder die „Lebenskraft" einmal im Skalp, das andere Mal im Schädel oder sonstwo lokalisiert? Das hängt mit der primitiven „Naturwissenschaft" zusammen. Haar, Knochen, Zähne, Nägel sind Bestandteile des Körpers, die sich viel länger erhalten als andere. Eine Erkenntnisrichtung oder Denkschule hat deshalb mit ihren Spekulationen an diese besonders beständigen Körperteile angeknüpft. Dazu kommt beim Kopf noch dessen außerordentliche Empfindlichkeit, denn durch Schlag auf den Kopf wird leicht Bewußtlosigkeit oder Tod herbeigeführt. Aber auch sonst drängt sich die Bedeutung des Kopfes für die sinnliche Wahrnehmung, besonders als Sitz der Augen, auf. Die Augen werden matt bei Krankheit und „brechen", erstarren oder schließen sich im Tod.

---
[4] P. *Radin*, The Winnebago Tribe S. 381, 37th Ann. Rep. BAE 1915/16.

Das lebendige Auge glänzt und spiegelt in der Pupille den, der hineinblickt. Die Buinleute betrachten dieses Spiegelbildchen (ura) als Träger der Lebenskraft, der Seele. *Deshalb ist der Kopf wichtig, nicht aber wegen des Gehirns, das man wegwirft.*

In Buin legt man den Sitz des Geistigen ins Herz, und auf dem Herzen (múruge) sitzt die Traumseele (pínuci), die während des Schlafes auf Abenteuer geht. Man „spricht" mit dem Herzen, wenn man denkt oder überlegt. Das Herz gilt in Buin als Sitz des geistigen Wesens eines Menschen.

So entstand der weitverbreitete Kopfkomplex, besser vielleicht genannt: die Kopfbeziehung. Sie äußert sich im polynesischen Kopftabu der Häuptlinge, so daß man annehmen muß, daß deren Schicht besondere Träger dieser Kopfbeziehung waren. Sie tritt als Verehrung der Ahnenschädel zutage, die man entweder in gesonderten Schreinen aufbewahrt (Choiseul) und von deren Wirkungskraft man Hilfe erhofft, oder in Schädelhallen (z. B. in Suain an der Nordküste von Neu-Guinea). Es ist kein Zufall, daß auch am Sepik in Neu-Guinea aus solchen Zusammenhängen Augen- und Zahnsymbole in den Malereien immer und immer dargestellt werden.

Eine Variante davon ist die Kopfjagd, wobei die Hypothese maßgebend ist, daß durch Erwerb fremder Schädel (ähnlich wie auch fremder Skalpe) deren Lebenskraft dem Erbeuter zugute kommt. Herrscht gleichzeitig nun mit dieser Philosophie ein Hörigensystem, so wird diese politische Einrichtung mit der betreffenden Erkenntnisdeutung verknüpft, und es entstehen Ansichten und Sitten wie die in Buin. Eine weitere Variante der Spekulation ist die eigenartige Sitte in Birma, wo man von der Wirkung erbeuteter Schädel, die man auf die Felder setzt, eine günstige Wirkung auf die Fruchtbarkeit erhofft.

Eine andere Erkenntnishypothese hingegen knüpft an die Körperlichkeit und besonders an das Blut an, das ebenfalls als lebenswichtig erkannt wurde. Als Auswirkung finden wir Kannibalismus, Menschenopfer und Blutriten, das Trinken des Blutes von Kühen (bei den Masai) oder von Ziegen (Dschagga) oder von Menschen. Oder aber man imputiert der Gottheit den Blutdurst, wie bei den Opfern der alten mexikanischen Priester, die den geopferten Menschen das noch pochende Herz herausrissen und es der Fruchtbarkeitsgöttin ins Gesicht warfen.

Solche Auffassungen von der Lebenskraft sind zu Leitgedanken von „Denkschulen" geworden, die in das Leben richtungweisend und gestaltend eingreifen. Auf der Inselwelt des Pazifik herrschte die eine oder die andere „Schule" in getrennten Gebieten vor. Das hindert natürlich nicht, daß im Laufe der Zeiten Berührungen vorkommen und auch andere „Schulen" Eingang fanden, was hier nicht weiter erörtert werden kann.

VI. Vorbedeutungen

Anlaß zu unserem besonderen Verwundern bilden Verknüpfungen mit Erscheinungen, um daraus Entschlüsse zum Handeln abzuleiten. Sie sind zumeist unvereinbar mit unserer Kenntnis von den Naturkräften. Um aber in primitives Denken einzudringen, müssen wir die Kleidung unserer Schulkenntnisse ablegen. Der Naturmensch ist ein praktischer Mensch, der rasch zum Ziele kommen muß in einer Umgebung, die mit wilden Tieren, giftigen Pflanzen, unergiebigem Gestein und oft feindlichen Menschen und unfreundlichen Naturgewalten ihn bedroht. Er muß sich selbst behaupten. Und dies bringt mit sich, daß er sich in den Mittelpunkt des Seins und der Vorgänge um ihn herum stellt und alles Geschehen auf sich bezieht. Er ist daher ganz subjektgebunden und denkt egozentrisch. Die Vögel fliegen in dieser Richtung, um ihm etwas mitzuteilen, wetterleuchtet es über den Spitzen der Berge in der Richtung gegen die feindliche Gemeinde, so verheißt dies (nach Auffassung der Maori) Erfolg im Kampf gegen sie. Dies sind Omina, Vorbedeutungen. Will er sich Klarheit über etwas verschaffen, so veranstaltet er Orakel und meint, daß, wenn ein Bambusstab über dem Feuer sich in einer Richtung biegt, dies die Richtung anzeigt, wo das Dorf eines gesuchten Mörders liegt.

Als von dem Heilungsverfahren gewisser Wunden die Rede war, wurde ein Vorgehen geschildert, das wir heute als psychotherapeutisch bezeichnen würden. Gewisse Vorbedeutungen fußten auf Gedankengängen, die an Ereignisse anknüpfen, die intuitiv in psychologischer Weise interpretiert werden. So galt es bei den Maori als übles Omen, wenn die Heerschar auf den Befehl hin sich nicht sofort wie ein Mann erhob oder wenn Leute aus der Schar oder gar der Anführer plötzlich heiser wurden; oder wenn sich auf die Nachricht vom Angriff des Feindes Verwirrungen zeigten; oder wenn ein Krieger gähnte — ein Zeichen von Feigheit; oder wenn die Anführer vor der Unternehmung sich stritten. Denn alle diese Verhaltensweisen enthüllen ja Mangel an Einheitlichkeit in der Stimmung und Beeinträchtigung von Klarheit und Umsicht in der Führung. — Auch die Naturvorgänge werden auf uns oft bizarr erscheinenden Wegen psychologisch wie Verhaltensweisen von Menschen in egozentrischer Weise ausgelegt — mag man unmittelbar an sie anknüpfen oder einen sie vermittelnden „Geist" sich dabei vorstellen. Unsere eigenen Sprachen sind noch voll von solchen psychologischen Deutungen, wenn wir sagen: der Donner grollt, der Sturm droht, die Sonne lockt.

Man spricht von der Verbundenheit mit der Natur bei den „Naturvölkern", denen man diese Bezeichnung darum verliehen hat. Sie ist vorhanden, aber in einer ganz anderen Weise als wir es gewöhnlich, etwas sentimental angehaucht, meinen. Der Naturmensch ist nicht sentimental, aber er ist nicht zu der technischen und geistigen Naturbeherrschung vorgedrungen, auf die wir pochen. Er tritt seiner Umgebung als etwas Gleichgeordnetem gegenüber, als etwas, von dem er sich vielfältig abhängig fühlt, er ist darum viel demütiger und religiöser, als wir es mit unserem Intellektualismus sind. Darum nehmen für ihn Omina und Orakel religiösen Wert an, und er ist diesen Äußerungen einer ihn beeindruckenden Welt ergeben, ihr gehorsampflichtig.

VII. Vormachen

An diese Auffassungen knüpfen sich Verfahrensarten, um das Geschehen nach Wunsch zu lenken. Auch hier ist das Verfahren psychologisch orientiert und steht unter der Wucht egozentrischen Wollens. Gedanklich bedient es sich der Nachahmung, richtiger des *Vormachens* und des *Vorsagens*. Denn wenn ein gewünschtes Ergeignis, der Tod eines Menschen, oder das Hereinbrechen von Regen, eintreten soll, so macht man das gewünschte Ereignis in einer Weise vor, wie man sein Auftreten wünscht oder sich einbildet, daß es gewöhnlich auftritt. Dieser Modellhandlung aber kommt die Bedeutung einer Verursachung zu, die gesetzt wird und nunmehr das Geschehen in Bann schlägt. Dazu gehört z. B. das Vormachen von Bewegungen von Tieren und des Wachstums von Pflanzen, als mimische Wiedergabe von Mythen bei den Australiern der York-Halbinsel (Wikmunkan) und auf den Inseln der Torresstraße[1]. In letzterer Gegend wird den Yams und Süßkartoffeln „gezeigt" wie sie wachsen sollen.

Nur wenn wir an die „Psychotherapie" denken, können wir begreifen, daß ein Mann in kurzer Zeit stirbt, wenn er hört, daß Todeszauber ihm angehext wurde.

In einem Fall, den wir in Buin selbst erlebten, wurde einer Frau Selbstmordzauber angehext. Sie verließ Mann und Kind, ging in den Wald und erhängte sich. Dieser Tragödie, die ich durch eingehendes Nachfragen verfolgt habe, liegt kurz folgendes zugrunde: die Frau war erst einem jungen Mann versprochen, dann aber an einen anderen verheiratet worden. Letzterer, Kaulo, war früher Missionsprediger und bereits mit einer Frau an seinem Heimatsort verheiratet. Diese erste Frau war aber kinderlos geblieben und er wünschte Kinder. So heiratete er die andere Frau, die ihm nun ein Kind gebar. Doch konnte er nicht mehr als Prediger bei der katholischen Mission verbleiben. Ob Zwistigkeiten oder Vorwürfe sich ereigneten, konnte ich trotz mehrseitiger genauer Nachfragen nicht feststellen. Eines Tages erschien der frühere Liebhaber und sprach mit der Mutter und mit der Frau, die beide in der Pflanzung arbeiteten. Angeblich soll er eine rote Zaubermedizin auf die Balken geschmiert haben, über die die Frau steigen mußte, als sie die Pflanzung verließ. Dadurch, daß sie sie

---

[5] U. H. *McConnel*, Totemic Hero Cults in Cape York Peninsula, Oceania VI/4, 1936, S. 462 und A. C. *Haddon*, The Religion of a Primitive People S. 11.

unversehens mit den Beinen berührte, ging angeblich die Verhexung in sie ein und löste ihr folgendes Verhalten aus. Sie soll bedrückt nach Hause gekommen und am nächsten Morgen verschwunden sein. Mich beschäftigte hauptsächlich das Bedenken, ob nicht die ganze Geschichte eine nachträglich zurechtgemachte Erklärung des Selbstmordes sei. Aber die Leute blieben alle unerschütterlich bei ihrer Darstellung des Falles.

Es gibt auch Berichte darüber, daß Leute starben, die verhext wurden, ohne daß sie selbst von der Verzauberung erfuhren. Allein es ist mir diesbezüglich kein ganz einwandfreier Fall bekannt geworden. Es ist jedoch möglich und ich möchte sagen wahrscheinlich, daß nach einem plötzlichen und unerwarteten Todesfall die Schuld auf einen Zauberer geschoben wurde. Denn in fast allen Fällen, in denen Krankheit oder Tod einen nicht altersschwachen Menschen befallen, sucht man nach Verursachung durch bösen Willen und „vormachende" Manipulationen. Andererseits gibt es so viele größere und kleinere Feindseligkeiten und diese finden in Worten und aggressiven und schützenden Manipulationen Ausdruck, daß nach dem eingetretenen Ereignis fast immer unschwer magische Wirkungen aufgefunden oder konstruiert werden können. Die Feldforschung ist der peinlich genauen Untersuchung der Fälle nicht aufmerksam genug nachgegangen.

Beim Vormachzauber selbst liegt ein Mangel an Unterscheidung zwischen Erinnerungsbild und Realität vor.

Das wird uns deutlich, wenn wir etwa daran denken, daß ein Magier aus Bambatana (Choiseul), der vom Mond träumte, mir am nächsten Morgen erzählte, er sei letzte Nacht auf dem Mond gewesen, und ein gesuchter Dieb sei der, den er nachts geträumt hatte. Ein sehr intelligenter Häuptling in Aku träumte, daß seine Frau Ehebruch begangen hatte und obgleich er sehr an ihr hing und sie eine Häuptlingstochter war, und obwohl er darüber tief bekümmert war, schickte er sie nach Hause zurück. Der Fall war für ihn dadurch erwiesen. Traum und Vision sind subjektive Realitäten, und für den egozentrisch gebundenen Menschen gibt es *keine Unterscheidungen zwischen subjektiver und objektiver Realität*.

In diesem Sinn ist das Vormachen aufzufassen und seine Wirkungsmöglichkeit. Der Denkfehler besteht hier darin, daß Urbild und Nachbild nicht scharf genug unterschieden werden: die sinnlichen Wahrnehmungen nicht von den Sekundärfunktionen, die Realität nicht vom Vorgestellten und Erdachten. Fernerhin wird auf Grund dieser Verwechslung eine falsche Realität konstruiert, die dank emotioneller Begleitung die wahre Realität erdrücken kann.

VIII. Gleichwertigkeiten

Wirkungsmöglichkeiten werden von den Gleichheiten und Gleichwertigkeiten getragen. Damit kommen wir auf die primitive Art, Phänomene der Außenwelt miteinander in Beziehung zu setzen. Vor allem werden wir dabei vor die Tatsache gestellt, daß „gleich und gleich nicht gleich" ist. Ich meine damit, daß jede Kultur und jede Art zu denken andere Dinge als „gleich" und als „gleichwertig" bezeichnet, und miteinander in Beziehung setzt. Der Standpunkt ist dabei, wie immer, subjektiv autistisch. Auf der Gazelle-Halbinsel wird die Welt in das, was beißt, und das, was nicht beißt, eingeteilt, also in Schädliches und Nichtschädliches. In Buin gilt alles, was schädlich wirkt, als „mara" und wird auf zahlreiche gefährliche Geister zurückgeführt. Nach starkem Regen gibt es viele „mara", wir würden sagen Ungeziefer und Bazillen. Alle über die alltägliche Gewohnheit hinausgehenden Gefahren werden als auf „mara" zurückgehend aufgefaßt. Der „mara"-Glaube erscheint als eine Projektion von Angst, Neid, Mißtrauen und Feindschaft auf Objekte, von denen man sich egozentrisch verfolgt wähnt.

Das Bedürfnis, die Dinge und Vorgänge der Außenwelt miteinander in Beziehung zu bringen, geht von deren Ichbezogenheit aus. Derselbe Mensch erlebt Bäume, gewahrt Wolken, sieht Regen, braucht Knollen und Früchte als Nahrung. Man fragt daher nur nach den subjektiv ähnlichen Eindrücken oder nach ähnlichen Emotionen. In Buin werden die Wolken als Bäume aufgefaßt. Dementsprechend besteht der Regenzauber im Vormachen durch Brechen von Laub im Wasser. Wir sprechen ja auch vom Wolkenbruch, wenn es stark regnet. Man weiß genau, wann man Regen nötig hat zum rechten Wachstum der Taroknollen oder der Bananen. Der Geruch des Sumpfes erinnert an Verwesung und Tod, hier hausen Kröten, und so wird in Buin die Kröte, die sich kalt anfühlt, mit dem Tod in Verbindung gebracht. Nun sieht man nach einer Version die Kröte auch im Mond. Es gibt da mehrere Sagen über den Mond, die von verschiedenen Stämmen herrühren, die zusammentrafen. Bei der Vereinigung verschiedener Traditionen zu einer neuen Kultur vervielfältigten sich auch die Bezugnahmen und wurden neuen Spekulationen unterworfen. So finden wir besonders bei überschichteten Völkern oder bei solchen, die einmal überschichtet waren, oft weitläufige Gleichsetzungen[6].

IX. Symbolik

Solche Gleichwertigkeiten werden als Symbole des einen für das andere aufgefaßt. Dabei begehen wir häufig den Irrtum, eine Hauptsache als durch Nebensachen symbolisiert aufzufassen. Im primitiveren Denken gehen die Dinge aber gleichwertig ineinander über. So werden die tjurunga-Steine und Hölzer der Australier gewissen Ahnen gleichgesetzt, oder aber lebenden Menschen. Diese Gleichwertigkeit wird so intensiv vorgestellt, daß Symbol und Symbolisierte zu einer Lebenseinheit verschwimmen, und zwar derart, daß Schädi-

---

[6] Siehe R. *Thurnwald*, „Symbol im Lichte der Völkerkunde". Z. f. Ästh. u. Kunstwiss. 21, 1927, S. 225 ff.

gungen an den tjurunga-Steinen Krankheiten des symbolisierten Menschen hervorrufen. Aber Berührung des Symbolsteines oder Trinken von abgeschabtem Sand des Steines im Wasser heilt den Erkrankten. Aus der einen Erscheinungsform (in unserem Sinn) kann also Lebenskraft auf die andere übertragen werden. — Dieses innere Verhältnis zwischen Urbild und Nachbild, mag es plastisch oder zeichnerisch sein, durchzieht das Denken aller Völker und ist selbst bei uns noch nicht verblaßt, wenn wir uns erinnern, daß Beleidigungen von Bildern als persönliche Beleidigungen empfunden werden oder das Verbrennen (eines Strohmannes) oder Herunterreißen von Symbolen (z. B. Fahnen) bestraft wird. Unsere gedankliche Konstruktion beschränkt sich allerdings auf die beleidigende Absicht, während das primitive Denken eine unmittelbar schädigende Wirkung annimmt, die den oder das Symbolisierte trifft.

Diese Wirkung beschränkt sich nicht nur auf Dinge, sondern erstreckt sich auch auf Namen, also auf Lautsymbole, ganz besonders auf solche von Geistern. Man ruft den Geist durch Aussprechen des Namens, oder auch nur eines ähnlich klingenden Wortes.

Dazu kommt, daß Symbole oft *gehäuft* und die Gleichsetzungen systematisch ausgebaut werden. Eine solche Häufung von Symbolen besteht etwa in der mimischen Darstellung von Mythen. Die Mimik selbst bedient sich wieder der üblichen symbolischen Bewegungen, Ausschmückungen und Worte. Um eine *Systematisierung* von Symbolen handelt es sich in geschichteten Kulturen, wenn z. B. im alten Babylonien Kupfer, der Stern Mars, Krieg, rote Pflanze, Rubin, Blut, Feuer und eine Gottheit in Wechselbeziehung gesetzt werden. Die primitiven Kulturen, die mehr homogen sind, haben selten so weit ausgebaute Symbolreihen.

Man hat von der Allgemeinheit der Symbolisierungen gesprochen. Wenn man aber verschiedene Kulturen vergleicht, wird man überrascht sein über die Eigentümlichkeiten der Symbole jeder einzelnen Kultur. Unsere Deutung des Löwen als Symbol des Mutes stimmt nicht mit der der Griechen und Orientalen überein, die ihn als Wächter betrachten. Der Esel gilt bei uns als Symbol der Dummheit, im Orient der Geilheit. Die oft zitierte Schlange als Sexualsymbol tritt auch als das der Schlauheit und der Weisheit auf. Man wird gut tun mehr *allgemeine* und mehr *spezielle* Symbole einzelner Kulturen oder Kulturbezirke zu unterscheiden.

Denkpsychologisch liegt bei der primitiven Symbolisierung eine Bezugnahme auf Grund von herausanalysierten Eigenschaften vor. Sie beziehen sich etwa auf ähnliche Farbe oder auf ähnliche Gestalt, auf „Äußerlichkeiten", die für unsere Art wissenschaftlicher Gedankenverbindung durchaus nebensächlich sind. Aus solchen Analysen wird eine neue Synthese geformt, die aber nicht bloß gedanklich bleibt, sondern real aufgefaßt und mit geistigem Leben derart erfüllt wird, daß ihre Bestandteile als in beständiger wechselseitiger Wirkungskraft befindlich aufgefaßt werden. So ist es möglich, daß man meint, mit Verspritzen roten Wassers rotes Blut verspritzen zu machen. Die *einheitliche* Wesenheit überspringt die zwischenliegende Zeitspanne des früher oder später. — In dieser Weise wirkt auch der „*Restezauber*", indem an dem Bestandteil einer weiten Wesenseinheit etwas gemacht wird, was sich auf das übrige, das zugehört, auswirkt. Man bespricht Erde aus Fußspuren, Überbleibsel vom Essen, Reste der Kleidung u. dgl. Meine Boys waren bei meinen Wanderungen außerordentlich sorgsam, wenn wir ein Lager des Morgens verließen, um alle Reste zu beseitigen, nicht aus Reinlichkeit, sondern aus Angst vor Restezauber. So ist auch oft das Reinhalten der Dorfplätze zu deuten.

Man sieht daraus, daß diese Symbole, die ich *lebende* oder *magische Symbole* nennen möchte, Teile eines weiteren, erdachten, in unserem Sinn „magischen" *Ganzen*, einer Synthese sind, bei der es letzten Endes nur Entsprechungen gibt. Ganz anders unsere wissenschaftlichen Symbole, die man vielleicht besser „Allegorien" nennt, und denen kein magischer Wirkungsgehalt zukommt. Traumsymbole sind wesentlich magische Symbole, werden aber durch das disziplinierte Denken, namentlich nachher im Wachzustand kontrolliert und gewissermaßen erstickt.

X. Anfang und Kraft

Das Kausalitätsbedürfnis findet bei Naturvölkern seinen besonderen Ausdruck im Suchen nach Schöpfern, Urhebern (Kulturbringern) und ähnlichen Erklärungen des Lebens und der Ordnungen der Welt. Der zugrunde liegende Gedankengang besteht darin, den Urgrund der menschlichen Existenz außerhalb des Menschentums zu suchen. Dabei wird die Umwelt auf das Ich bezogen. Es ist ein Ausdruck für das Abhängigkeitsgefühl und gleichzeitig die Verbundenheit des Menschen mit seiner Umgebung. — Eine besonders alte Variante scheint der *Totemismus* zu sein, die Rückführung des Ursprungs einer Gruppe auf einen Ahnen in Tier- oder Pflanzengestalt, mitunter wie in Australien, verbunden mit mimischen Darstellungen aus dem erphantasierten Leben eines Totem-Helden[7]. Dabei handelt es sich nicht um den Glauben, daß ein Tier oder eine Pflanze materiell die Ahnen

---

[7] U. H. *McConnel*, Totemic Hero Cults in Cape York Peninsula, Oceania. VII/1, 1936, S. 88.

waren, sondern daß deren Geistigkeit in dieser Form auftrat. Hier liegen ähnliche Deutungsmechanismen vor wie im Falle anderer Gleichsetzungen und Symbolisierungen. Sie beruhen auf gewissen, von beiden Seiten abstrahierten Gleichheiten, etwa der Ausmaße, der Form, des Verhaltens in gewissen Fällen:

Die Häuptlinge betrachten den Nashornvogel als ihr Symboltier in Buin, weil er der größte Vogel ist. Die Spuren, die das im Sande trippelnde Großfußhuhn hinterläßt, erinnern an die Handlinien einer Sippe in Buin, sie werden daher zu dieser in Beziehung gesetzt. Eine andere Sippe behauptet, daß ihre Leute nicht von den Krokodilen angegriffen werden, und betrachten sich als verwandt mit diesen imponierenden Wesen u. dgl. Irgendwelche uns nebensächlich erscheinenden Beziehungen sind bedeutungsvoll für die ganz anders orientierten Eingeborenen. In vielen Fällen sind wir heute nicht mehr imstande festzustellen, welche Züge des Aussehens, Verhaltens oder der Tätigkeit eine Sippe mit Tieren, Pflanzen, Riffen (Fischen), oder Gegenständen in Verbindung brachten, oder wie etwa Erinnerungen an Mythen hineinspielten. Dazu kommt, daß derartige Gedanken von anderen befreundeten Sippen aufgenommen und weitergesponnen wurden (alle Sippen haben Vögel als Totem, oder zwei Totems: Tier und Pflanze u. dgl.).

Auch die *Ahnenverehrung* gehört hierher. Der Ahne ist die Urquelle des Lebens der Verwandtengruppe. Indem man sich an ihn um Hilfe in den Nöten des Lebens wendet und ihm, wie das Kind dem Vater, besondere Kräfte andichtet, macht man ihn zur Gottheit.

In der *geschichteten* Gesellschaft wird eine Anzahl von Familien, die im Besitz besonderer Fertigkeiten und Kenntnisse sind, zu ausgezeichneten Trägern des Könnens. Dieses Können wird auch auf Kräfte ausgedehnt, die nach unserer Einsicht übermenschlich, magisch sind, wie auf Lenkung des Wetters, der Ernte, der Vermehrung des Viehs, auf Beeinflussung von Seuchen, vor allem auf politischen und kriegerischen Erfolg. Der sog. *sakrale Fürst*, als Vertreter ausgezeichneter Familien anderer Kultur mit wirkungsvoller Naturbeherrschung, wird daher zu einem besonderen Kraftträger, dessen Ansehen gleichläuft mit der Einschätzung seiner Macht. Damit hängt die *mana*-Lehre zusammen, die sich in geschichteten Gesellschaften ausgebildet und von da aus ausgestrahlt hat.

XI. Die Mythen

Während die Auffassungen über besondere Kraftträger mit der Befriedigung des Kausalbedürfnisses zusammenhängen, knüpfen die Mythen an den schon erörterten Gedanken des Vorbildens und Modellgeschehens an. Die Mythen vermitteln Bilder besonderer Geschehnisse, die symbolisch für Lebensanschauung und Weltordnung sind, in deren Mittelpunkt der Mensch und seine Sippe stehen. Diese Mythen werden als wahre Ereignisse angesehen und manche Einzelheiten sorgfältig vor Frauen und Kindern bewahrt. Da die Symbolisierung „magisch" gedacht ist, sind die Mythen auch richtungweisend für die Lebensordnung eines Stammes[8]. Darin sucht man wie in einem Gesetzbuch für Mensch und Natur Beratung. Die Verlebendigung der Mythen durch mimische Darstellung hat daher nicht bloß den Zweck der betonten Mitteilung, sondern damit verbindet sich auch der Gedanke der Modellhandlung, des Vormachens, um die sozusagen aus den Fugen geratene Welt wieder einzurenken. Mit anderen Worten, es knüpfen sich daran Erwartungen, etwa Kranke zu heilen oder Regen und Fruchtbarkeit hervorzurufen[9]. Solche aus Mythen entnommenen Fruchtbarkeitsriten kommen nicht allein dem veranstaltenden Stamm zugute, sondern erstrecken sich auch auf die Nachbarschaft, was durchaus logisch ist[10].

XII. Reifeweihen

Wiederholt wurde darauf hingewiesen, daß die Züge primitiven Denkens nicht genügend erfaßt werden können ohne Berücksichtigung des gesamten kulturellen Hintergrundes und des Zusammenlebens der Einzelnen in Familien, der Familien in kleineren oder größeren Gemeinden. Bei Stämmen mit ausgebildeter Männergesellschaft unter Führung von Alten, bei denen die Sippe oder die zusammensiedelnde Gruppe aus verschiedenen Verwandtschafts- oder Sippensplittern einen wichtigen Behauptungs- und Verteidigungsverband für ihr Unterhaltsgebiet bildet, ist die Zugehörigkeit dazu von großer Bedeutung. Man wird nach einer gewissen Abfolgeordnung mutter- oder vaterrechtlich in einen solchen Verband hineingeboren. Obwohl die Zugehörigkeit zum Verband also von vornherein gegeben ist, wird die heranwachsende Jugend häufig durch besondere Zeremonien in den Verband aufgenommen. Diese Zeremonien sind fast immer von *magisch-symbolischen* Gedankengängen beherrscht, mit denen aber *praktische* Unterweisungen oder Abhärtungen, Kraft-, Mut- oder Disziplinproben, bei Mädchen Ratschläge für die Ehe, gleichlaufen, geradeso wie wir auf anderen Gebieten *rationelle* Verfahrensarten neben *abergläubischen* Manipulationen vorfinden. Die erwähnten *magisch-symbolischen* Gedanken bewegen sich in zwei Richtungen:

---

[8] Siehe dazu Ch. *Chewings*, Back in the Stone Age, Sydney 1936, S. VII.
[9] *Spencer & Gillen*, Northern Tribes of Central Australia, S. 291 ff.
[10] U. H. *McConnel*, The Wikmunkan Tribe, Oceania 1934, S. 334 f. und dieselbe, Totemic Hero Cults in Cape York Peninsula, Oceania VI/4, 1936, S. 452 ff., insbes. 463 f., 468 u. VII/1 1936, S. 85.

1. Wollen sie im Sinne des Vormach- und Nachhilfezaubers die physiologische Reife- und Fruchtbarkeit sicherstellen, geradeso wie man Regen „macht" oder die Fruchtbarkeit der Felder „bewirkt". — 2. Will man die Tatsache des Eintritts der Reife im Sinne einer geistigen Neu-(oder Wieder-)Geburt magisch versinnbildlichen (z. B. durch Verzehren und Ausspeien durch ein Ungeheuer, „Jonas-Motiv", oder, in Afrika, durch eine Art Geburtszeremonie oder ähnliche Sinnhandlungen). Dazu kommen oft noch Waschungs- oder Reinigungszeremonien, Feuerriten, Wechsel der Haartracht, der Kleidung, des Namens, gemeinsames Mahl u. dgl. m.

Bei den kleineren Wildbeutersippen, z. B. bei den australischen Aranda, tritt der Nachhilfezauber stärker in Erscheinung, bei anderen bildet die Jünglingsweihe Teil eines allgemeinen Fruchtbarkeitsritus. Bei Feldbauer- und bei Hirtenstämmen (Masai) mit organisierter Altersstaffelung oder bei der Existenz von Geheimbünden tritt der Aufnahmeritus in die Gemeinde oder in den Bund stärker hervor.

Diese zugrunde liegenden Gedanken heben sich im Kopfe des Eingeborenen natürlich nicht mit Schärfe und klarer Bewußtheit ab. Sie ringen in seiner Seele nach Ausdruck, und sie finden ihren Ausdruck gemäß der Geistesverfassung der Kultur, in die er eingebaut ist. Aus den eben angeführten Gründen treten in den Weihezeremonien jeweils verschiedene Gedanken in den Vordergrund.

XIII. Der Zauberer

Nicht alle Personen einer Gemeinde können die Weihen und magischen Manipulationen „richtig" veranstalten und haben verläßliche Kenntnis von Vorbedeutungen und Mythen. Die Leute, in denen das Wissen um die Welt und die Weisheit des Lebens konzentriert ist und die sie überliefern, werden von uns „Zauberer" benannt. Soziologisch betrachtet sind die Zauberer die ersten Menschen, die sich als Individuen aus der Gleichartigkeit der übrigen herausheben. Ihre Kenntnisse und Fähigkeiten sind oft schon spezialisiert. Es gibt verschiedene Zauberer: Regenmacher, Medizinmänner (Heilkünstler), Hexenmeister und Schamanen. Oft unterscheidet man gutartige und bösartige Zauberer und meint mit den ersteren die Medizinmänner, mit den letzteren die Hexenmeister. Dazu kommen noch Loswerfer und Seher. Als Schamanen bezeichnet man Leute, die regelmäßig sich in Trancezustände mit Visionen versetzen. Doch kommt das auch bei Medizinmännern und -frauen vor, so daß die Grenze zwischen beiden nicht fest zu ziehen ist. — Die Manipulationen aller dieser Leute erscheinen uns im Grunde oft verblüffend einfach und naiv. Ein Zweig mit Laub wird ins Wasser gesteckt und ein paar Worte dazu gemurmelt, um Regen heranzuzaubern, ein Medizinmann massiert den Leib des Patienten und holt ein Stück Tabak heraus als den Träger des Übels, ein Hexenmeister zückt einen Dolch in einer Richtung und nennt den Namen des Opfers, um den Feind zu töten. Alle diese Praktiken werden erst verständlich, wenn wir die ihnen zugrunde liegenden Theorien über Wirkungsverknüpfung erfassen, wie ich versuchte, sie darzulegen.

Der Zauberer ist in den primitiven Gesellschaften der Mann von Erkenntnis und Geist, der nicht durch brutale Gewalt, sondern durch Intelligenz und Geschicklichkeit Einfluß auf seine Gruppe ausübt. Es ist bezeichnend für das Menschentum und seinen Werdegang, daß der Zauberer sich zuerst abhebt vom Durchschnitt und nicht der rohe Gewaltmensch, den früher oder später sein Schicksal ereilt. Es ist auch bezeichnend, daß die mit Planung, List und Tücke ausgeübten Jagd-, Fang- und Vorsorgemethoden der prähistorischen Menschen vorherrschen. Der Mensch war immer schon ein Gehirnwesen.

Wie weit geistige Kräfte überhaupt biologisch wirksam werden können, zeigt der Pferdefang auf Kirgisenart[11]. „Ein kirgisischer (buddhistischer) Priester geht in seinem roten leuchtenden Mantel allein auf eine grasende Herde von Pferden zu, erst schnell, dann langsam, und fixiert dabei unablässig ein Pferd. Dieses hört auf zu grasen, vergißt die anderen und sieht nur die sich nähernde rote Gestalt an. Es beginnt zu zittern und steht wie angewurzelt am Boden. Der rote Priester kann nach ihm die Hand ausstrecken, er ergreift das Pferd fest am Ohr der von ihm abgewandten Seite und wirft es mit schnellem Ruck auf den Rücken. Das Pferd bleibt widerstandslos liegen, und so kann er ihm den Zaum überstreifen."

Ob hier reine Hypnose vorliegt, wage ich nicht zu entscheiden. Vor allem scheint die rote Gestalt eine faszinierende Wirkung zu haben, wie bekanntlich das Rot der Tücher in anderer Weise beim Stierkampf. Es ist vielleicht das Überraschende, das lähmend wirkt. Dabei erinnere ich mich selbst an eine Art „ruhiger Überraschung" gegenüber Eingeborenen. Das eine Mal (1908) in Buin war ich von einem Gau zur Schlichtung von Streitigkeiten aufgefordert worden und mit den Leuten, die, wie üblich, bewaffnet waren, in das Gebiet der anderen Häuptlingschaft gewandert. Dort hatten wir uns in der Halle des Häuptlings niedergelassen, als plötzlich die anderen, ihr Häuptling an der Spitze, aus dem Wald auf die Lichtung, die um die Halle herum angelegt war, herausbrachen, im vollen Kriegsschmuck tanzend und schreiend, Speere und Keulen schwingend und Bogen spannend. Auch die Leute in der Halle griffen zu ihren Waffen. In diesem kritischen Augenblick schritt ich ohne Waffen mit den Armen abwinkend langsam den Angreifern entgegen. Der Häuptling war so überrascht, einen Weißen zu sehen, daß er mich sich ihm so weit nähern ließ, daß ich ihm Speer, Bogen und Pfeile aus der Hand nahm und freundlich auf die Schulter klopfte. Dabei wechselte sein Ausdruck zwischen Wut und Grinsen, und er hüpfte immer noch weiter in den Kampfbewegungen, nachdem ich ihm den Speer aus der Hand genommen hatte. — Ein andermal (1914) gewahrte ich vom Kanu aus (auf dem Grünfluß) einen Mann auf

---

[11] Geschildert von *Sent M'ahesa* in der DAZ vom 11. April 1937.

dem Ufer hinter Sträuchern mit dem Pfeil auf gespanntem Bogen. Auch da genügte mein Abwinken mit den Armen. — Im Zentralgebirge folgten mir einmal im Abstand von vielleicht 15 Schritt mehrere Dutzend Leute, als ich zurück ging. Zum Schutz meiner Träger, die ich vorausgeschickt hatte, ging ich als letzter auch ohne Waffe. Blieb ich stehen, so hielten die Leute. Ging ich auf sie zu, so liefen sie davon, folgten mir aber wieder, sobald ich meine Träger zu erreichen suchte. — In allen diesen Fällen war es die überraschende und neue Erscheinung des Weißen, die Unsicherheit des Verhaltens hervorgerufen hatte.

Unsicherheit herrscht bei den Naturvölkern auch den Erscheinungen der Natur gegenüber, dem Wetter, den Pflanzen, Tieren, den Mitmenschen und dem eigenen Leben gegenüber. Und der Zauberer, der Medizinmann, als der Intelligenteste und Schlaueste, sucht der Unsicherheit und Angst mit seinen Manipulationen beizukommen, sei es, daß er sie zu verringern sucht, sei es, daß er sie für sein Prestige nutzt.

XIV. Diffuses Denken und Ganzheit

Vielleicht der hervorstechendste Zug des sog. „primitiven Denkens" ist seine Diffusheit, sein Mangel an Exaktheit und Geschliffenheit. Wir bemerken aber auch unter uns große individuelle und gruppenhafte Unterschiede an Diszipliniert- und Gerichtetheit des Denkens[12]. Anderseits wäre es völlig verfehlt zu meinen, daß alle Individuen unter den Naturvölkern gleich diffus, gleich verschwommen denken. Es gibt auch da ganz erhebliche Unterschiede. Aber ihre Kultur ist auf mehr diffusem Denken aufgebaut als unsere Kultur. Selbstverständlich bleibt jeder Kulturdurchschnitt hinter der Exaktheit der Spitzenleistungen ihrer besten Vertreter zurück.

Das diffuse Denken in primitiven Kulturen hat seine Gründe im Mangel der Möglichkeit an umfassenden Beobachtungen und in der Unmöglichkeit, aus dem beschränkten Erfahrungsmaterial gemeinsame Zusammenhänge und Bedingtheiten scharf herauszuanalysieren. Daher operiert primitives Denken mit groben Erfahrungsklumpen, die es in plumpe Verbindung bringt, ohne eine naturgesetzliche Norm herauszudestillieren, ein Vorgang, der erst durch eine harte, Jahrtausende währende Zucht erreicht werden konnte. Auch der Naturmensch hat den Drang nach Ordnung, Übersicht und kausaler Rückführung, holt aber aus dem Unbewußten die Symbole und Gestalten heraus, die seine Lüste, Wünsche, Befürchtungen, Hoffnungen und Ängste ausgemalt haben, um die Lücken der Kausalketten zu füllen

Daher fehlt die strenge Bedingtheit und Rationalität des Denkens. Man sagt mit Recht: der Naturmensch ist Indeterminist und Irra-

---

[12] Siehe E. *Bleuler*, Das autistisch-undisziplinierte Denken in der Medizin und seine Überwindung. Berlin, Springer, 1921, 2. Aufl.

tionalist, besser „Arationalist". Seine ratio ist noch nicht tief genug in die Natur eingedrungen. Weil er unsicher ist und für unser Ermessen selbst einfache Zusammenhänge nicht erkannt hat, tastet er nach solchen, die uns „mystisch" erscheinen, weil wir sie am Muster unserer bekannten Naturzusammenhänge messen.

Auf etwas muß noch die Aufmerksamkeit gelenkt werden. Wir erleben ganze Bilder. Diese sind Zusammengehörigkeiten im Sinne einer Ganzheit, wie sie bekanntlich auf dem Gebiete der physiologisch-sinnlichen Auffassung untersucht wurde. Wir sehen z. B. eine bestimmte Anordnung von Punkten und fassen sie als „fünf", als Quincunx auf, bevor wir sie gezählt haben, oder sehen einen gezeichneten Würfel nach außen oder nach innen gekehrt. Die Ganzheit des Erlebnisses bedingt dieses Zusammenfallen, den Eindruck der Zusammengehörigkeit und die Forderung, daß alle Einzelheiten, die einem für lebenswichtig gehaltenen Ereignis zugehören, auch wirklich vorhanden sind. Fehlt eine, wenn auch nur „nebensächliche" Einzelheit, so tritt eine Störung des erwarteten Bildes ein, die unangenehm empfunden und daher als übles Vorzeichen gedeutet wird. Daher behalten die „Ikonographen" ihren alten Stil in der Wiedergabe heiliger Personen oder Bilder bei und ein anderer Stil wird als schänderisch empfunden. Daher die heiligen Gewänder und Trachten, besonders bei den liturgischen Zeremonien und Mimiken, die heiligen Tänze, Zeremonialgeräte u. dgl.

XV. Der Ausdruck

Endlich dürfen bei den Erscheinungen der primitiven Geistesverfassung nicht die Ausdrucksschwierigkeiten vergessen werden. Die Sprachen der Naturvölker sind ihrer Erfahrungs- und Erkenntniswelt angepaßt. Es fehlen ihnen aber Ausdrücke, die das verfeinerte Wissen und Durchdenken in die europäischen Sprachen in den letzten Jahrhunderten hineingetragen hat. Friedrich der Große klagte noch über die Unzulänglichkeit des deutschen Ausdrucks, und zu Königin Elisabeths Zeiten galt das Englische als eine barbarische Sprache gegenüber dem Lateinischen. In den Schulen Ostafrikas, in denen in Suaheli unterrichtet wird, gibt man Rechnen in Englisch, weil die Zahlen des Suaheli, die außerdem in den höheren Einheiten aus dem Arabischen genommen sind, zu schwerfällig wirken. Im Verkehr mit den Eingeborenen kann man oft beobachten, wie sie wichtige Mittelglieder im Denken auslassen, während sie sich in der Schilderung uns nebensächlich erscheinender Einzelheiten erschöpfen. Die symbolische Handlung und das Wortsymbol sind daher schwer „Sinn-geladen", sie enthalten den Ausdruck für eine ganze Menge Gedanken-Schattierungen, die man nicht in abstrakte Worte kleiden kann, wie es unsere scharf unterscheidende Wissenschaft verlangt. Daraus ergibt sich die Bedeutung von Zeremonien und Riten, von Worten und Satzformeln. Diese enthalten den Ausdruck für geistige Haltungen und können nicht bloß nach der philologischen Bedeutung gewertet werden.

Wir reden vom „Zauber" der Zeremonien oder Worte, weil uns diese primitive Sinnbezogenheiten unverständlich sind.

Nach allem, was wir soeben gehört haben, erscheint es notwendig, zwischen den Vorgängen im Menschen und ihrem Ausdruck zu unterscheiden. Die Vorgänge im Menschen können natürlich auch nicht losgelöst von dem Grad der Ausrüstung an Kenntnissen und Fertigkeiten betrachtet werden und von der Haltung, die sie dementsprechend in einer Kultur hervorrufen. Denn, wie schon ausgeführt, der Mensch, der mit nur schwacher Ausrüstung einer mächtigen Natur und Tierwelt gegenübertritt, nimmt ihr gegenüber eine andere Haltung ein als wir, deren Herrschaft über die Naturkräfte unvergleichlich wirkungsvoller geworden ist. Dazu kommen unsere mannigfachen, weiterreichenden und komplizierteren Beziehungen des Zusammenlebens. Aus allen diesen Gründen sind auch unsere inneren Stellungen zur Außenwelt andersartig geworden: Hoffnung, Streben, Furcht, Glaube, Bewunderung u. dgl. richten sich auf andere Objekte. Aber die seelischen Verhaltensweisen, besonders von Mensch zu Mensch, werden dadurch weniger berührt. Höchstens mit dem Unterschied, daß unsere Kultur mehr Hemmungen lehrt und fordert, und dadurch die hervorbrechende Egozentrizität und Grausamkeit zeitweilig in Schranken zu halten sucht. Diese Selbstdomestikation des Menschen, oder besser die Macht der Gesellungen über den Einzelnen haben viel beigetragen zu einer Milderung der Sitten. Aber trotz allem sind im Menschen Vorgänge lebendig im Traum, in Impulsen und in Symbolen, die durch die äußeren Änderungen der menschlichen Existenz noch nicht berührt wurden. Diese allgemein menschlichen Vorgänge, die in die Sphäre von Vorstellungen, Bildern und Strebungen hineingreifen, hat *Jung* das „kollektiv Unbewußte" genannt, das mehr von Individuum zu Individuum in seiner Intensität und Unbändigkeit schwankt als im Laufe der Zeiten und im Wechsel der Völker. Bezeichnet man das als die *unterste* (I.) seelische Schicht, so wird die vorher geschilderte Haltung als eine *mittlere* (II.) Schicht erscheinen, in der die emotionellen Kräfte bereits durch die Gesamtheit der Kultursphäre orientiert sind und sich in Einrichtungen (Schamanismus, Jünglingsweihe) niedergeschlagen haben. Als *obere* (III.) Schicht möchte ich das bewußt sich abhebende Handeln des Einzelnen ansehen, der sich etwa in Gegensatz zu anderen setzt und sich vielleicht als Führer einer abzweigenden Gruppe abspaltet.

Meine Rückführung eines Teils der Phänomene primitiven Denkens und Handelns auf die Enge des Erfahrungsbereiches und daraus geschöpften mangelhaften Wissens, unzulänglicher Fertigkeiten und eines diffusen Denkens, mag allzu *rationalistisch* erscheinen. Das ist aber nicht der Fall, wenn man bedenkt, daß die objektive Welt erst durch unsere Sinne und die Deutung, die wir den Wahrnehmungen geben, erkennbar wird. Daran knüpfen sich Erinnerung, Gedächtnis und Verwertung der Erfahrung, und darauf baut sich das Verhalten der Menschen. Die Wahrnehmungen der Sinne sind ja nicht objektiv gegeben, sondern müssen erst subjektiv gedeutet werden. Der Neugeborene muß in Wochen und Monaten erst richtig sehen lernen. Eingeborene erkennen, wie ich es erprobte, die Bilder zunächst nicht, sie sehen nur Linien und Farbkleckse. Erst mit der Zeit lernen sie diese deuten. Umgekehrt vermögen wir nicht die Zeichnungen und Symbole der Eingeborenen richtig zu deuten, ohne daß deren Interpretation uns unter ihren Voraussetzungen vermittelt wird. „Wissen" ist aber Deutung. Anderes „Wissen" deutet anders. Ich brauche nur an die Deutung der Malaria zu erinnern. Wie der Name besagt (malaria) führte man sie bis zum Beginn dieses Jahrhunderts auf die Ausdünstungen der Sümpfe zurück. Im Sinne der damaligen Auffassungen waren die Schambala, ein Bantu-Stamm Ostafrikas, „abergläubisch", weil sie das Malariafieber auf die Mücken zurückführten, welche die Bewohner der Usambara-Berge in der Ebene belästigten.

Nach dem Gesagten wird auch der Unterschied des *Neurotikers* vom Naturmenschen deutlich. Unser Neurotiker gehört einer anderen Kultur an, für ihn gilt nicht die Entschuldigung geringerer Naturkenntnisse, wenn er zur Schule gegangen ist. Entweder handelt es sich um Menschen, bei denen das Urmenschliche in uns mit atavistischer Stärke zum Ausbruch drängt oder um solche, bei denen der Lack der Kultur aus beeinträchtigter intellektueller Hemmung zu leicht vor dem urmenschlichen Feuer dahinschmilzt. Dabei kommt es natürlich immer auf Umfang und Intensität der Kulturentäußerung an. Als dritte Variante wird man noch die kritische Einstellung von führenden Magiertypen betrachten, die als losgelöste Führer in kulturelles Neuland fungieren, wie das seit den einfachsten primitiven Gemeinden geschah.

XVI. Zusammenfassung

Die Primitivität der Geistesverfassung der *Naturvölker* läßt sich vielleicht in folgenden Sätzen zusammenfassen:

a) Das Erfahrungsbereich ist eng. Daher bietet sich wenig Gelegenheit, das in unserem Sinn Gleichartige an Vorgängen und Erscheinungen vom Besonderen oder gar nur Einmaligen zu unterscheiden, und das Analysierte zu in unserem Sinn „innerlich verbundenen" Synthesen zusammenzustellen. Folglich operiert man mit groben Einheiten, die in keine in unserem Sinn „strenge" Beziehung zueinander gebracht werden können. Um aber Kausalbeziehungen zu schaffen, greift man zu Gedankengebilden, die aus dem Bereich des Unbewußten geholt werden.

b) Dieser Umstand hat die Anreicherung von Erfahrung gehemmt und beigetragen, das Unbewußte zu pflegen. Die naheliegenden Zusammenhänge können miteinander verbunden werden, bei allen weiter abliegenden und komplizierteren schaltet man Bilder aus dem Unbewußten ein (Mythen), die natürlich auch an tatsächliche Ereignisse anknüpfen können.

c) Dies geschieht auch auf dem Gebiete des Wollens und Handelns durch sog. „magische" Manipulationen, vorbildlich wirkende Symbolhandlungen und Symbolworte. Die unbekannten Kettenglieder zwischen Wunsch und Erfolg werden, von der Stärke des Impulses getragen, übersprungen.

d) Die Schwierigkeit, auf dem Wege der *Erfahrung* zu Erfolgen zu kommen, wird verstärkt durch die egozentrische Einstellung, die keine Kritik an Sinnes- oder Erinnerungstäuschungen zu üben vermag und den Anstoß zu den Projektionen innerer Vorgänge nach außen gibt. Indem die inneren Vorgänge nach außen projiziert werden, macht der Mensch seine Umwelt handeln, wie er selbst wünscht oder fürchtet, aber immer in seiner Weise.

e) Diese im Selbsterhaltungstrieb wurzelnde Egozentrizität des Einzelnen oder der Gemeinde führt auch zum nicht selten brutalen Verhalten gegen Krüppel, unheilbar Kranke, altersschwache Greise, Kriegsgefangene, Gestrandete, manchmal auch gegen Frauen.

f) Anderseits steht das moralische Verhalten (Sexualschranken, Tabus) und die Beherrschtheit des Auftretens unter den Gemeindegenossen oft auf großer Höhe entsprechend den Normen ihres Zusammenlebens. Es hängt ja nicht von Technik und äußerem Wissen ab, und das Gemeinschaftsgefühl ist immer stark entwickelt. In diesen Haltungen zeigt sich Gerichtetheit des Handelns.

g) Gemäß den angeführten Begrenzungen ist eine erhebliche Enge des Bewußtseins verständlich, ebenso die Schwierigkeit, neue Erfahrungen zu machen. Dazu gehören auch gewisse Schwerfälligkeiten des Ausdrucks, von denen schon die Rede war, besonders das Haften an Einzelheiten statt Zusammenfassungen, endlose Aufzählungen statt übersichtlicher Konstruktionen.

Man wird das Problem des *primitiven Denkens* überhaupt etwa so umschreiben müssen:

1. Die Primitivität liegt dem menschlichen Denken zugrunde, ebenso wie der Seelenverfassung das Urmenschliche (etwa das, was *Jung* das kollektive Unbewußte nennt).

2. Als „primitiv" gilt vor allem das diffuse Denken.

3. Obwohl individuelle Verschiedenheiten sich dabei anlagemäßig geltend machen, ist die Geistesverfassung zunächst kulturell gegeben, d. h. auf Grund der Haltung, die sich in einer Gesellungseinheit ergibt aus dem Grade der Meisterung und Einsicht in das Walten der Natur.

4. Demgemäß hat jede Kultur ihre Denkart ausgebildet. Daher gibt es im Grunde so viele Arten primitiven Denkens, als es Völker und Kulturen gibt, insbesondere Kulturgruppen.

5. Nichtsdestoweniger wird man für alle Naturvölker gemeinsame Züge feststellen können, die diese z. B. gegen die archaische, antike und mittelalterliche Geistesverfassung abheben. Bei den letzteren muß

außerdem auf die Besonderheit der sozialen Schichten und der hervortretenden Denkerpersönlichkeiten geachtet werden (Propheten der altorientalischen Kulturen, Philosophen der Griechen, Heilige, Bedeutung des Christentums, des Buddhismus, des Islams usw.).

6. In den Kulturen von sozial zusammengesetzten und geschichteten Völkern leben sehr verschiedene, primitive und mehr durchgebildete Geistesverfassungen nebeneinander. Sie wirken wechselseitig aufeinander ein.

7. Dadurch, und mittels der diesen Gesellschaften eigenen Spezialisierung in Berufstätigkeiten, wird die eigenartige Kombination hervorgerufen, die auch für unsere Zeit bezeichnend ist. Es ist das Nebeneinander von hochqualifizierter Fachausbildung mit scharf diszipliniertem Denken in derselben Person neben einem — oft ermüdeten — Sich-gehen-lassen im Denken auf den anderen Gebieten des Lebens. Solches Denken bewegt sich in den Sphären der Diffusheit und erscheint als „primitiver" Zug.

8. Die Errungenschaften in der Beherrschung der Natur und die Einsicht in die Zusammenhänge des Geschehens haben sich trotz aller intellektueller Durchdringung unserer Kultur keineswegs gleichmäßig ausgewirkt. In allen Bevölkerungsgruppen, und auch in allen Personen, sind verschieden große gewissermaßen „ungepflegte" Denkgebiete zurückgeblieben. Darum nehmen alle Menschen am primitiven Denken teil.

9. Auf diesen weniger durch „gerichtetes" Denken gepflügten Feldern sprießt die Saat des Urmenschentums in uns besonders gern.

10. Das kann auch, wie schon erwähnt, in Fällen vorkommen, bei denen es sich um Ermüdungs- oder Schwächeerscheinungen handelt (Neurosen) und natürlich auf pathologischem Gebiet. Daher die Anklänge primitiven Denkens auf allen diesen Gebieten.

Problematik der Untersuchung menschlicher Gemeinwesen *

Die Spekulation über die „Entstehung" und Entwicklung der menschlichen Gemeinwesen steht am Anfang einer Erforschung von Tatsachen. Überall befolgt der menschliche Geist dasselbe Verfahren. Zunächst sucht er in kühnem Sprung wie das Kind nach Sternen, Sonne und Mond zu greifen, er versucht, wie die Alten einen Turm zu Babel „bis an den Himmel" zu bauen, er unternimmt es, durch magische Kunststücke den Erfolg dadurch herbeizuführen, daß er sich ein Geschehen und einen Ablauf phantastisch ausmalt. Er folgt dabei teils seinen Wünschen, teils seinen Befürchtungen, und richtet dementsprechend sein Handeln ein, um den Ereignissen eine für ihn günstige Wendung zu geben: man denke an die tausenderlei Fruchtbarkeitszauber zur Vermehrung des Jagdwildes, der Nutzpflanzen, der Ernte, der Haustiere, ja der Menschen selbst, an die Pubertätsweihen und Heiratsriten, an Liebeszauber, an Haßmagie zur Beseitigung eines Gegners. All diesem „magischen Denken", auf dessen inneren Mechanismus hier nicht weiter eingegangen werden kann, liegt die „Spekulation" darüber zu Grunde, wie eigentlich die Dinge zugehen. Einflußreiche Köpfe stellen von ihren Erlebnissen aus Ansichten auf, die andere im Vertrauen auf die Autorität des „Vordenkers" annehmen. Schließlich werden Dogmen und Sitten, Einrichtungen und Gesetze daraus, die dem Handeln der Gesellschaft als Richtschnur dienen.

Die Menschheit ist auch auf politischem Gebiet heute noch nicht viel weiter. Der Fortschritt der Wissenschaften war sehr ungleich, am erfolgreichsten gerade auf denjenigen Gebieten, die dem Menschen und dem menschlichen Zusammenleben am fernsten liegen, die gewissermaßen nur eine Erweiterung und Fortsetzung seiner Handfertigkeiten darstellen. Zwar war schon das empirische Studium des Menschenkörpers anfangs mit großen Hemmnissen verbunden. Man erinnere sich nur der religiösen Bedenken, die mit ihren Ausläufern — wenn auch mit allmählichen Milderungen — selbst bis in unsere Tage hineinreichen. Die Schwierigkeiten mehrten sich bei der Unter-

---

*) Entnommen dem Werk: Die menschliche Gesellschaft, Bd. IV, Werden, Wandel und Gestaltung von Staat und Kultur im Lichte der Völkerforschung, Einleitung, S. 1—3, 1935, Verlag Walter de Gruyter, Berlin. Die im Originaltext vorhandenen Literaturhinweise wurden hier und in den folgenden Auszügen aus dem Werk „Die menschliche Gesellschaft" fortgelassen, weil sie sich nur auf den Inhalt des jeweiligen Bandes beziehen.

suchung der menschlichen Psyche, sowohl der „normalen" wie der abartigen. Man kann die wissenschaftliche Forschung in dieser Hinsicht bloß nach Jahrzehnten rechnen, wenn auch nicht zu leugnen ist, daß es psychologische Amateure schon von Alters her gab.

Am schlimmsten steht es mit der Durchforschung der menschlichen Gesellschaft. Galt doch deren Studium noch bis in die jüngste Zeit hinein gelegentlich als „staatsgefährlich". Der nicht ausgesprochene, aber unterbewußte Gedanke war, daß außerhalb der „einzig richtigen Form", d. h. der gerade herrschenden und darum sakrosankten Ordnung, Möglichkeiten und Abläufe, also Veränderungen zu erwägen, verführerisch sein und zur Kritik anregen könnte. Dem standen Wünsche nach anderen Gesellschaftsgestaltungen entgegen, politische Träume, die bald in die Vergangenheit ein goldenes, paradiesisches Zeitalter, bald in die Zukunft rosige Hoffnungen (Utopien, Weltverbesserungen, soziale Reformen) projizierten. Wir dürfen nicht außer acht lassen, daß für das intensivere wissenschaftliche Studium eines Gegenstandes gewöhnlich eine die Emotionen ergreifende Zeitsituation maßgebend und richtungweisend ist. Diese emotionale Einstellung verhindert eine ausbalancierte Würdigung der Funktion gewisser Einrichtungen, wie Feudalsystem, Despotie, Sklaverei, Aristokratie, Demokratie usw. Selbst das Bild weit abliegender Zeiten oder Völker wird verwirrt dadurch. Der Leser oder der Hörer findet Beziehungen zu sich selbst und seinem Lebensschicksal. Von da aus ergibt sich für ihn ein „Verstehen", d. h. ein Miterleben. Dieses ist natürlich affektbetont, höchst persönlich orientiert. Jeder Einzelne „versteht" anders, je nach seinen Erfahrungen, Kenntnissen, Meinungen, Phantasien. Was der eine „versteht", „versteht" der andere nicht.

Diese emotionelle Seite, die gleichzeitig Strebungen auslöst, ist geeignet, nicht nur durch Affekttrübung die Würdigung der Funktion einer Einrichtung (wie der oben erwähnten) im Kulturablauf zu hindern, sondern auch reagierende „geistige Abwehrbewegungen" auszulösen, die wir in dem Verlangen nach objektiver Erkenntnis des Gesellungsgetriebes als „Politik" empfinden. Die direkte oder indirekte Selbstverflochtenheit der eignen Person des Beobachters ist die Hauptschwierigkeit der Gesellungsforschung. Sie mobilisiert Abwehr, Wollen und Phantasie, hemmt das Streben nach objektiver Erkenntnis, öffnet Tür und Tor der Selbsttäuschung, beabsichtigter oder unbeabsichtigter Entstellung der Realität. Das „Verstehen" wird zur Quelle des Mißverstehens, der Mißdeutung, der Verzerrung. Wie weit „verstehen" wir Blutrache mit folgendem Kannibalismus? Wie weit „Asyl"? Straflosigkeit von Diebstahl? von Vatermord? Kopfjagd?

Die Emotionalität wertet, verfällt ins Ethisieren oder Moralisieren von einem subjektiven Standpunkt aus, der als absolut hingestellt wird. Unter dem Mantel der Philosophie läßt sie die manchmal eingeengteste Subjektivität herein, die vorher offiziell ausgetrieben worden war. Dabei läuft eine weitere Selbsttäuschung unter: man konstruiert „Idealtypen" und glaubt, daß der Ablauf der Erscheinungen in einem „Aufstieg" zu diesen hin und in einem „Verfall" von diesen weg bestehen müsse. So projiziert der philosophierende Phantast „Idealtypen" von Mutterrecht, Vaterrecht, Brautraub, Promiskuität u. dgl. je nach Geschmack als paradiesische oder animalische Bilder aus irgendwelchen romantischen Zeiten. In Wirklichkeit entsprechen diese Bilder aber extremen Varianten, die man nur selten und an wenigen Orten einmal voll ausgebildet vorfindet, während gewöhnlich nur partielle Ansätze vorhanden sind, die niemals überhaupt zu logisch-systematischer Ausgestaltung gelangten, wie an verschiedenen Stellen dieses Werkes gezeigt wurde. Hinzu kommt, daß diese Idealtypen auch „ethisiert" werden, daß man ihnen eine besondere Hochwertung zu Teil werden läßt: die Folge einer ästhetischen Schätzung logischer Systematik, bei mangelnder Berücksichtigung der sozialen Bedeutung solcher Extremformen, die oft sogar verhängnisvoll ist (wie z. B. im Falle extremen Patriarchats).

Wenn wir diese Klippen vermeiden wollen, müssen wir gerade den andern Weg einschlagen: die Subjektivität des emotions- und wertbetonten „Verstehens" ausschalten, die Extremvarianten nicht als Höchstziele von „Aufstieg" und ethischer Wünschbarkeit ansehen, sondern uns zunächst damit begnügen, die Funktionen einer Einrichtung in einer Gesellschaft von bestimmter zivilisatorischer Ausrüstung und kultureller Systematisierung zu untersuchen. Wir müssen Gesellungs- und Kulturvorgänge möglichst losgelöst von den emotionellen Beschwertheiten unserer eignen Subjektivität betrachten lernen, ohne schulmeisterhaft den Zeigefinger zu erheben. Nicht mit dem manchmal zu findenden Hochmute der „Geisteswissenschaften", sondern in geduldigem Zuwarten sollen wir die sozialen, zivilisatorischen und kulturellen Vorgänge studieren, als Naturvorgänge, als etwas, das über den Menschen Macht hat, dem er untertan ist. Wir dürfen uns nicht dem Wahn hingeben, daß das Handeln der Menschen so geplant ist, wie es erscheint und wie oft behauptet wird. Wie oft weichen die Ergebnisse ab von der Absicht! Überschätzen wir nach dieser Seite nicht die „Intelligenz", unterschätzen wir nicht das emotionelle Element, das in allen Gesellungsvorgängen dominiert, sie der Kontrolle durch die „Ratio" entgleiten läßt und auf diese Weise das Spiel für eine logisch-„vernünftige" Interpretation verdunkelt und in die Sphäre eines Getriebes von Emotionen der Gruppen, Gemeinwesen und Völker entrückt, in welche die Wissenschaft schwer zu folgen vermag. Hier liegen die Grenzen für die Möglichkeit wissenschaftlicher Erfassung, hier beginnt die Region des „Ignorabimus". Von unbekannter Hand ist das große Drama der Menschheit geschrieben, in dem wir Puppen auf der Bühne sind, meistens schlechte Beobachter und oft verwirrte Zuschauer. „Du glaubst zu schieben, doch du wirst geschoben." Nur als Naturforscher können wir von diesem Drama etwas ahnen — nie aber es „verstehen".

Als Naturforscher also, als Erforscher der Vorgänge und Abläufe von Gestaltungen menschlicher Gruppierungen, von Einrichtungen und deren Funktion, müssen wir an das gesamte Tatsachenmaterial herangehen, das sich uns aus allen erreichbaren Gesellungen und allen Epochen bietet. Aus den Zuständen und Situationen aller dieser Menschen, ihrer Bedingtheiten und Zustände, müssen wir den Aufbau ihrer Gesellschaften und das Verhalten ihrer Individuen zu erfassen suchen.

Aber es ist nicht genug, bloß ihre Zustände zu beschreiben, wie ein statisches Phänomen der einzelnen Völker, sondern vom dynamischen Standpunkt aus müssen wir die lebenden Einheiten erfassen, die ineinander übergehen, sich verschmelzen, überlagern und wieder zu anderen sozialen und kulturellen Existenzformen gelangen.

Das Schema einer einheitlichen geradlinigen Entwicklung würde in die Irre führen. Die Entwicklung bietet viel kompliziertere Probleme durch Varianten und Blindläufe von Gestaltung, Kontakt und Anpassung.

Nicht nur für die Vergangenheitsschicksale der Menschheit, sondern auch für die allgemeine Erkenntnis sozialen, politischen und kulturellen Geschehens ergeben sich aus solchem Studium Folgerungen, wenn es gelingt, sie aus Gesellungsformen und Abläufen wenigstens als Tendenzen abzuleiten.

Politische Gebilde bei Naturvölkern [1]
Ein systematischer Versuch über die Anfänge des Staates
(Auf Grund eigener Forschungen in der Südsee)

Über Anfänge des Staates hat man mehr nachgedacht als geforscht. Hypothesen sollten Systemen als Pfeiler dienen. Aber man prüfte die Pfeiler nicht auf ihren Wirklichkeitswert. Diesen aus historischen Dokumenten zu gewinnen ist schwer, weil sich die „Anfänge" in schriftlose Vergangenheiten verlieren. Nur die Erforschung zeitgenössischer Naturvölker kann uns in die schriftlosen Epochen zurückleiten. Bei diesen Zeitgenossen können wir sogar das pulsierende Leben selbst beobachten.

Die Zustände sind hier allerdings nicht „anfänglich" in dem Sinne, als wäre nichts voraufgegangen. Auch sie haben ihre Geschichte, nur kennen wir sie nicht. Allein, befanden sich unsere Kulturvorfahren vor zehntausend Jahren „am Anfang"? —

Das Wort „Anfang" muß also in der logischen Bedeutung von „sehr weit von unseren gegenwärtigen Verhältnisse abliegend" genommen werden, unter der hypothetischen Annahme, daß es in dem sozialen Geschehen, das wir überblicken, einen Fortschritt zu uns als Höhepunkt gibt.

Unter dieser Voraussetzung sind die politischen und sozialen Zustände bei Naturvölkern sehr lehrreich. Wir werden instand gesetzt, philosophische oder historische Hypothesen durch erforschbare Wirklichkeit zu kontrollieren. In dieser Richtung hat *Kohler* vorbildlich gewirkt.

Im folgenden sollen nun Zustände bei Völkern der Südsee mit Rücksicht auf die Bedeutung dargestellt werden, die sich für eine Systematik der Staatsformen gewinnen läßt.

Wir treffen auf drei große Völkergruppen in der Südsee, die auch in ihren politischen und sozialen Bildungen wesentliche Unterschiede aufweisen. Die folgende Einteilung will eine Typisierung der Zustände ins Auge fassen; gewisse Abweichungen, Schwankungen und Ausnahmen, durch besondere Verhältnisse bedingt, seien hier beiseite gestellt.

---

[1] Zuerst erschienen in der Zeitschrift für vergleichende Rechtswissenschaft, 37. Band, 1919 — als Festgabe zu Joseph Kohler's 70. Geburtstag.

1. Die niedrigste Form der politischen Bildung möchte ich als die papuanische bezeichnen. Sie findet sich im Innern von Neu-Guinea und auf den großen Inseln des Bismarckarchipels und der Salomoinseln, überall da, wo nachweislich oder vermutlich Angehörige oder vorwiegend Abkömmlinge der Papuaner leben, eines Volkes, das anthropologisch mit einer alten Zwergrasse verwandt ist. In sprachlicher Beziehung geht es ganz eigene selbständige Wege. Sein Besitz an materieller Kultur muß im allgemeinen sehr arm genannt werden. Die politische Form möchte ich eine „Gerontokratie", besser eine „gerontokratische Demokratie", nennen, „Volks-Altenherrschaft".

2. Die mittlere Form wird durch die Bildung einer Aristokratie gekennzeichnet. Soziale Verschiedenheit zeigt sich keimhaft, Ansätze von reich und arm, von vornehm und gemein. Die Alten der vornehmen Geschlechter nehmen je nach persönlicher Geltung eine besondere Stellung ein, die mitunter als Häuptlingschaft bezeichnet wird, ohne es zu sein. Diese Form wird mit dem „melanesischen" Element assoziiert. Die Melanesier sind Einwanderer, die eine mit dem Malaiischen verwandte Sprache reden, sich aber stark mit dem papuanischen Element vermischt haben. Sie nehmen anthropologisch eine Mittelstellung ein, und ihre Kultur ist reicher als die papuanische.

3. Die höchste politische Form wird durch die mikronesischen (Karolineninseln, Ponape, Marshallinseln) und polynesischen (Hawaii, Samoa, Fiji-Inseln) Stämme gekennzeichnet. Die soziale Differenzierung ist hier mitunter soweit vorgeschritten, daß in gewissen Fällen von einer kastenmäßigen Gliederung gesprochen werden kann. Die obersten Kasten haben eine oligarchisch aristokratische Herrschaft errichtet, deren Ausübung in der Hand des ältesten der Geronten liegt. Die Spuren der Einwanderung und Unterwerfung sind zumeist greifbar. Auch hier herrscht eine mit dem Malaiischen verwandte Sprache vor, die Geisteskultur ist weiter, die historische Perspektive erheblich tiefer als bei den Melanesiern oder gar den Papuanern. Es haben Mischungen und Schichtungen mit einem alten ursprünglichen, vielleicht auch einem papuanischen Element stattgefunden. Das einwandernde Volk scheint hier und da noch eine Mischung mit chinesischen oder japanischen Bestandteilen durchgemacht zu haben.

Das sind die drei Typen, die man in der Südsee findet und die gleichzeitig logisch eine aus der anderen zu konstruieren sind. Man kann sich vorstellen, unter Annahme der erwähnten historisch erwiesenen Wanderungen[2], daß die höhere sich unter diesen Bedingungen aus der niedrigeren entwickelt hat, um so mehr als viele Erscheinungen bei den zusammengesetzten Formen auf Reste der

---

[2] Vgl. G. *Friederici* „Untersuchungen über eine melanesische Wanderstraße", in „Wissenschaftl. Ergebnisse einer amtl. Forschungsreise nach dem Bismarckarchipel im Jahre 1908", Berlin 1913.

einfacheren als die ursprüngliche deuten. Diese Annahme würde noch verstärkt werden — wahrscheinlich mit Recht — wenn man überall alte papuanische Reste annimmt und diese als Träger der primitiven Form ansieht.

Wir wenden uns nun einer genaueren Betrachtung jeder einzelnen der drei Formen zu.

I. Die Gerontokratie auf Grund der Volksgleichheit

Die papuanische Gerontokratie umfaßt als politische Einheit die Sippe. Diese Sippe siedelt in der Regel auf einer rundlichen Rodung in Häusern, die um eine Halle angelegt sind. Ich lege hier meine eigenen Forschungen in Neu-Guinea zugrunde. Diese Halle trägt einen bestimmten Namen, der gleichzeitig der Name der Sippe ist. Wandert die Sippe und errichtet sie woanders eine Halle, ein „Sippenheiligtum", so trägt dieses denselben Namen. Das Dorf jedoch, die Siedelung wird nach der allgemeinen Bezeichnung der Örtlichkeit benannt, wie sie jedem Waldstück, Steppenstück, Sumpfland, Uferstrecke, Berglehne usw. zukommt. Mitunter ist die Halle noch in eine rechte und linke Hälfte geteilt und gewisse Personen der Sippe werden der rechten, andere der linken Hälfte zugezählt[3].

Mehrere Rodungen mit ihren Sippen setzen sich zu einem Dorf zusammen. Die geschilderte räumliche Verteilung ist bei Völkern, die keine Schrift und daher keine geschriebenen Gesetze kennen, von großer Bedeutung als Gedächtnishilfe für die Einordnung der zusammensiedelnden Menschen. Dadurch, daß sich einer zu einem Rodungsplatz bekennt (nicht zum Dorfe, das viel weniger wichtig ist), bekennt er sich zur Sippe, Abstammung und Verwandtschaft.

Diese Sippe ist auch die religiöse und soziale Einheit. Der Jüngling wird durch eine Reihe von Zeremonien und Weihen in die Gemeinschaft aufgenommen. Dadurch erwirbt er das Wissen um die geheimen Mächte, Kräfte und Kniffe der Gemeinschaft. Darin liegt seine „Erziehung", seine Heranbildung zu einem Mitglied seiner Gesellschaft. So rückt er nach und nach, vielleicht mit 25 Jahren, zu einem vollwertigen Genossen der Sippe auf. Unter diesen nehmen aber wieder die älteren eine überragende Stellung ein. Diese wird allerdings letzten Endes durch die Persönlichkeit des einzelnen bestimmt.

---

[3] Vgl. Ausführlicheres in meinem Aufsatz über Verwandtschaft in der Ztschr. f. vergl. Rechtsw. Bd. 36/III. Eine genaue Beschreibung der hier angedeuteten Verhältnisse findet sich in meiner Schrift: „Bánaro Society, social organisation and kinship system of a tribe in the interior of New Guinea", in Memoirs of the American Anthropological Association, vol. III, No. 4, Oct.—Dec. 1916, S. 254 ff. Im folgenden wird unter „Bánaro" darauf Bezug genommen. Vgl. auch „Die Gemeinde der Bánaro", Enke, Stuttgart 1921.

Der Einfluß der Alten wird aber nur durch ihre „autoritas" geübt. Strikten Befehl gibt es nicht. Will der Junge nicht, dem der Alte zu befehlen sucht, dann gibt es keine allgemein anerkannte Strafe, keine Sanktion, keine Exekutive. Will dagegen z. B. der Junge weggehen und der Alte ist damit nicht einverstanden, so wird der Junge bleiben. Zu einer positiven Unternehmung gehört die Zustimmung jedes einzelnen Beteiligten. Selbst bei Kriegszügen kommt es vor, daß der eine oder andere daheim bleibt, weil er z. B. einen Freund oder Verwandten im bekämpften Dorfe besitzt.

Die Dörfer sind in der Regel Friedensgemeinschaften. Aber es kommen auch Mißhelligkeiten unter den Sippen *derselben* Siedlung vor, die dann z. B. Verhaue zur Sicherung gegen Überfälle der anderen errichten. In der Regel aber können sie als Friedenseinheiten gelten. Diese werden besonders durch die Heiratsordnungen gestützt, wovon weiter unten gesprochen werden soll.

Vorher muß noch der Bedeutung der Sippe als Wirtschaftskörper gedacht werden. Besitzer des Landes sind die Sippen. Der Sippe gehört der Fanggrund für Schweine oder Kusu (Opossum), für Kasuar oder Krokodileier oder Schildkröten; der Fischfang in den Wasseradern, wo Reusen für Aale aufgestellt werden oder wo die Frauen mit Handnetzen Kerbtiere fangen; das Sumpfdickicht, in dem die echten Sagopalmen, die übrigens häufig gepflanzt sind, geschlagen werden, oder der Hain von Brotfruchtbäumen, die zumeist auch gepflanzt sind. Dem Pflanzer gehört der Baum oder Strauch und der Ertrag der Pflanzung. Hierin steckt der Anfang von Individualeigentum. Aber sowohl die Rodung wie die Anlage der Pflanzung wird oft gemeinsam vorgenommen. Ist eine Pflanzung jedoch von einem einzelnen, einer Familie oder einer kleinen Gruppe von Sippenangehörigen angelegt, so haben nur diese das Recht, den Ertrag ihrer Arbeit zu ernten. Das Individualeigentum knüpft sich ganz besonders an die Kokospalme, die gewöhnlich im Dorfe selbst in verhältnismäßig spärlicher Menge gepflanzt wird, ferner an die Betelpalme und die Bananen. Dadegen sind die Taro- und Yamsfelder[4] häufig Sippenpflanzung. Verschieden ist es mit Tabak und Zucker.

Über die Art der Arbeit möchte ich nur einschalten, daß sie selten von Liedern und Gesängen begleitet wird. Es scheint, daß erst die Anwendung von maschinellen Vorrichtungen und die dadurch bedingte Eintönigkeit der Tätigkeit, die jedoch mit einem Rhythmus der Bewegung verknüpft ist, zur Begleitung durch rhythmische Musik,

---

[4] Taro und Yams sind kartoffelähnlich schmeckende Knollen und Wurzeln von Kräutern, die neun Monate zur Reife brauchen. Es gibt ihrer sehr viele Arten, verschiedener Größe und Gestalt (z. B. rübengestaltige, ziegeneutergestaltige, ferner türhohe armdicke Yamswurzel) und auch verschiedener Farbe des Fleisches (weiß, gelb, violett).

durch Lieder u. dgl. führt. Denn wo stereotype rhythmische Bewegungen auftreten, finden wir sogleich Musik, wie z. B. als Begleitung zum Tanz. Aber wenn ein Werkzeug infolge seiner Beschaffenheit nicht notwendig bei seiner Anwendung den Rhythmus der Arbeit bestimmt, wie das beim Paddeln oder beim Graben der Fall ist, wird sie nicht mit Musik begleitet. In den Erholungspausen wird wohl gesungen, nicht aber bei der Tätigkeit unmittelbar selbst. Erst wenn der Mensch abhängig von der Maschine wird, begleitet er deren ihm aufgezwungenen Rhythmus durch Musik. Offenbar weil durch stereotype Bewegungen die kortikale Leistung und die Wahrnehmung der Bewegungs- und Ermüdungsgefühle durch das Bewußtsein weniger in Anspruch genommen wird als durch gewöhnliche Muskelarbeit.

Das Handwerkzeug gilt ebenso wie die Waffen als individuelles Eigentum.

Was einer in der Fremde erwirbt, wie z. B. der Mann, der sich dem Europäer auf einige (zwei bis drei) Jahre vermietet, beansprucht die Sippe.

Wir sehen, die Dinge liegen hier nicht so ganz einfach und einheitlich. Flüchtige Reisende können daher bald das eine bald das andere mehr beachtet haben und um so eher von gewissen Geschehnissen in ihrer Ansicht beeinflußt worden sein, je stärker sie vielleicht unter dem Vorurteil gewisser Theorien standen, die sie zu bestätigen suchten. Die Wirklichkeit ist aber immer viel weniger einfach als Gedankenkonstruktionen.

Können wir also hier von Kommunismus, etwa von Sippenkommunismus sprechen? Als Grundsatz könnte man aufstellen: wo die Leute gemeinsam den Boden roden und bepflanzen, gehören ihnen gemeinsam auch die Früchte, wo einzeln, da fallen dem einzelnen Bearbeiter die Erträgnisse zu. Daraus würde sich ergeben, daß, wo gewisse Pflanzungsarbeit in Frage kommt, das Individualprinzip durchbricht. Eine scheinbare Ausnahme würde der Fall bilden, daß einer außerhalb des Gaues etwas erwirbt. Aber hier dürfte sich ein ganz anderer Gesichtspunkt Geltung verschaffen. Der Egoismus der Sippe tritt zutage. Sie sagt: „Uns ist ein Mitkämpfer, ein Mitarbeiter entzogen, was er inzwischen in der Fremde erwirbt, fällt als Entschädigung für das Fehlen seiner Arbeitskräfte während der ganzen Zeit der Sippe zu!" Kommunismus könnte man bloß für die Fanggründe (Schweine, Kasuar usw.) und Schlagbereiche (Sago) anerkennen. Aber auch hier fällt der Ertrag immer dem einzelnen Fänger oder Schläger oder der Fanggesellschaft zu. Wo es sich hier also um sogenannten Kommunismus zu handeln scheint, kommt in Wirklichkeit eine Art öffentlich-rechtlichen Anspruchs der Sippe als politische Einheit auf gewisse Landstriche in Betracht, die sie okkupatorisch ergriffen hat, nicht aber privatrechtliche Besitzgemeinschaft.

Dafür spricht auch die Form des Handels. Dieser ist zwar — absolut betrachtet — gering, und man kann mit Recht von geschlossener Wirtschaft, und zwar einer geschlossenen Sippenwirtschaft reden. Produktion und Verbrauch erschöpfen sich im wesentlichen innerhalb der Sippe. Aber doch nicht ausschließlich. Fast überall, selbst bei den primitivsten Stämmen gibt es Dinge, die sie von auswärts beziehen und gegen eigene Erzeugnisse eintauschen. Dazu gehört nicht allein der sich über weite Strecken ausdehnende Handel mit Töpfereiprodukten von Stellen, wo Töpfererde gewonnen wird und die Technik bekannt ist, sondern auch der Handel mit Naturprodukten, wie rohen und bearbeiteten Muscheln als Schmuck, und Beilklingen nach dem Innern, ebenso wie umgekehrt aus dem groben Schotter der Oberläufe der Flüsse die Klingen für Steinbeile geholt und nach den steinarmen Gebieten der Mittel- und Unterläufe sowie der Sumpfgebiete verhandelt werden. Auch Nahrungs- und Genußmittel spielen eine Rolle; so werden Mandeln und geräucherte Fische von der Küste nach dem Innern vorhandelt, während in entgegengesetzter Richtung Tabak, Yams, Sago und Schweine gebracht werden, die man gegen Muschelschmuck in Tausch gibt.

Diese Aufzählung ist keineswegs erschöpfend. Sie soll nur zur Illustrierung dienen. Der Handel ist bei den primitiven Stämmen viel erheblicher, als die doktrinäre Konstruktion ihn anzunehmen geneigt ist. Ja, wenn man die relative Armut an Gegenständen des Gebrauchs und Genusses in Betracht zieht, wird man zu dem Ergebnis gelangen, daß er sogar mitunter einen überraschenden Prozentsatz ausmacht. Allerdings ist dieser Handel „Außenhandel", also Handel mit fremden Stämmen, gewöhnlich mit solchen, die unter anderen Naturbedingungen leben oder bei denen sich besondere Fertigkeiten, z. B. das Knüpfen von großen Fischnetzen, das Flechten von Reusen, das Knoten der Netzbeutel oder auch die Verfertigung von Pfeilen oder Bogen, entwickelt haben. Hier kann man also von „lokalen Hausindustrien" sprechen, die ihre Erzeugnisse tauschen.

Innerhalb der Sippe selbst erübrigt sich der Handel ebenso wie von Sippe zu Sippe im Dorfe. Ein Handelsbedürfnis stellt sich aber ein nach der Rückkehr einzelner oder von Gesellschaften von einer Reise. Gibt da einer auf Verlangen etwas ab, so erheischt das vom Standpunkt der Moral unbedingt Gegenleistung. In dieser Form vollzieht sich überhaupt der Handel ursprünglich. Es wird geschenkt und wieder geschenkt, meistens ohne genaue Berechnung. Bei größeren Mengen häuft man z. B. die Stücke, sagen wir von Yams, zu fünfen und legt zu jedem Häufchen die Gegengabe. Paßt die Menge oder Qualität nicht, so läßt man sie liegen. Man feilscht weniger mit Worten als durch Handlungen.

Diese Schilderung des Wirtschaftslebens weist schon darauf hin, daß eine soziale Scheidung in obere und untere Schichten nicht vorhanden ist. Die Sippen leben als gleichgeordnete souveräne Einheiten nebeneinander. Innerhalb der Sippe besteht bloß die biologische Gruppierung nach Altersklassen und Geschlechtern. Ganz „amorph" ist ja keine menschliche Gesellschaft denkbar. Ja, auf Grund der biologischen Zusammenstellung fällt uns plötzlich auf, daß eine derartige Sippe von sagen wir 40 bis 60 Köpfen ein Organismus ist, der sehr verschiedene Gruppen vereinigt: rechnen wir rund die Hälfte jedes der beiden Geschlechter von einer 60 Köpfe starken Sippe zu je 30 und gruppieren wir die Alterspyramide für jedes Geschlecht: Kinder 15, Erwachsene 10, Alte 5, so ergibt sich daraus, nach dem vorher Ausgeführten, daß diese 5 Alten die 60 Köpfe starke Sippe „regieren". — Nehmen wir weiter an, daß unter diesen 5 Alten 1 krank, 2 mittelbegabt, 1 mehr meditativ veranlagt ist, so mag einer als tatkräftiger Charakter übrig bleiben, der tatsächlich die Geschicke der Sippe lenkt und auf den es ankommt. Diese Betrachtung ist nicht aus der Feder gesogen, sondern vielfach im Verkehr mit den Eingeborenen beobachtet worden und bloß in typisierender Form hier zum Ausdruck gebracht. Daraus ergibt sich der wahre innere Zustand der Sippe.

Oben wurde von dem Freundschaftsverhältnis der einzelnen Sippen untereinander gesprochen. Dieses kann man nur dem Bundesverhältnis zwischen „souveränen Staaten" vergleichen. Einige Sippen schließen sich zum Zwecke gegenseitigen Schutzes auf nahe benachbarten Rodungen zu einer gemeinsamen Siedlung zusammen. Tritt Uneinigkeit ein, so mag die eine Sippe abziehen und sich woanders niederlassen.

Ein besonderes Mittel zur Befestigung der Freundschaft sind Heiraten, gegenseitiger Austausch der Frauen. Dem entspringen die mitunter komplizierten Heiratsordnungen, die auf den ersten Blick verblüffend wirken, die wir aber erst verstehen, wenn wir ihre Entstehung aus dieser Gepflogenheit ableiten. Bei genauerer Betrachtung stellt sich nämlich gewöhnlich heraus, daß als ideale Form der Eheschließung die betrachtet wird, bei der eine „Wechselehe" geschlossen wird, indem nämlich ein männlicher Verwandter der Frau, ihr Mutterbruder oder Vetter oder Bruder, seinerseits eine Frau aus der Sippe nimmt, aus der ihr Gatte stammt.

Diese Übertragung der Frauen von einer Sippe zur anderen ist natürlich mit vielerlei Festlichkeiten und Zeremonien verknüpft, wie alle bedeutungsvollen Ereignisse im Leben der Menschen von sorgsamen Handlungen umrankt werden, die aus Angst vor ungünstigem Einfluß mystischer Mächte in hergekommener Art vorgenommen werden. Dazu gehört auch Essen und Tausch von Geschenken. Wir finden in gewissen Fällen, daß Geschenketausch den gleichzeitigen Frauentausch begleiten. Die geringe Zahl der Mitglieder der Sippe ermöglicht nicht immer gleichzeitigen Tausch, sondern führt wegen ungleichen Alters der Partnerpaare zu einer Verschiebung des Heiratstermins für das eine Paar. Oder sie bedingt häufig die Verheiratung von Kindern auf der einen Seite, wenn darauf Gewicht gelegt wird, daß die Austauschzeremonie gleichzeitig vorgenommen werde. Stirbt aber der Partner (Mädchen) eines Paares vor Erlangung der Reife, so vollzieht sich die Eheschließung beim anderen Paar in der Form des „Kaufs", indem nämlich Geschenke für das Mädchen gegeben werden, ohne daß diese erwidert werden, weil eben das reziproke Paar fehlt. Alle derartigen Fälle wurden beobachtet und registriert. Es handelt sich also nicht um eine an sich naheliegende logische Deduktion, sondern um faktisch vorkommende Varietäten bei denselben Stämmen (Bánaro), die sonst Frauentausch (Wechselheirat) üben.

Im Zusammenhang damit ergeben sich noch vielerlei Besonderheiten, auf die einzugehen hier zu weit führen würde. Ich möchte diesbezüglich auf meine Beschreibung der „Bánaro-Gesellschaft" im Innern Neu-Guineas verweisen[5].

Eine Eigenschaft, die sich aus der Wechselheirat ergibt, ist die Beschränkung der Heirat auf gewisse Sippen, wie bei australischen Stämmen, oder die Forderung, daß parallel irgendwelche andere Sippen ebenfalls eine Wechselheirat vornehmen müssen, so daß vier Paare auf einmal heiraten.

Diesen Heiratsordnungen, die außerordentlich mannigfaltig sind, wurde eine besondere Bedeutung für die ethnische Verwandtschaft der Stämme beigemessen[6]. Es würde von dem behandelten Thema abführen, die Einzelheiten hier zu verfolgen. Für wertvoll halte ich nur die Erwägung, daß die Aufstellung solcher oft sehr genauen Ordnungen für die Gattenwahl im allgemeinen auf deren Ausbildung während relativ langer Friedenszeiten weist. Sie ist für die papuanische Kultur charakteristisch, während wir in der melanesischen, wie wir sehen werden, eine Vereinfachung vorfinden, die offenbar auf das unruhige Leben einzelner Räuberstämme zurückgeführt werden muß[7].

Hand in Hand mit diesen Heiratsordnungen gehen sehr merkwürdige Verwandtschaftsbezeichnungen. Bei der Betrachtung der inneren Struktur der Sippe ist uns aufgefallen, daß diese je kleiner an Zahl um so individueller in der Art der Mitglieder ist, die sie um-

---
[5] Vgl. „Bánaro" S. 270, 274, 367.
[6] Vgl. dazu insbesondere *Graebner*, Die melanesische Bogenkultur, Anthropos 4, 1909, S. 733, 739 u. 766; sowie P. W. *Schmidt*, Die soziol. u. religiösethische Gruppierung der austral. Stämme, Z. f. Erdkunde 41, 1909, S. 328 ff.
[7] Vgl. „Bánaro", S. 380.

schließt. Dem entspricht bei vielen papuanischen Stämmen eine sehr individualisierte Benennung der Verwandtschaftsverhältnisse. Vor allem ist sie durch eine weitreichende Unterscheidung in der Benennung der väterlichen von der mütterlichen Verwandtschaft, wie auch der Schwägerschaft auf seiten des Mannes von der auf seiten der Frau charakterisiert. Sie erklärt sich aus dem Selbständigkeitsgefühl der Sippen, die scharf die eigenen Angehörigen von den Fremden auseinanderhalten. Während diese Sonderung streng betont wird, macht man z. B. fast nie einen Unterschied zwischen Brüdern und Vettern. Dafür wiederum werden die älteren von den jüngeren Brüdern oder Vettern unterschieden. Das ist wichtig, weil es sich bei den älteren um die handelt, die eher in die Weihen und das Wissen, die Ehren und Würden der Sippe eingeführt werden. Aus diesem Grunde wird diese Auszeichnung des relativen Alters meistens nur beim männlichen, seltener beim weiblichen Geschlecht angewendet. Es ist von keinem besonderen Wert, die Zahl der Geburten zu kennen, wie nach römischem Recht, um die Verwandtschaft festzustellen. Es kommt nur darauf an zu wissen, wen man heiraten darf, wer eine Schutzverpflichtung besitzt, wer zu dieser oder jener Zeremonie helfen muß, mit wem man zusammen auf Fang, Rodung, Bestellung der Pflanzung geht, oder in den Krieg zieht, wen die Verpflichtung zur Blutrache oder zur Heirat der Witwe trifft. Darüber sollen die Verwandtschaftsnamen Aufschluß geben, aber nicht über das Erbrecht, das noch nicht existiert. Daher finden wir eine ganz andere Auffassung und Klassifizierung der Verwandtschaftsbeziehungen[8].

Bei der Rolle, die die Sippe spielt, wird alles wirtschaftlich Wertvolle durch sie gewährleistet. Das Individualeigentum existiert zwar, aber es bezieht sich zumeist auf Dinge, die entweder genossen oder doch sehr rasch verbraucht werden (Holzgeräte, Äxte, Netze). Anderes, wie persönlicher Schmuck und Waffen, wird mit dem Verstorbenen begraben oder verbrannt, Häuser werden verlassen, Geräte weggeworfen, sofern sie nicht seine Mitarbeiter benutzen.

Wie die Sippe das Leben des Menschen erfüllt, umfaßt sie ihn auch im Tode, im Jenseits. Auch die Abstammung von einem gemeinsamen Ahnherrn wird gewöhnlich angenommen.

Sehr häufig wird mit der Sippe ein Tier oder eine Pflanze oder sonst ein Gegenstand assoziiert, über die es eine Sage gibt und denen gegenüber ein besonderes Verhalten eingeschlagen wird, namentlich in bezug auf Berührung, Fang oder Genuß. Diese Respektsobjekte geben oft der Sippe auch den Namen, und da die Heiratsordnung auf

---

[8] Vgl. „Bánaro", S. 353 u. 376 ff., auch S. 381 u. 278. — Es muß hier darauf hingewiesen werden, daß in Deutschland bisher *Kohler allein* es war, der die Bedeutung der Verwandtschaftsnamen für die ethnologische und soziologische Forschung erkannt und beachtet hat — und zwar seit Jahrzehnten!

der Sippeneinteilung aufgebaut ist, kommen diese Respektsobjekte, Totems, mit der Heiratsordnung in Verbindung, mit der sie ursprünglich eigentlich nichts zu tun haben[9].

Wollen wir noch einmal die Grundzüge dieser Gesellschaftsgebilde uns vergegenwärtigen, so haben wir souveräne Sippen[10], die vielfach zu Gruppen von Sippen verbunden auf gemeinsamen Siedlungsplätzen hausen und untereinander im *Connubium* stehen. Dieses *Connubium* erstreckt sich aber auch auf andere Sippen anderer Siedlungen. Das *Connubium* begründet unter den verbundenen Sippen indessen nicht mehr als einen „Staatenbund" — wenn ich so sagen darf. Wohl schließen sich Sippen für besondere Unternehmungen einmal zusammen. Ist aber der Zweck einer solchen Unternehmung, des Kriegszugs, erreicht, oder der Führer nicht mehr da, so erlischt dieser Zusammenschluß. Eine politische Organisation, unabhängig von Gelegenheit und Person, reicht nicht über die Sippe hinaus. Im Innern sind diese Sippen als Gerontokratien organisiert, die eine Gemeinwirtschaft führen, ohne einen Kommunismus zu erreichen, sondern in denen das Individualeigentum und selbst der Handel Raum finden.

II. Beginnende Ungleichheit

Der Darstellung der gerontokratischen Organisation der Papuaner wurde ein so großer Raum gegönnt, weil diese Gebilde unzweifelhaft die Grundlage auch für das Verständnis der gleich zu beschreibenden komplizierteren Formen abgeben, in denen das politische Leben bei anderen Stämmen sich abspielt.

Eine scharfe Trennung zwischen Papuanern und Melanesiern ist — selbst in bezug auf die Sprache — schwer zu ziehen. Wie die Grenzlinien auch auf anthropologischem Gebiet und in ethnographisch-kultureller Hinsicht oft ineinander verschwimmen, so gehen sie ebenfalls in bezug auf die politische und soziale Organisation vielfach ineinander über. Trotzdem können auf allen genannten Gebieten die eigenartigen Charakteristiken genügend scharf herausgearbeitet werden, und man kann zu einer Typisierung des Melanesischen gegenüber allem Papuanischen gelangen. Diese ist es, die uns hier in politischer und sozialer Richtung interessiert.

Die vielerlei Mischungen zwischen Papuanern und Melanesiern bringen es mit sich, daß z. B. bei Leuten, die eine melanesische Sprache

---

[9] Diesbezüglich darf ich auf meinen im nächsten Heft des „Anthropos" erscheinenden Aufsatz über Totemismus verweisen. Vgl. auch „Die Denkart als Wurzel des Totemismus", Korr.-Blatt d. Deutsch. Ges. f. Anthrop. usw. 1911.

[10] Die „Familie" in unserem Sinn ist noch nicht ausgebildet. Vgl. „Bánaro", S. 322, 340, 348, 354—356. Über Sippengruppen vgl. „Bánaro", S. 334, 375/76.

reden, gewisse papuanische Einrichtungen sich finden, und umgekehrt[11].

Dem melanesischen Einfluß liegt eine große Völkerwanderung zugrunde, die sich in wiederholten Schüben und hin und her flutenden Wellen vielleicht vor einem Jahrtausend, und damals ausgedehnt über Jahrhunderte, abgespielt haben dürfte.

Auch unter den Papuanern selbst fanden wir ein unausgesetztes Stoßen und Branden der kleinen sozialen Einheiten und Siedlungsgenossenschaften gegeneinander. Das aber, wodurch sich die melanesische Bewegung von der papuanischen unterscheidet, liegt darin, daß es sich bei der melanesischen Wanderung um heterogene Rassen und Kulturbestandteile handelte, die aufeinander prallten. Die einwandernden, eine malaiische Sprache redenden Melanesier stießen auf stammfremde, andersartige Einwohner. Bei dem Nomadisieren der Papuaner trafen im wesentlichen *gleichartige* Stämme mit vorwiegend gleichem Kulturbesitz aufeinander.

Erst die Berührung *verschieden* gearteter Menschen und ihrer Kulturen führt zu politischen und sozialen Neugestaltungen. Solche Neugestaltungen finden wir im melanesischen Gebiet. Man kann hier noch *nicht* von Unterwerfung des einen Elements durch das andere reden. Jedenfalls haben wir, logisch genommen, das einfachste Ergebnis vor Augen, das durch Eindringen eines Volkes in das Bereich eines anderen in politisch-sozialer Hinsicht gezeigt werden kann: nämlich ein Neben- oder Durcheinandersiedeln von Einwanderern und Eingesessenen, hier also von Melanesiern und Papuanern[12].

Bezüglich der Siedlungen führe ich folgende Erscheinungen an, die bald hier, bald dort, vereinzelt oder gemeinsam im melanesischen Gebiet zu finden und für dieses charakteristisch sind.

1. Daß die melanesischen Dörfer in der Regel größer sind, mag mit dem stärkeren Schutzbedürfnis der kampffreudigen Einwanderer in Zusammenhang zu bringen sein. Ihre Anlage ist aber auch ver-

---

[11] Für die Ethnologen bemerke ich, daß z. B. die Siedlungsweise der Küstenbevölkerung auf der Gazellenhalbinsel (auf Neu-Pommern) als papuanisch bezeichnet werden muß, während dort eine melanesische Sprache geredet wird. Anthropologisch stehen diese Leute zweifellos dem papuanischen Typ sehr nahe, und sind von der benachbarten Bevölkerung der Bainingberge oft schwer zu unterscheiden. — Eben bei diesem Volk gewahren wir ein Musterbeispiel sich auf verschiedenem Gebiet mischender Einflüsse. Dadurch, daß zufällig gerade dieses Volk zuerst dem europäischen Einfluß und der Erforschung zugänglich wurde, fiel es lange schwer, den papuanischen von dem melanesischen Typ zu unterscheiden.

[12] Ein solches Neben- und Durcheinandersiedeln wie auf den großen „melanesischen" Inseln zwischen Melanesiern und Papuanern ist keineswegs vereinzelt. Es findet sich auch in Europa, auf dem Balkan, in den polnischen, ukrainischen, rumänischen, serbischen usw. Grenzgebieten.

schieden. Fast immer führt der allgemeine Pfad durch das Dorf. Für die papuanische Siedlung ist ihre Versplittheit typisch, und vielfach ist sie seitwärts vom Hauptpfad nur durch Zubringerpfade erreichbar.

Die melanesischen Siedlungen weisen häufig den Typ des Straßendorfes auf: die Häuser sind an einer oder zu beiden Seiten des Weges reihenweise aufgestellt[13].

Nicht selten ist auch die From der *Gruppenreihe*, besonders in Neu-Guinea. Diese Form besteht darin, daß die Rodungen der einzelnen Sippen zu beiden Seiten der das Dorf durchschneidenden Straße wie Perlen rechts und links an einer Schnur gezogen sind. Jede Sippe besitzt ihren Häuserkreis rund um eine Sippenhalle herum, zwei, drei oder vier Sippen bilden eine Siedlungsgemeinschaft mit wieder einer besonderen Festhalle. Eine Sippengemeinschaft wird von der anstoßenden durch etwas Buschwerk getrennt. Das Dorf selbst setzt sich aus zwei, drei, vier ja fünf oder mehr solcher Siedlungsgemeinschaften zusammen.

Es scheint mir, daß wir es im letzteren Falle mit papuanisch-melanesischen Mischformen zu tun haben. Die echt melanesische Form möchte ich vielmehr im Straßendorf erblicken.

2. Die Sippen der Siedlungsgemeinschaften haben ihre Totems, sie beobachten untereinander gewöhnlich strenge Heiratsordnung und wenden besondere Aufmerksamkeit der Abstammung zu. Der Totemismus tritt bei den Melanesiern vielfach in anderer Form auf als bei den Papuanern. Während er bei den letzteren stark örtlich gebunden ist, mit der Halle zusammenhängt und die Siedlung umschließt, ist er bei den Melanesiern davon vielfach frei, und wir begegnen den verschiedenartigsten Verfallsformen[14].

Wenig ausgebildet sind die Heiratsordnungen gewöhnlich dort, wo Straßendörfer sich finden. Oft ist der ganze Stamm in zwei Hälften geteilt (man erinnert sich an die Teilung der Halle in zwei Hälften)[15], von denen die Angehörigen der einen Hälfte die der anderen frei heiraten dürfen, bloß innerhalb der eigenen Hälfte ist die Heirat verboten. Diese Halbierung des Stammes trifft aber nicht streng mit der Straßensiedlung zusammen.

Die Vereinfachung der Heiratsordnungen ist zweifellos mit den Wanderungen und Kämpfen verknüpft. Gerade die reisigsten

---

[13] Vgl. meinen Reisebericht: Z. f. Ethnologie, 1910, S. 113. Ein Planschema einer papuanischen Siedlung ist enworfen: „Bánaro", S. 256, Fig. 90. Der Plan einer melanesischen Siedlung findet sich z. B. bei *Hambruch:* „Wuwulu und Aua" (Hamburg, 1908), S. 10.

[14] Vgl. W. H. R. *Rivers*, Journ. R. Anthrop. Inst. 39, 1909, S. 156.

[15] Vgl. „Bánaro", S. 257.

Kampfesstämme, wie z. B. die von Simbo und Rubiana auf den Salomo-Inseln, zeigen sehr einfache Heiratsordnungen[16].

3. Im Zusammenhang mit den einfachen Heiratsordnungen stehen im allgemeinen auch die Berechnungen der Verwandtschaftsgruppen. Infolgedessen treffen wir auch eine geringere Zahl von Verwandtschaftsbezeichnungen an, die hier und da ganz auffällig reduziert erscheint[17].

4. Was nun die politische Organisation betrifft, so ist sie gekennzeichnet durch die Anfänge einer sozialen Differenzierung, die fast überall bemerkt werden kann, die aber den Papuanern noch fremd ist:

a) In den meisten Gemeinwesen treffen wir nämlich auf Personen, die als Sklaven gehalten werden.

Die Zahl der Sklaven, welche teils für persönliche Dienste verwendet werden, oder denen Stücke des Sippenlandes zur Bebauung gegen Abgaben zugewiesen sind, ist immer sehr gering. Ihre Stellung ist sehr verschieden und ihre Abhängigkeit gewöhnlich unbestimmt, meist sehr milde. Für den ganzen Aufbau der Gesellschaft spielen sie kaum eine Rolle.

Dabei handelt es sich um Kriegsgefangene, gewöhnlich verschleppte Kinder, die nun beim fremden Stamm aufgewachsen sind, oder um geraubte Weiber, die dann auch einer Art Prostitution zugeführt und zum Schluß oft aufgefressen werden[18].

Es ist klar, daß der größere Besitz von solchen Sklaven zur sozialen Auszeichnung einer Sippe vor den anderen führt. Und so sehen wir stolze Sippen sich abheben.

Denn die Besitzer von Sklaven legen mehr Rodungen an entsprechend ihrer größeren Zahl an Händen. Aber deren Ertrag fällt nicht mehr voll an den Besteller der Pflanzung, sondern wird zur Machterhöhung des Sklavenhalters verwendet[19].

b) Es haben sich Gegenstände gefunden, zu denen ein besonderes gesellschaftliches Bewertungsverhältnis der Menschen entstanden ist, wie z. B. gewisse Muschelscheibchen, die wie Geld im Austausch zur Gewinnung von Hilfe im Kampfe, zum Erwerb von Nahrungsmitteln,

---

[16] Vgl. meinen Reisebericht, Ztschr. f. Ethnologie 1909, S. 528 und *Rivers*, History I S. 251.

[17] Ich möchte nicht unterlassen, in diesem Zusammenhang auf W. H. R. Rivers „Kinship and social organisation in Melanesia" 1914 zu verweisen und besonders noch auf sein großes zweibändiges Werk „History of Melanesian Society" Cambridge 1915.

[18] Wie z. B. auf der Insel Nissan, vgl. Ztschr. f. Ethnologie 1908, S. 108.

[19] Besonders deutlich tritt das auf Alu (Salomoinseln) hervor; vgl. *Thurnwald*, Volk, Staat und Wirtschaft, Forschungen auf den Salomoinseln und dem Bismarckarchipel, Berlin, Dietrich Reimer (Ernst Vohsen) 1912, S. 41, 43 u. 48.

zur Gewinnung von Weibesliebe verwendet werden können. Der Besitz dieser Gegenstände führt zu sozialer Auszeichnung.

Große Mengen dieser Wertträger werden in besonderen Häusern aufbewahrt. Ihre Hüter sind die Alten der Sippe. Einer Sippe gelingt es, mehr (durch Mord, Totschlag und Kämpfe) zu erwerben, als der anderen. Urformen der Bildung von Kapital!

c) Vor allem aber sind die Melanesier mit ihrem eigenen mitgebrachten Kulturbesitz den Papuanern gegenübergetreten. Die Mischung war sicher sehr verschiedenartig im Laufe der hin und her flutenden Wanderbewegungen. Im wesentlichen aber lief sie auf eine Herübernahme papuanischer und auf ein schließliches mehr oder minder friedliches Nebeneinandersiedeln der beiden zusehends sich vermischenden Rassen hinaus.

Der Vorgang war gewöhnlich der, daß die Einwanderer eine Landschaft gesäubert hatten, sich niederließen und dann mit den benachbarten Papuastämmen auf dem Wege des Weibertausches durch Wechselheirat in Beziehung traten[20]. So entstand ein unabhängiges Nebeneinandersiedeln verschiedener Bastardstämme. Wo die Bevölkerung sich verdichtete ohne sich auszudehnen, sehen wir große Siedlungen, in denen wohl unter den Sippen gewisse Ordnungen in bezug auf Heirat oder anderes Verhalten (z. B. bei Festen) eingeführt sind, die aber noch keine politische Organisation begründen oder untereinander zu einem gemeinschaftlichen Gesellschaftsbau sich verflechten[21].

Zu einer förmlichen Unterwerfung des einen Stammes durch den anderen ist es nicht gekommen, nur zu gewissen Auszeichnungen.

Eine solche Auszeichnung religiös-sozialer Art haben wir offenbar in den Geheimbünden[22] zu erblicken, deren Entstehung ich einer Absonderung der Anhänger gewisser religiöser Zeremonien zuschreiben möchte, die ursprünglich wohl sippenhaft zusammengehörten.

Von den politisch-wirtschaftlichen Auszeichnungen durch Sklavenhaltung und Wertträger war schon die Rede. Sie ermöglichte im Verein mit der raßlich-kulturellen Verschiedenheit eine Sonderstellung einzelner Sippen.

Die Sippen sind wohl gerontokratisch organisiert, aber eine beginnt der anderen Gefolgschaft zu leisten für Bewirtung und Zahlung, wie

---

[20] Ein konkretes Beispiel wurde beobachtet auf Popoko, einer Insel bei Kieta (Bongainville, Salomoinseln); vgl. Reisebericht: Z. f. Ethnologie 1909, S. 514.

[21] Charakteristisch dafür ist das Gemisch von (teilweise) melanesischen und (teilweise) papuanischen Stämmen an der Küste der meisten großen Inseln der Südsee.

[22] Vergleichsweise sei hier die Ansicht von *Boas* erwähnt, der die Herkunft von nordindianischen Geheimbundriten aus Kriegsgebräuchen ableitet (Festschrift für *Bastian* 1896, S. 442).

z. B. in Buin[23]. Über die Schätze der Sippe verfügt der einflußreichste Alte nach persönlicher Geltung. So treffen wir hier schon mächtige „Häuptlinge", die ihre Sonderunternehmungen und Raubzüge führen, die Sklaven und Reichtum in Gestalt von Geld besitzen. Diese „Häuptlinge" sind nur „Herzöge", „duces", sie sind es, solange sie persönlich zu gelten vermögen, solange ihr Ansehen blüht, nicht vermöge von Recht oder Gesetz. Die Häuptlingschaft besteht also nur scheinbar, sie verschwindet, wenn die Umstände sich ändern, und ist nicht traditionell festgelegt. Wohl aber kann man das von der Aristokratie sagen. Die vornehmen Geschlechter erfreuen sich einer traditionell verankerten Auszeichnung den anderen, vor allem natürlich den Sklaven gegenüber.

Wollen wir also zusammenfassen, so können wir sagen, die zweite (melanesische) Form kann als die einer aristokratischen Absonderung bezeichnet werden. In den Sippen herrschen nach wie vor die Alten. Die Sippen haben aber nicht mehr ganz die Bedeutung wie beim papuanischen Typ, Heiratsordnung und Verwandtschaftsgruppierung sind wesentlich vereinfacht. Dafür macht sich eine Scheidung nach Abstammung und Besitz geltend. Die politische Führung gleitet in die Hand von einigen Sippen über und hier wieder in die von einzelnen Führern.

III. Klassenschichtung

Die zweite (melanesische) Form der beginnenden Ungleichheit bereitet logisch die dritte (mikro- und polynesische) Form der aristokratischen Oligarchie vor.

Hier haben sich die Sippen bereits übereinander geschoben und an vielen Orten (z. B. Ponape, Marschall, Samoa-Inseln, Hawaii) ist es zu einer richtigen Kastenbildung gekommen.

Die historischen Vorgänge, die dazu führten, sind auch Wanderungen von, eine malaiische Sprache redenden Stämmen gewesen. Anthropologisch haben wir es hier mit Menschen zu tun, die den Malaien näher als den Papuanern stehen, während im melanesischen Gebiet eher das Umgekehrte gesagt werden kann.

Weshalb kam es hier nun zu anderen staatlichen Bildungen als auf den großen Inseln südlich vom Äquator? Ich glaube, daß man nur indirekt geographische Faktoren dafür ins Treffen führen kann.

Das Verhältnis der Anzahl von Zuwanderern war sicher kleiner auf der mikro- und polynesischen Inselwelt als auf den großen melanesischen Inseln. Sehr häufig haben die Einwanderer auf den „kleinen und vielen Inseln" nördlich und südlich vom Äquator wohl keine

---

[23] Vgl. *Thurnwald*, Forschungen auf den Salomon-Inseln und dem Bismarck-Archipel 1912, I. u. III. Band.

Ureinwohner angetroffen, sind also in jungfräuliches Land eingezogen. Wo aber — wie z. B. auf Fiji — Ureinwohner vorgefunden wurden[24], da waren die Zuwanderer ihnen an Zahl verhältnismäßig nicht so unterlegen wie auf den großen Inseln. In dieser Hinsicht ist es lehrreich, daß z. B. an der Nordküste von Neu-Guinea die melanesischen Siedlungen hauptsächlich auf den vorgelagerten Inseln und nur an besonders geschützten Küstenplätzen sich erhalten konnten.

Dazu kam, daß auch auf den größeren von den „kleinen Inseln", die ihr eigenes Leben als Oasen in der ungeheuren Wasserwüste führen, das bewohnte Menschenbereich leicht übersehbar wird und sich da ein Ordnungsbedürfnis eher geltend macht.

Aber Rassenbildung und Kulturmischung haben eine viel weitertragende Bedeutung für die staatlichen und gesellschaftlichen Formen als die geographischen Faktoren.

Wie das Aufeinanderstoßen verschiedener Völker und ihrer Kulturen „befruchtend" wirkte, ist psychologisch begründet. Es findet nicht immer auf dieselbe Art statt, sondern je nach den besonderen Umständen in verschiedener Form. Dabei kommt in Betracht:

1. die oft notwendige Anpassung an neue Lebensbedingungen,
2. das Erlernen neuer Fertigkeiten, Erwerb neuer Werkzeuge, Haustiere oder Kulturpflanzen,
3. die Anregung zu Erfindungen.

Die Aufnahme neuer Erfahrungen beeinflußt die Lernenden anders, als sie die Lehrenden beeinflußt haben. Die Lernenden stellen nämlich immer durch eine andersartige Tradition geübte Geistestypen vor. Oft unterscheiden sie sich raßlich auch noch durch in einem anderen Klima gebildete Charakteranlagen von den Lehrenden. Dieses Lernen und Übernehmen führt zu neuen Gedankenverbindungen, zu „produktivem" Denken.

Die Rassenbildung findet auf dem Wege des Frauentausches (Wechselheirat) zwischen eindringenden und heimischen Stämmen in einer Weise statt, wie wir sie heute noch vielfach beobachten können. Die Frauen bringen ihre Einrichtungen und Gewohnheiten mit. Nicht nur der Anteil ihres Bluts, auch der ihres Geistes und ihrer Geschicklichkeiten, ihrer Gewohnheiten wird ihren Kindern weiter vererbt, wird zu einem Bestandteil ihres Erlernten, ihrer Erziehung, und schließlich für sie auch Gewohnheit und geistiges Eigentum. Im Hin- und Herwogen der Mischungen und Berührungen entstehen immer neue Kombinationen des Blutes sowohl als auch des traditionellen Geistesbesitzes, der Kulturgüter. Während aber bei den Melanesiern immer neue Vermengung mit den Papuanern dazwischen trat und sie

---

[24] Darauf deuten *Hocarts* Forschungsergebnisse auf der Insel Vanua Levu hin; vgl. „Man" 1914, 2 und 1915, 43.

daher mehr nach deren Bahnen wiesen, haben die Stämme der „kleinen und vielen Inseln" nicht immer neue papuanische Elemente aufnehmen müssen, und haben im Osten sogar chinesischen oder japanischen Einschlag erhalten; im wesentlichen aber wurden sie mit Völkerwellen von ihrer eigenen Mischung in Berührung gebracht.

Die Einheiten jedoch, die wanderten, waren vermutlich nicht mehr homogen wie bei den Papuanern, sondern schon in sich verschieden. Offenbar pflegten sie Kriegsgefangene, Kinder und Frauen mit sich zu führen, und aus diesen, die zudem auf den größeren Inseln anderer (papuanischer) Abkunft waren, erwuchsen die Angehörigen der unteren Schichten.

Logisch stellt sich der soziale Aufbau unter den Polynesiern und Mikronesiern als eine entwicklungsgemäße Fortsetzung der melanesischen Formen dar.

Wir sehen nämlich bei den Mikronesiern und Polynesiern den ganzen Stamm schon einheitlich organisiert, während unter den Melanesiern erst Ansätze dazu vorhanden sind, unter den Papuanern dagegen die einzelnen Dörfer nur als Siedlungseinheiten gewissermaßen zufällig aus den neben-, nicht übereinander gereihten Sippen zusammengesetzt sind, und die verschiedenen Dörfer des eine gleiche Sprache redenden und eine und dieselbe Kultur besitzenden Stammes außerhalb jeder organischen Beziehung stehen.

Die mikronesisch-polynesische Organisation wird dadurch charakterisiert, daß der Einheitsverband gewöhnlich nicht mehr an demselben Orte zusammen wohnt. An die Stelle von Sippen sind „Geschlechter"[25] getreten, die im wesentlichen durch Verwandtschaft, sozialen Rang und damit verbundenen Besitz zusammengehalten werden. Das ganze Volk ist in eine Zahl von bestimmt nach Rang klassifizierten Geschlechtern eingeteilt[26]. An dem einen Ort mag das eine Geschlecht, an dem anderen das andere stärker vertreten sein. Die einen siedeln mit anderen Geschlechtern in einem Dorfe zusammen.

Der Geschlechterverband ist mitunter endogam[27]. Wir werden uns vorstellen dürfen, daß diese Geschlechter aus Sippen hervorgegangen

---

[25] Unter „Einheitsverband" verstehe ich die Sippe. Als „Geschlechter" bezeichne ich „Großsippen", solche Verwandtschaftsverbände nämlich, die an vielen Orten vertreten sind und nur gelegentlich oder gar nicht sich an einem Orte versammeln.

[26] Vgl. dazu: für Ponape R. *Hahl*, Ethnolog. Notizblatt II, 2, 1901; bezüglich der Marianen G. *Fritz*, Ethnolog. Notizblatt III, 3, 1904; für Palau *Kubary*, Die sozialen Einrichtungen der Palauer, Berlin 1885; für Nauru P. *Hambruch*, „Nauru", aus den „Ergebnissen der Hamburger Südseeexpedition 1908—1910", Hamburg 1914, S. 184—194; für Yap W. *Müller*-Wismar „Yap" („Hamburger Südseeexpedition"), Hamburg 1917, S. 233 ff. usw.

[27] Das ist aber nur in den obersten Geschlechtern der Fall. Stellenweise geht das so weit, daß die Häuptlinge, wie im alten Ägypten und in Siam

sind, die miteinander durch eine Heiratsordnung verbunden waren. Im Laufe der Fahrten, Kämpfe und Wanderungen sind die genauen Vorschriften verloren gegangen, nur das Bewußtsein der Zusammengehörigkeit ist bewahrt worden. Die auf Mutterrecht begründete Heiratsordnung bringt es mit sich, daß die Verbindung mit einer Frau aus niedrigerem Geschlecht nicht als gültig betrachtet wird und ihre Kinder ihrem Range folgen. Außerdem finden wir bei den meisten dieser Völker die Einrichtung einer Art Prostitution, besser gesagt eines freien vorehelichen Verkehrs der Mädchen, oft verknüpft mit religiösen Gedanken. Diese Einrichtung kann als die Variante einer Sitte des Weibertausches betrachtet werden, wie sie bei Papuanern und auch Melanesiern hier und da in Verbindung mit Pubertätsfesten angetroffen wird[28].

Die Verwandtschaftsgruppen und ihre Beziehungen sind den soeben geschilderten veränderten Heiratsordnungen und Sitten entsprechend umgestaltet und im Verhältnis zu den papuanischen vereinfacht. Wesentlich ist hier überall Mutterfolge.

Die Geschlechter zerfallen in die örtlichen Sippen oder Familien. Alle sind gerontokratisch geordnet. Der Älteste wird hier genau ausgesucht. Die angesehenste Sippe stellt den Ältesten als Häuptling. Stirbt dieser, so folgt der nächste jüngere Bruder[29]. Persönliche Bedeutung fällt auch hier ins Gewicht, aber sie ist nicht mehr ausschlaggebend. Die Häuptlinge der angesehensten Sippen der ersten Geschlechter sind die Oligarchen des Stammes[30].

Die Geschlechter sind nun traditionell ihrem Range nach gestaffelt. Die meisten haben ihren besonderen Ursprungsmythos und ihre legendarischen Ahnherren. Als „Wappen" könnte man die privilegierte Art der Tätowierung oder der Mattenmuster bezeichnen[31]. Die Unterordnung ist gewöhnlich in der Sage religiös begründet. In der Regel tritt noch eine Abgaben- und Dienstpflicht der unteren gegenüber den höheren Geschlechtern hinzu.

Die Grundlage, auf der die Organisation aufgebaut ist, bildet die Blutverwandschaft unter den Angehörigen des ersten Geschlechts oder zweier oder dreier erster Geschlechter. Diese umspannen durch ihre

---

die Könige, Geschwister aus ihrer eigenen Familie heiraten; vgl. P. A. *Erdland*, „Die Stellung der Frauen in den Häuplingsfamilien der Marschall-Inseln", Anthropos 4, 1909, S. 112; bezüglich Hawaii vgl. *Rivers* „History", I, S. 386.

[28] Vgl. „Bánaro", S. 285 ff.

[29] Diesen Ausführungen lege ich eigene, noch nicht veröffentlichte Studien an Marschallinsulanern zugrunde. Die Erbfolge ist indessen nicht überall gleich. — Oft kommen neben dem Dorfhäuptling noch „Kriegsherzöge" vor.

[30] Vgl. P. A. *Erdland*, Die Eingeborenen der Marshall-Inseln im Verkehr mit ihren Häuplingen, Anthropos, 7, 1912, S. 559 ff.

[31] Vgl. A. *Krämer* „Palau" (Hamb. Sündsee-Exp.).

überall verstreut wohnenden Verwandten das ganze Stammesgebiet, auf das sie, geteilt nach Familien oder Sippen, einen Anspruch ausüben. Alle übrigen Geschlechter hängen dadurch von ihnen ab. Die Abhängigkeit wird aufrecht erhalten durch wirtschaftliche Mittel, durch — vorwiegend — Verleihung des Bodens zur Arbeit, sog. Lehen oder Hörigkeit, gegen Abgaben oder — in geringerem Maße — direkter Ausnützung der menschlichen Arbeitskraft (Sklaverei).

Dieser Geschlechterstaat beruht also im wesentlichen darauf, daß ein oder einige wenige Geschlechter sich der Nahrungsquellen bemächtigt haben. Auf den kleinen Inseln sind diese beschränkt und übersehbar, bei dichter werdender Bevölkerung auf dem nicht überall sehr fruchtbaren Lande knapp. Hier konnte es durch Kriege geschickten Führern gelingen, für ihre Sippe große Gebietsteile sowie das Recht zur Bebauung und zum Fang in Anspruch zu nehmen. Je größer die Gebiete wurden, desto mehr zerstreute sich die Sippe auf weite Räume und konnte Kriegsgefangene oder Zugewanderte zur Bewirtschaftung verödeter Länder ansetzen. — Auf den großen melanesischen Inseln war das alles nicht gut möglich, denn die Nahrungsquellen konnten da nicht so leicht *monopolisiert* werden, weil die Gelegenheit zur Abwanderung der weiten Küste entlang besser war, eine *Verdichtung der Bevölkerung* nicht so leicht eintreten konnte und sie auch dann nicht so leicht unter Kontrolle gehalten zu werden vermochte wie auf den kleinen Inseln.

Das Eigentum hat als Machtfaktor, wie wir sahen, eine entscheidende Bedeutung erlangt. Es besteht im Besitz von Boden und von Menschen. Der Boden wird an die unteren Schichten zur Bearbeitung auf bestimmte Zeit, für einen bestimmten Ertrag oder für Lebenszeit vergeben. Dadurch bilden sich Verhältnisse heraus, die an das Lehenssystem erinnern, die aber vor allem an die altorientalischen Wirtschaftseinrichtungen (in Ägypten und Babylonien) anklingen[32]. Auch die Stellung der Häuptlinge bereitet psychologisch auf die erdrückende Machtfülle der altorientalischen Despoten vor.

In diesen Formen finden wir die einfachste Art von Kapitalbildung und gleichzeitig von Zinsertrag. Alles innerhalb der landwirtschaftlichen Besitz- und Betriebsverhältnisse. Die Macht wird durch das wirtschaftliche Mittel ausgeübt, getragen von Vorstellungen einer (religiösen) Weltordnung.

Geld, sofern es als Tauschmittel in Betracht kommt, ist stellenweise nicht zu wesentlich anderen Gestaltungen gediehen, als wir sie in Melanesien kennengelernt haben. Wohl aber treten hier noch Thesaurie-

---

[32] Vgl. *Thurnwald*, Staat und Wirtschaft im alten Ägypten, Ztschr. f. Sozialwiss. 1900/01„ und Staat und Wirtschaft in Babylonien, Jahrb. f. Nationalökonomie und Statistik 1904, S. 644 ff., 64 ff., 190 ff.

rungswerte auf, die, weil sie unter Zuhilfenahme von Hörigen oder Sklaven gefertigt zu werden pflegen, wie die feinen Matten, auch soziale Auszeichnung bergen. Dazu kommen außerdem andere Wertträger, die wegen der Schwierigkeit der Gewinnung zu besonderer Schätzung gediehen sind. So die roten Spondylusscheibchen, die von Muscheln herrühren, welche durch Tauchen aus großen Tiefen geholt werden — wobei oft Leute nicht mehr wiederkehren. Ähnlich ist es mit den runden in der Mitte durchlochten Kalzitsteinen aus Jap, die erst durch Dazwischentreten europäischer Händler eine „Baisse" ihres Wertes erlitten, die sich in Vergrößerung ihres Umfanges ausdrückte. Viel merkwürdiger ist das Geld von Palau mit seinen mannigfachen Wertrelationen, das uns der deutsch-polnische Forscher Kubary schildert und das in alten Glasperlen und Bruchstücken verschiedener Größe, Farbe und Form uns entgegentritt. Hier haben wir es vorwiegend mit Wertsymbolen zu tun, die sowohl Zwecken der Thesaurierung dienen, als auch zum richtigen Handel bestimmt sind.

Die hier entworfenen allgemeinen Umrisse deuten darauf hin, daß man die zuletzt geschilderte Form als die „höchste" und „jüngste" im Vergleich zu den vorauf beschriebenen wird bezeichnen dürfen.

Schluß

Systematik und historische Entwicklung

Im allgemeinen kann man sagen, wenn wir die drei verschiedenen Formen staatlichen Lebens zusammenhalten, daß sie logisch einen Entwicklungsgang umschließen, der von den allereinfachsten Gestaltungen menschlichen Zusammenlebens als isolierte gerontokratische Sippe auf demokratischer Basis hinüberführt zu zusammengesetzten Bildungen, die bereits übergehen zu gesellschaftlichen und politischen Organisationen höheren staatlichen Charakters, wie zu den oligarchischen Aristokratien[33]. Diese Bildungen erinnern uns aber ihrem Wesen nach an die politischen und gesellschaftlichen Körper, aus denen die Staaten des alten Orients hervorgingen, und an diejenigen, welche in das klassische Altertum hereinragen.

Die politischen Verbände der ersten Stufe, von denen hier die Rede war, sind gering an Kopfzahl, sie sind aber nicht so ganz einfach in ihrer Organisation. Ihre Einheiten, die Sippen und die Sippenverbände, weisen eine oft recht genaue, ins einzelne gehende innere Ordnung auf, eine Ordnung, die uns verblüfft, da wir sie in unserem staatlichen

---

[33] Die staatlichen Gebilde der nordamerikanischen Indianer wären zum Teil der dritten hier beschriebenen Form zuzuzählen, weniger der zweiten Art, nur vereinzelt der ersten Stufe. Der dritten Form gehören namentlich die großen Stämme der Kwakiutl und Nutka an. Über deren Stammesorganisation vgl. L. *Adam,* Ztschr. f. vergl. Rechtsw. XXXV, S. 105—430.

Leben, das auf unverhältnismäßig größeren Dimensionen aufgebaut ist, für die kleineren Verbände nicht kennen. Die Heiratsgesetze und Verwandtenbezeichnungen mit ihren Verrichtungen und Verpflichtungen bieten charakteristische Beispiele für die weitgehende Einmischung der Gesamtheit in die Angelegenheiten des Einzelnen. Dieser ist daher viel gebundener in seinem Leben innerhalb der Sippe. Das entspricht der mehr vegetativen Daseinsstufe.

Die zusammengesetzten Verbände der zweiten Form kommen über ein Agglomerationsstadium nur wenig hinaus, erst die dritte Gruppe zeitigt eine Organisation, die direkt durch (ein oder zwei) herrschende Geschlechter geleitet wird. Sie unterscheiden sich aber von den politischen Einheiten, aus denen die Staaten des alten Orients sich zusammensetzten, dadurch, daß letztere vielfach aus *Mangel an Blutsverwandten* schon fremde Personen mit der Vertretung ihrer Macht betraut haben.

Nicht einmal beim dritten Stadium kommt der Stamm als Volkseinheit immer zu Bewußtsein, nie bei der ersten oder zweiten Gruppe. Von Nationalgefühl in modernem Sinne kann also nicht die Rede sein. Die *Völkerschaften* sind fließende Gebilde ohne Namen[34], ohne feste Grenzen. Wohl verbindet sie gemeinsame Abstammung bis zu einem gewissen Grade. Sie wird mehr Fremden gegenüber gefühlt als bewußt beachtet.

Die Ähnlichkeit von Sprache, Religion, Sitte und Kultur geht nicht weit genug, um irgendein politisches Band zu knüpfen.

Die Völkerschaften, ja die Stämme spalten sich leicht und vereinigen sich wieder mit anderen, da sie selbst durch keinen Kitt, der fest genug ist, zusammengehalten werden. Man kann sie — bildlich — in diesem Sinne als niedere Lebewesen in der Welt der staatlichen Organismen bezeichnen.

Überall handelt es sich hier um durch Boden und Volk bedingte einzigartige historische Gebilde. Deshalb wurde auch in diesem Zusammenhang bei der Beschreibung ein so großes Gewicht auf die örtlichen und ethnischen Existenzbedingungen gelegt.

Wenn wir aber Staatsformen miteinander vergleichen, haben wir es mit Verallgemeinerungen zu tun, die *logisch* miteinander in Beziehung gebracht werden. *Historisch* mögen die individuellen Prozesse durchaus nicht geradlinig verlaufen.

Bei dem Aneinanderreihen der Bilder von drei Typen primitiver politischer Gebilde wurde versucht, stets darauf hinzuweisen, daß die zusammengesetzte Form auf der Durchbildung der einfacheren logisch beruht. Das führt zu der Hypothese, daß die an der zweiten

---

[34] Vgl. dazu auch die Beobachtungen von P. V. M. *Egidi* im südlichen Neuguinea in „Sotto tribù e tribù dei kuni", Anthropos 4, 1909, S. 387 ff.

und dritten Stelle beschriebenen Formen auch ihrer Entstehungszeit nach jünger sein dürften als die voraufgegangenen. Übrigens könnte das auch aus der weiteren Verbreitung der einfacheren Form geschlossen werden.

Wenn wir im besonderen das Verhältnis der II. zur I. Form erwägen, so finden wir da ein Aufkeimen der wirtschaftlichen Macht, und Hand in Hand damit die soziale Absonderung gewisser Personen und Gruppen, herbeigeführt durch das Einbrechen wandernder Stämme.

Bei dem Übergang von der II. zur III. Form zeigt sich im allgemeinen eine weitergehende Ausbildung des durch die zweite Form begonnenen Werkes. Die Absonderung gewisser Gruppen — (hier überall ohne Rücksicht auf Berufe, die noch nicht verselbständigt sind) — ist weiter systematisch ausgebaut. Damit ist auch die wirtschaftliche Macht aus dem Gleichgewicht gebracht und zugunsten einzelner Gruppen verschoben.

Gemeinsam ist der II. und III. Form gegenüber der ersten der Gedanke der wirtschaftlichen Nützung Unterworfener statt deren Tötung; beginnend praktisch zunächst mit der Verschleppung von Weibern und Kindern. Diese Idee wird in der einmal gegebenen Richtung automatisch weiter entwickelt und auf die Spitze getrieben. So führt sie zur Hörigkeit und Fron. Zunächst äußert diese sich in sehr milder Art. Der überwiegenden Masse des Volkes stehen ein, zwei oder drei herrschende Geschlechter gegenüber.

Allen drei Formen liegt die Sippenverfassung mit ihrem gerontokratischen Aufbau zugrunde.

Die historischen Vergänge, die in den Einzelfällen zu den geschilderten Gestaltungen führten, mögen sehr verschieden gewesen sein, und der Druck der Ereignisse mag einmal eine Form länger erhalten, ein andermal eher zum Scheitern gebracht haben.

Es könnte eingewendet werden, daß die einfache Form nicht notwendig die ältere sein muß[35]. Nicht aus diesem Grunde wird die bezeichnete Reihenfolge angenommen, sondern deshalb, weil sich die Grundzüge der ersten Form in der zweiten und dritten enthalten finden: nämlich die gerontokratische Sippe als Basis für die politische und gesellschaftliche Organisation.

Auch hier taucht natürlich die bekannte Problemstellung auf: selbständiges Werden oder Übertragung?

Der Gedanke, der für die II. und III. Form gemeinsam ist: „Unterwerfung statt Hinmordung", könnte aus gemeinsamer Quelle entsprungen angenommen werden. Die jedenfalls untereinander stammes-

---

[35] Ein Einwand, den ich selbst gegen L. H. *Morgans* Hypothese von einem älteren malayischen und einem jüngeren sog. turanischen System der Verwandtschaft machte. Vgl. „Bánaro", S. 381.

verwandten melanesischen und die mikro-polynesischen Einwanderer mögen ihn aus ihrer gemeinsamen Heimat mitgebracht haben.

Unter den besonderen Umständen aber, unter denen die melanesische Wanderung und Landnahme vor sich ging, führte dieser Gedanke historisch zu verschiedenen Ergebnissen: einerseits hier, anderseits bei den mikro-polynesischen Okkupationen. Die Gründe wurden schon oben angedeutet.

Die dritte Form mag nur logisch, nicht historisch als „höher" und „später" gegenüber der zweiten gedeutet werden. Verhältnisse wie die in der zweiten Form geschilderten dauerten stellenweise vielleicht nur ganz vorübergehend, um bald das dritte Stadium anzubahnen.

Bei der erwähnten Problemstellung: gleichartige Entstehung an verschiedenen Orten oder kulturgeschichtliche Zusammenhänge, müssen wir uns vor allem vor Augen halten: Übertragung von Gedanken findet stets statt, aber diese Gedanken werden dabei auch immer mehr oder weniger stark verändert, an die neuen Bedingungen angepaßt. Anderseits dürfen wir nicht vergessen, daß der Menschengeist, trotz aller individuellen und ethnischen Verschiedenheit auf gewisse Umstände sehr gleichartig reagiert.

Wir dürfen auch nicht außer acht lassen, daß soziale Einrichtungen nicht starre, leblose Objekte sind, sondern Verallgemeinerungen und Anwendungen des Geistes aus Gelerntem und Erlebtem, aber individuell gestaltet. Und daß ihr Zweck immer sein wird, Beschwichtiger und Eindämmer der wilden Affekte der Menschen zu sein, Träger des sozialen Gefühls gegen sozialfeindliche Gelüste.

Gerade in primitiven Verhältnissen treten ja die allgemeinen Grundbeziehungen des Lebens unverhohlen zutage, in ihren Strebungen und Hemmungen.

Die Kenntnis der primitiven Formen vermehrt auch die Fülle der Erscheinungen unter von den unserigen sehr verschiedenen Lebensbedingungen und hilft so das Allgemeinmenschliche in gewissen politischen Einrichtungen erkennen.

Unser Geist verlangt nach einer Übersicht über die Erscheinungsformen, er strebt danach, vom Einfacheren aus das Kompliziertere überblicken zu können und konstruiert Stufen. Aber das bleiben losgelöste Konstruktionen. Sie sind unvermeidlich, sie sind auch fruchtbar, solange wir des konstruktiven Charakters uns bewußt bleiben und den wirklichen historischen Werdegang, das Hin und Her des konkreten geschichtlichen Geschehens nicht damit verwechseln. Dieses ist ja immer besonders und eigentümlich. Wie wir die verschiedenen Pflanzen oder Tiere nach Klassen gruppieren und ihren Eigenschaften nach in sog. höhere und niedrigere einteilen, so tun wir es auch mit den menschlichen Phänomenen, den anthropologischen Erscheinungen, mit dem Kulturbesitz und mit den Gesellschaftsformen.

So wenig die einzelne höhere Spezies aus der niederen als solche wirklich hervorgegangen ist, sondern das selbständige, zeitlich gegebene Endprodukt einer eigenen Entwicklungsreihe darstellt, so ist auch der konkrete, historisch durch gewisse Schicksalsereignisse hindurchgegangene Staat oder eine bestimmte Volksgesellschaft ein zeitlich gewordenes Endergebnis für sich. Nur wenn wir gewisse Eigenschaften mehrerer Spezies ins Auge fassen und vergleichshalber von gewissen Seiten absehen, gelangen wir zu einer abstrakten, logisch gerechtfertigten Ableitung, die ihr Bild aus dem keimenden, blühenden und früchtetragenden Leben hernimmt. So z. B. der Entwicklung des Staates.

Entsprechend diesem unserem Geiste so unendlich kongenialen Bilde werden wir immer zu Analogien und Vergleichen hingedrängt. Sind solche logischen Zusammenhänge nachzuweisen uns irgendwo gelungen, so „verstehen" wir die „Entwicklung".

Zweifellos sind derartige Konstruktionen daher von systematischem und ordnendem Wert für den Überblick unseres Denkens, für die begriffliche Meisterung der Fülle von Erscheinungen und Ereignissen und die Gewinnung von Kausalbeziehungen.

In diesem Sinne soll auch dieser soziologische Überblick verstanden werden, der nicht auf deduktivem Wege mögliche Ereignisse aus dem Denken konstruieren will, sondern induktiv aus der Mannigfaltigkeit der wirklichen und individuellen Erscheinungen Verallgemeinerungen für die gedankliche Übersicht zu gewinnen trachtet.

Entstehung und Bedeutung von Institutionen *

Familie, Staat, Wirtschaft, Rechtsleben usw. stellen für sich Teilsysteme innerhalb des größeren Systems eines Volkslebens oder einer Kultur dar, dem sie eingeordnet sind. Als solche Teilsysteme bezeichnen wir angeordnete Verhaltungsweisen, die unter gewissen Voraussetzungen befolgt werden. Die Voraussetzungen lassen sich hauptsächlich 1. auf solche der Tradition und 2. der jeweiligen Konstellation zurückführen.

So groß der Traditionswert bei Naturvölkern auch ist, und damit die Erleichterung, die durch die Nachahmung eines Verhaltens gewährt wird, für das andernfalls primär eine Neuorientierung erforderlich wäre, so darf man doch nicht vergessen, daß die Überlieferung bei Naturvölkern weniger starr ist als bei höheren Völkern mit sprödem Kulturballast. Bei Naturvölkern sind die Traditionen geschmeidiger: eine folgende Generation, die in eine neue Lebenslage versetzt wird, kann durch Veränderung ihres Verhaltens neuen Konstellationen Rechnung tragen, ohne sich etwa mit schriftlich niedergelegten Satzungen und deren formalen Änderungen abquälen zu müssen. Die Rechtsnormen können mangels starrer Prägung oder gar schriftlicher Fixierung den persönlichen und Augenblicksverhältnissen viel mehr Rechnung tragen. Dies ist auch der Fruchtboden für die außerordentliche Buntheit der Erscheinungen, die große Variationsbreite der primitiven Gesellschaft, wie sie sich ganz besonders innerhalb der niedrigsten Kulturhorizonte des Wildbeuterlebens und in den relativ homogenen Jäger-Feldbauerinnen-Gemeinden äußert. Die Trägheitskraft der Tradition, die wir natürlich nicht unterschätzen dürfen, kommt bei den Naturvölkern in der rituellen und zeremoniellen Gebundenheit durch die Enge ihres Lebenshorizonts zur Auswirkung. Also auf anderen Wegen, mit anderen Konsequenzen.

Es würde aber den Tatbestand verzerren, wollten wir nur Traditionen allein oder nur Konstellationen für sich in Rücksicht ziehen. Erst aus dem Ineinanderwirken dieser beiden Hauptquellen der Gesellungsgestaltung ergibt sich das jeweils von zwei Blickpunkten richtig erfaßbare Bild.

---

*) Entnommen dem Werk: Die menschliche Gesellschaft, Bd. II, Werden, Wandel und Gestaltung von Familie, Verwandtschaft und Bünden im Lichte der Völkerforschung, Einleitung, S. 1—6, 1932.

Wie kommen die Institutionen selbst aber zustande? Sie bestehen in einem Befolgen von Verhaltungsweisen, somit in einem Nachahmen als vorbildlich betrachteter Handlungen. Dort, wo wir geringe oder keine organisiert-autoritativen Kräfte vorfinden, wie bei niedrigen Naturvölkern, ist das suggestive Beispiel von vornherein viel schwächer, unbeschadet der Bereitwilligkeit zur Nachahmung. Trotz des Fehlens organisiert-autoritativer Kräfte können gelegentlich starke Persönlichkeiten erheblichen Einfluß ausüben. Mit ihrer Persönlichkeit erlischt aber gewöhnlich der Zauber ihres Vorbildes. Erst wo eine Überschichtung durch Kontakt mit Fremden eintritt, stellt sich eine ganze Gruppe von Menschen, die sich zunächst auch gesondert fortpflanzen, als dauernde Vorbilder des Verhaltens und der Verhaltensforderungen anderen gegenüber; sie vermögen durch überlegene Technik, Naturbeherrschung und Menschenbehandlung auf die Dauer das Befolgen eines ganzen Systems von Verhaltungsweisen durchzusetzen, das auch für sie selbst bindend wirkt. So sehen wir hauptsächlich im Zusammenhang mit dem Auftreten autoritativer Gruppen, die sich als solche durchzusetzen vermögen, „Institutionen" entstehen, während in den Primär-Gesellschaften alles, was wir als Institutionen zu buchen versuchen, auf das Nachahmen von vorhergegangenen Einzelfällen hinausläuft, also prä-institutionellen Charakter trägt. Durch letzteres Moment wird, wie bereits angedeutet, auch die Geschmeidigkeit aller Einrichtungen bedingt. Dieser Umstand ist es, durch den sich die Institutionen der Naturvölker etwa von den unsrigen unterscheiden. Wir dürfen in primitiven Institutionen niemals diese Unbedingtheit, Festigkeit und Unabänderlichkeit suchen, die uns bei dem Gedanken an eine Institution als selbstverständlich erscheint.

Obgleich die Einrichtungen innerhalb bestimmter Gemeinden und Stämme entstanden sind, decken sie sich doch in ihrer Verbreitung keineswegs mit den Völkern, die eine gleiche Sprache reden, die derselben Rasse zugezählt werden, die ähnliche Fertigkeiten ausüben oder den gleichen Bestand an Werkzeugen, Geräten und Waffen haben, sondern auch ihnen fallen genau so wie allen den erwähnten Zivilisationsträgern ihre besonderen Verbreitungsgebiete zu. Eben dieser Umstand weist darauf hin, daß sie in gleicher Weise als das Produkt einmaliger realhistorischer Gestaltung aufzufassen sind, daß der Faktor der besonderen Konstellation und der Ähnlichkeit von Konstellationen von ausschlaggebender Bedeutung ist. Jede Institution stellt für sich Wertzusammenhänge dar und bildet in sich ein Wertbevorzugungssystem, das seine eigenartige Färbung aus dem Komplex zieht, in dem es als Zivilisationsbestandteil auftritt. Der erwähnte Umstand weist auf die Möglichkeit einer doppelten Betrachtungsweise hin, nämlich darauf, außer dem Einbau einer Institution in eine bestimmte Kultur, auch die zivilisatorisch-funktionelle Leistung der Institution im zeitlichen Ablaufen und Variieren zu erfassen. In einem solchen Zusammenhang stellt sich das Problem der Entwicklung und des Fortschritts ein.

Wie weit können die eben angedeuteten Gedankengänge herangezogen werden, wenn man einzelne Institutionen ins Auge faßt? Redet man nicht etwa von der „Entwicklung" der Blutrache, der staatlichen Autorität, des Patriarchats, des Geldes usw.?

Was bei den einzelnen Institutionen feststeht, ist ihr Variieren im Zeitablauf, ihre Veränderlichkeit trotz aller starren Festlegung, die ihnen gelegentlich durch Formulierung als Gesetze und durch Ausrüstung mit religiösen Sanktionen zuteil wird. Die verschiedenen Gebiete, auf die sich Institutionen beziehen: das Familienleben, die Wirtschaft, der Staat, die Rechtsordnung usw. ergeben sich aus der menschlichen Natur und den Grundlagen aller Gesellungsbeziehungen überhaupt. Die einzelne konkrete Institution, die sich bei einem Volke findet, kann nur aus der Leistung gewertet werden, die sie innerhalb eines Kultursystems funktionell vollbringt. Auf diese Weise baut sie sich einerseits in das Zivilisationsgetriebe ein und nimmt andererseits an den Fortschritts- und Entwicklungskräften teil, die sich innerhalb eines Kultursystems auswirken. Je nach ihrer Eigenart wird sie mehr oder minder von den akkumulativen und irreversiblen Kräften gestoßen und umgeformt. Ihrerseits vermag sie aber auch durch Veränderungen und Variationen den Fortschrittsprozeß zu beeinflussen, zu fördern oder zu hemmen.

Auf Irrwege leitet die Aufstellung von „Idealtypen" (im Sinne von Max Weber) hin. Diese fassen logisch-ästhetisch bis zum Extrem getriebene Kulminationsformen als Zielpunkte ins Auge, von denen aus ein Anwachsen oder Verfallen einer Institution konstruiert wird. Die Frage, ob oder wie weit sich eine solche Kulminations- oder Extremform in das Leben und das Schicksal einer Gemeinde, eines Volkes oder einer Kultur einfügt, dem Ganzen förderlich ist, wird dabei nicht aufgeworfen. Betrachten wir daher den Wandel der Institutionen nur unter dem Gesichtspunkt des Idealtyps, so bietet sich uns allerdings ein logisch-ästhetisches Schauspiel, doch verlieren wir dabei vollkommen die funktionelle Leistungfähigkeit und Leistungsbedeutung für das Ganze eines Volkes oder einer Kultur aus dem Auge. Auch wird dadurch der Zusammenhang mit den irreversiblen und akkumulatorischen Veränderungsreihen verwirrt. Der „Fortschritt" einer Institution unter dem Gesichtspunkt der Idealtypenlehre gesehen hat nichts mit dem Fortschritt zu tun, der mit dem allgemein menschlichen Akkumulationsprozeß in Verbindung steht, aber auch nichts mit dem Lebensprozeß eines Volkes oder einer Kultur.

Die großen Institutionen beanspruchen *als Verhaltensweisen* der Menschen unter gewissen Existenzbedingungen, also unter auf weite Zeiträume sich erstreckenden ähnlichen Konstellationen einen eigenen Ablauf, wie etwa die Blutrache oder das Asyl, die Heiratsordnungen, das Lehenswesen usw. Bleiben die Konstellationen z. B. infolge mangelnder Staatsautorität ähnlich, so führen sie bei der Artung der menschlichen Emotionen zur Blutrache. Ebenso hat eine Verdichtung und engere Vergesellschaftung der Gemeinden auf Grund des Austausches von Frauen zu den Heiratsordnungen geführt. Die Rationalisierung der Macht durch Despoten, welche die Souveränitätsansprüche der erweiterten Gemeinden zunächst symbolisierten, dann monopolisierten, erlaubte unter gewissen technischen und wirtschaftlichen Voraussetzungen keine andere Möglichkeit von Beamtenbesoldung als auf dem Wege des Lehenssystems. Sobald sich aber durch den technischen Fortschritt andere Möglichkeiten der autoritativen Konzentration ergaben, eine Änderung der Wirtschaftsorganisation aus verbesserten Möglichkeiten des Verkehrs, der Metallbearbeitung usw. sich ableitete, erloschen auch diejenigen Konstellationen, welche die eben beispielsweise aufgeführten Einrichtungen des Lehenssystems als traditionelle Haltungsweisen stützten. Daraus ersehen wir wohl den Zusammenhang gewisser Institutionen mit dem akkumulativen-irreversiblen Prozeß, wir sehen sie besonders gefärbt durch das eigenartige Kultursystem, in das sie bei dieser oder jener Gemeinde eingewoben sind, innerhalb der sie bestimmte notwendige Lebensfunktionen des Kulturganzen erfüllen. Ist es aber notwendig, daß dort, wo sie eine wichtige und notwendige Leistung innerhalb eines Gesellungssystems vollbringen, sie auch die logisch-ästhetisch vollendetste Form an den Tag legen? Denken wir etwa an das Mutterrecht, ein Begriff, dem in der Wirklichkeit eine außerordentlich reiche Skala von „Intensitätsgraden" und „Trübungen" entspricht. Extremformen des Mutterrechts muß man als logisch-ästhetisch vollendetste Formen betrachten. Sie sind aber nicht „Ausgangs- oder Endpunkte" einer Entwicklung, sondern tatsächlich nur Varianten, die logisch-systematisch bei dem einen oder anderen Stamm mit einer gewissen Konsequenz durchgeführt werden, ohne daß gesagt ist, daß sie innerhalb des betreffenden Gesellungssystems für dieses besonders nützlich und förderlich sind, daß ihnen somit im Lebenslauf der betreffenden Gesellschaft eine für diese besonders hochwertige Funktionsbedeutung beigemessen werden kann. Tatsächlich hat sich gezeigt, daß mutterrechtliche und vaterrechtliche Züge in den meisten Gesellschaften Hand in Hand gehen, und daß Mutterrecht und Vaterrecht mehr logische Konstruktionen sind, denen in der Wirklichkeit nur ganz selten mit logischer Konsequenz nach allen Richtungen hin Rechnung getragen wurde. Logisch konsequente Systeme finden sich überhaupt nur ganz ausnahmsweise durchgeführt. Die Aufstellung von Idealtypen verwechselt die logisch-konsequent durchgebildeten Formen mit den gesellschaftlich wichtigen Funktionen innerhalb eines Gesellungsablaufs, sie intellektualisiert den Wandel von Einrichtungen. Dieser Wandel muß aber vor allem unter dem biologischen Gesichtspunkt optimalen Ausgleichs, günstigster Abstimmung und harmonischer Verzahnung der verschiedenen Institutionen des Kulturlebens untereinander, also einer günstigsten Gleichgewichtslage, nicht exzessivsten Ausschlags, gewertet werden.

Wir dürfen nicht vergessen, daß die Institutionen keinen Selbstzweck haben. Sie sind nur Objektivierungen von Verhaltungsweisen von Personen individueller Gemeinden. Der Einzelne ist vital daran interessiert, das Wertungssystem seiner Mitmenschen zu kennen, um seinerseits im Verhalten sich danach richten zu können.

Wenn wir die Institutionen sehr verschiedener Völker des Erdballes miteinander vergleichen, so finden wir Ähnlichkeiten in den verschiedensten Kontinenten und Verschiedenheiten oft in nächster Nachbarschaft. Gewiß dürfen wir uns nicht mit oberflächlichen Etiketten, wie etwa Mutterrecht, Totemismus, Königtum, Blutrache und dgl. begnügen, zumal die soziale Organisation selbst mit diesen vielfach mißbrauchten, mißverstandenen und unscharf umgrenzten Ausdrücken allein niemals erschöpfend oder auch nur annähernd gekennzeichnet wird. Die Ähnlichkeiten der sozialen Organisation in außerordentlich weit voneinander entfernten Gebieten, wie etwa Peru und Westafrika, wird man kaum auf Übertragung, sondern höchstwahrscheinlich auf ähnliche Konstellationen zurückzuführen haben. Auf der anderen Seite muß es uns stets eine Warnung sein, daß in nächster Nachbarschaft lebende Völker, trotz keineswegs mangelnder Berührung, teils vermöge ihres spezifischen realhistorischen Traditionsmomentes, teils aus der Notwendigkeit, sich innerhalb ihres Überlieferungs- und Impulsbereiches mit den gegebenen oder von ihnen besonders aufgesuchten örtlichen Möglichkeiten auseinander zu setzen, von den Einrichtungen der anderen oft nur sehr sparsam Gebrauch machen, wie etwa die Feld bauenden Arhuacos und die Vieh züchtenden Goajiros an der Karibischen Küste von Columbien.

Allerdings ist das Wesen von Institutionen, wie schon angedeutet, gerade bei Naturvölkern oft schwer zu fassen, da die abstrakten Normen, nach denen wir suchen, bei diesen häufig gar nicht als solche formuliert werden, sondern nur im tatsächlichen Verhalten, in Reden, Übungen, Bräuchen und Zeremonien zum Ausdruck gelangen. Aus diesem Grunde darf auch eine Kritik der Quellen nicht unterlassen werden. Es gibt z. B. Reisende, die für soziale Erscheinungen völlig blind sind, andere, die den verschiedenartigen Lebens- und Denkvoraussetzungen der Eingeborenen nicht gerecht zu werden vermögen und alle Vorgänge nach festen Maßstäben absoluter Wertungen ihrer eigenen geistigen Gebundenheit darstellen. Den Gesellungserscheinungen können wir aber nicht gerecht werden, wenn wir sie nicht in die Ganzheit ihrer geistigen Verwobenheit einbeziehen, eine Forderung, die z. B. auch Max Weber gegenüber geltend gemacht werden muß.

Diese Forderung darf aber nicht zuletzt auch gegen die Ethnographen und Ethnologen selbst geltend gemacht werden. Beim Studium einer Institution stellt sich allerdings leicht eine Verengung ein, die ihre weiteren Zusammenhänge vergessen läßt, wie etwa bei den Untersuchungen über Verwandtschaft und Verwandtschaftsnamen, die selbstverständlich nur aus ihren ganzen Zusammenhängen, Traditionen und Konstellationen zu deuten und zu erfassen sind, aus denen sie herauswuchsen, aus dem Komplex der Familien- oder Sippenorganisation einschließlich der individuellen Verpflichtungen, Leistungen und Rechte der einen gegen die anderen.

Die Institutionen selbst werden am besten gruppiert nach den Grundbeziehungen des Gesellungslebens, und zwar A) nach der Vergesellung, die sich aus der Verzahnung der Geschlechter ergibt und den daraus entspringenden Folgen für die Nachkommenschaft, die Erhaltung und Vermehrung der Gemeinde, B) die Art der Nahrungsversorgung, welche die Lebensgrundlage für das traditionelle Verhalten einer Gemeinde bildet. Sie baut auf der Stufe technischer Entwicklung auf, die der Menschengruppe die lebendige und tote Welt ihres Lebensraumes zu nützen ermöglicht: nicht nur die direkte Beschaffung der Nahrungsmittel, sondern auch die Vorrichtungen, Werkzeuge und Geräte, die zur materiellen und geistigen Meisterung der Umwelt dienen und die dazu geschaffene wirtschaftliche Organisation. C) Die Männergesellschaft, die durch gemeinsame Ziele der Verteidigung zur Erhaltung des territorialen Nutzungsgebietes sich zusammenschließt und im Staat eine besondere Ausbildung erfahren hat. D) Die Bünde, die außerhalb der politisch-territorialen Hoheitsverbände auf gleicher Geisteshaltung beruhende Gesinnungsgemeinschaften sind, vorwiegend religiös-medizinischen Charakter tragen und etwa als Primitivformen von „Kirchen" betrachtet werden können. E) Das Recht, bei dem es sich um eine allgemeine organisatorische Festlegung des profanen inter-individuellen Verhaltens handelt, das in eine bestimmte Ordnung geschlagen wird. Seine Ausgestaltung hängt mit der Ausbildung der Wirtschaft, mit dem Anwachsen der Bedeutung des Wirtschaftens durch Einzelpersonen, also mit dem Sippenzerfall zusammen. Das Wirtschaftsleben selbst wieder ist ja durch das Anwachsen der technischen Fertigkeiten bedingt. So überträgt sich der akkumulative Fortschrittsprozeß durch eine Kette von starken Wirkungskräften auf das Recht. Schließlich knüpft sich an die Ausbildung von autoritären Schichten, Staffelungen und Ämtern das höhere, durch staatliche Autorität sanktionierte Rechtsleben, das eine über den Parteien stehende, ausgleichende Funktion erfüllt. Die sozialen Vorgänge, die den Staffelungen, Schichtungen und Autoritätsgestaltungen zugrunde liegen, sind ihrerseits ebenfalls als Auswirkungen des akkumulativen Fortschrittsprozesses zu betrachten. Dabei bleibt immer die Frage offen, wie sich in den Einzelfällen der Menschengeist, beziehungsweise die einzelne Kulturgemeinde mit diesen „Fortschrittsreizen" auseinandersetzt.

Soziale Organisation und Verwandtschaftsnamen bei Primitiven [1]

Es ist eine schwierige Aufgabe, die soziale Organisation eines primitiven Volksstammes, eines solchen, der nicht im Besitz einer Schrift, folglich auch nicht schriftlicher Überlieferung, schriftlicher Festlegung von Gesetzen und Normen sich befindet, zu studieren. Verschiedene Methoden wurden zu dem Zwecke angewendet, um bei schriftlosen Völkern Recht und Organisation ihrer sozialen Verbände zu ermitteln. Von flüchtigen Eindrücken oberflächlicher Reisender angefangen bis zum gründlichen Verhör und zum Studium des Verhaltens in einer Reihe von Einzelfällen hat man in verschiedenen Abstufungen von Gewissenhaftigkeit mit mehr oder weniger Voreingenommenheit den wahren Sachverhalt zu ermitteln versucht. Der berechtigte Einwand gegen alle diese Methoden ist der, daß sie keine andere Nachprüfung als durch spätere Reisende gestatten, die aber ebenso subjektiv im Bericht ihrer Wahrnehmungen sind. Der zusammenfassende, nach Überblick strebende, heimische Forscher wählt dann „nach Gefühl" den Bericht, der seiner Theorie zusagt oder den seine Phantasie weiterhin leicht ergänzen kann. Oft mag er intuitiv dann das Rechte treffen, allein als Basis für wissenschaftlich exakte Arbeit ist solches Material unsicher, alles kommt auf das Maß von Vertrauen in die Person des berichtenden Forschungsreisenden an.

Demgegenüber hat in den letzten Jahren eine Methode die Aufmerksamkeit der ethno-soziologischen Kreise in wachsendem Maße auf sich gezogen, die von dem Studium der Verwandtschaftsnamen ausgeht. Sie knüpft an die von *Bachofen* begonnenen, besonders von *Morgan* und *MacLennan* in Amerika gepflegten Studien der primitiven Familie an, die bei uns durch *Kohler, Starcke* und den so sehr vernachlässigten *Schurtz* fortgesetzt wurden. Aber erst W. H. R. *Rivers* (Cambridge) hat die ganze Frage durch zwei Werke wieder ins Rollen gebracht, und zwar zunächst durch seine „Primitive Kinship in Melanesia" (1914), das eine Streitschrift gegen den Amerikaner Professor A. L. *Kroeber* (San Franzisko) darstellt, und weiterhin durch sein großes zweibändiges Werk „The History of Melanesian Society", das Ende 1914 erschienen ist.

In „Primitive Kinship" sucht *Rivers* mit Nachdruck den Gedanken zu vertreten, daß die Verwandtschaftsnamen eine absolut sichere

---

[1] Zuerst erschienen in der Zeitschrift für vergleichende Rechtswissenschaft, 36. Band, 1918.

Grundlage bilden, auf der die soziale Organisation eines Volkes konstruiert werden kann. *Kroeber* hatte nämlich gegen einen vorhergegangenen Artikel von *Rivers* im Journal des R. Anthropological Institute eingewendet, daß die Verwandtschaftsnamen nicht einseitig als Niederschlag sozialer Einrichtungen betrachtet werden dürfen, sondern auch nach psychologischen und linguistischen Gesichtspunkten beurteilt werden müssen. In seinem neuen großen Werk über „Melanesian Society" widmet *Rivers* einen Band von vielen hundert Seiten dem Versuche, auf Grund der von ihm in der Südsee gesammelten Verwandtschaftsnamen die soziale Organisation der untersuchten Völker zu rekonstruieren und sie weiterhin in Beziehung zu den melanesischen Wanderungen zu setzen.

Es unterliegt keinem Zweifel, daß die Verwandtschaftsnamen eine Erscheinung bilden, die sehr wertvolle Andeutungen über die soziale Organisation enthalten kann. Aber ebenso unzweifelhaft übertrieben erscheint die Exaktheit, mit der *Rivers* seine Folgerungen zieht. Denn wir müssen *Kroebers* Argument anerkennen, daß für die Bildung von Verwandtschaftsbezeichnungen noch andere Faktoren — man nenne sie, wie man wolle — mitwirken. Vor allem wurde von *Lowie* (New York) für die Bildung von Verwandtschaftsnamen die Übertragung von Namen von einem Volk zum anderen in Rücksicht gezogen. In einem im Jahre 1917 für die Memoirs des American Anthropologist veröffentlichten Sonderheft legte ich im Anschluß an die Beschreibung der „Bánaro-Gesellschaft" (in Deutsch-Neu-Guinea) besonderes Gewicht noch auf die Gestaltung durch den historischen Werdegang.

Um diese Frage zu beleuchten, sei auf folgendes hingewiesen:

Die Systeme der Verwandtschaftsnamen sind verschiedenartig, d. h. primitive Völker gruppieren die Verwandten nach ganz anderen Gesichtspunkten als wir. Man hat ihre Art „klassifikatorisches Verwandtschaftssystem" genannt und zunächst nur zwischen ihnen und unserer Art nach Graden zu zählen unterschieden. Bei genauerem Studium hat sich aber bald herausgestellt, daß ihre Methode, die Verwandten zu bezeichnen, durchaus nicht einheitlich ist, sondern daß sie untereinander im höchsten Maße abweichen: einige Systeme, wie z. B. die australischen, sind überaus reich an Bezeichnungen, andere, wie z. B. auf den Marshallinseln, sehr arm. Es hat sich dann herausgestellt, daß Stämme, die in nächster Nachbarschaft leben, z. B. in Kalifornien, große Unterschiede in ihrem System aufweisen.

Nur ein Gemeinsames zeichnet diese Systeme vor unserem aus, nämlich daß für ihre Methode der Gruppierung bei der Bildung der Verwandtschaftsbegriffe und mit diesen übereinstimmenden Benennungen in der Regel andere Gesichtspunkte maßgebend sind als bei uns. Bei uns nämlich findet die Gruppierung auf Grund einer Berechnung statt, die die Zahl der Zeugungen in Betracht zieht, die die Zentralperson mit der gesuchten verbindet. Und zwar wird dieses Verfahren radikal durchgeführt. Bei Primitiven — um es gleich vorwegzunehmen — sind für die Verwandtschaftsbezeichnungen gewisse Beziehungen der sozialen Zusammengehörigkeit und des Schutzes sowie des Heiratsverbots oder der Heiratserlaubnis noch ausschlaggebend für die Gruppierung verschiedener Verwandtschaftsgrade unter einem Begriff.

Wenn man die Art des Zählens und der rechnerischen Gruppierung überhaupt bei Primitiven beachtet, so wird man eine ähnliche Erscheinung finden, nämlich die geringere Losgelöstheit des bloß Zahlenmäßigen gegenüber einem stärkeren Vorwiegen der vollen, sinnfälligen und verschlungenen Wirklichkeit.

Unter diesem Gesichtspunkt wird man es begreiflich finden, daß eben je nach den besonderen Bedingungen die Systeme der verschiedenen Stämme stark voneinander abweichen. Da aber eben eine ganze Reihe von Momenten ausschlaggebend ist für die Vereinigung einer Reihe von Verwandten unter einem Begriff, so wird auch der Rückschluß vom Wort auf die diesem zugrundeliegenden sozialen Voraussetzungen nicht ohne weiteres mit absoluter Sicherheit zugelassen werden können. Für die Begriffsbildung kommt noch — wie *Kroeber* ihn nennt — der psychologische Faktor in Betracht. Darunter versteht er gewisse Assoziationen, die einen Verwandtschaftsgrad mit einem anderen infolge irgendwelcher Erscheinungen zusammenbringen, z. B. kleine Kinder (Enkel) und Greise (Ahne) wegen ihrer Unbeholfenheit.

Es sei erlaubt, hier einzuschalten, daß eine genauere Analyse der Etymologien unserer indogermanischen Verwandtschaftsnamen ähnliche Erscheinungen aufzeigt wie bei primitiven Völkern. Meine diesbezüglichen Studien, deren Ergebnis ich noch nicht abschließend vorlegen kann, weisen durchaus darauf hin. Hier sei nur auf „Ahne" und das Deminutiv „Enkel" hingewiesen. Ganz ähnlich finden wir in Melanesien und Neu-Guinea Großeltern und Enkel mit demselben Namen belegt, wovon außerdem bald das Alter, bald die Jugend durch ein Deminutiv besonders hervorgehoben wird.

Kroebers zweiter Einwand betrifft die linguistische Seite. Damit meint er, daß man zwischen Begriff und Wort unterscheiden muß. Für die Wortbildung seien linguistische Momente wichtig. Dazu gehört namentlich sprachliche Entlehnung. Man erinnere sich an unsere ins Deutsche übergegangene Bezeichnung „Kusin" und „Kusine", die dem französischen „Cousin" und „Cousine" entlehnt sind. Sie stellen nicht volle Äquivalente für „Vetter" und „Base" dar. Denn „Base" schwankt im Begriff zwischen „Kusine" und „Tante". Je mehr wir überhaupt unseren Verwandtschaftsnamen ethnologisch zu Leibe gehen, desto mehr zerstiebt unsere Voreingenommenheit in bezug auf unsere gradmäßig abgestuften Bezeichnungen. In Wirklichkeit handelt es sich nur um dem Rechtsleben, und zwar dem römischen Recht, entnomme Begriffe, die wir auf unsere Verwandtschaftsnamen anwenden oder durch unsere zur Verfügung stehenden Bezeichnungen wiederzugeben versuchen.

Wie die sprachliche Übertragung aber eine Verwandtschaftsbezeichnung verändert, dafür ist die englische Anwendung von „Cousin" ein Beispiel, denn da fällt die Unterscheidung nach dem Geschlecht der angeredeten Person schon weg, die im Französischen noch vorhanden war.

Lowie vertiefte nun das Problem der Übertragung von Verwandtschaftsnamen und verfolgte bei einigen amerikanischen Indianerstämmen diese Frage. Zweifellos können mit der Annahme fremder Sitten auch fremde Verwandtschaftsnamen übertragen werden. Aber es können auch fremde Einrichtungen ohne neue Verwandtschaftsnamen übernommen werden, und damit entfällt die Sicherheit, Rückschlüsse aus den Verwandtschaftsnamen unmittelbar auf die soziale Organisation zu machen.

Nun wird man zweifellos dagegen einwenden können, daß bei primitiven Völkern die Sprache viel bildsamer ist als dort, wo sie in Schrift und Schule festgenagelt wird. Bei schriftlosen Völkern ändert sich und paßt sich die Sprache unzweifelhaft rascher den Bedürfnissen des täglichen Lebens an, und neue Einrichtungen werden neue Ausdrücke rasch zeitigen. Doch wird die Sprache der Sitte sicher nachhinken. Schon dieser ungleiche Rhythmus sozialer und linguistischer Veränderung muß uns zu einer gewissen Vorsicht mahnen.

Aber auch eine neue Sprache kann Eingang bei einem Volke finden, ohne daß damit notwendig eine Änderung seiner sozialen Einrichtungen Hand in Hand gehen muß.

Aus alledem ist zu folgern, daß wir die Verwandtschaftsnamen nicht so ohne weiteres zur Grundlage für die Rekonstruktion des sozialen Systems eines Volkes verwenden dürfen, wie das *Rivers* oft ziemlich einseitig unternimmt. Wir müssen vielmehr *neben* den Verwandtschaftsnamen noch das vorhandene soziale System zu konstatieren suchen und endlich eine linguistische Analyse der Worte vornehmen. So kann es uns mit Hilfe dieser Mittel gelingen, Aufschlüsse über den sozialen Werdegang, über Wanderungen, Berührungen und historische Veränderungen und alte Einrichtungen zu erlangen.

Die Verwandtschaftsordnungen sind — das darf man nicht vergessen — für die gesellschaftliche Struktur primitiver Gemeinwesen von größter Bedeutung. Der moderne Staat gründet sich auf das Einzelindividuum und die Kleinfamilie. Er schaltet Verwandtschaftsbeziehungen prinzipiell aus, wenn sie auch im faktischen Leben bei Besetzung von Ämtern und in der Politik eine Rolle unter der Decke spielen. Nicht so der (mittelalterliche) feudale Staat, der offen die Verwandtschaftsbeziehungen berücksichtigte und Heiratsordnungen kannte. Die Staaten des Altertums, das spätere Rom und die griechischen Stadtstaaten mit ihren Aristokratien und führenden Familien knüpften direkt an primitive Verhältnisse an, die Hörigenschaft wuchs sich dort aber nicht zum politischen Feudalismus aus, sondern nahm einen Weg, der direkt zu einer Begründung des Staatsganzen auf die Individuen und Kleinfamilien führte. Vorgebildet war diese soziale Entwicklung durch die altorientalischen Staatsgebilde, deren *politische* Struktur aber die des Lehensstaates war (Ägypten, Babylonien, Assyrien).

Die primitiven Verbände beruhen in ihrer sozialen Organisation auf dem Verwandtschaftsverhältnis und der Heiratsordnung. Das gilt für die einfacheren unter ihnen wie für die komplizierten (wie z. B. auf den Marshallinseln, den Karolinen, Ponape, Samoa usw.).

In politischer Beziehung sind die einfacheren Gebilde *Gerontokratien* (Altersherrschaften) ohne Häuptlingswesen, bei denen die Alten vermöge Ansehen und Zauberkenntnisse ihren Einfluß zur Geltung bringen. Die Häuptlingschaft geht gewöhnlich mit der Ausbildung des Lehenswesens Hand in Hand[2]. Aber auch hier steht für die innere soziale Organisation die Verwandtschaft und Heiratsordnung im Vordergrund.

Daß es sich bei diesen Heiratsordnungen um irgendwelche bewußte Maßnahmen zur Bewahrung der Rasse handelt, ist sicher auszuschließen. Tatsächlich aber hatten sie zweifellos einen großen rassen- und typenbildenden Effekt. Die ungeheure Menge von anthropologischen Lokaltypen, die wir unter primitiven Völkern treffen, ist darauf zurückzuführen. Bei den nur klassifikatorisch verfahrenden Anthropologen ist dieser Zusammenhang vielfach unbeachtet geblieben.

Wenn von „Heiratsordnungen" gesprochen wird, so wird darunter sowohl die sogenannte Exogamie (Ausheirat) wie die Endogamie (Inheirat verstanden. Denn die Exogamie ist regelmäßig auf eine bestimmte Gruppe von Gemeinschaften beschränkt. Die Exogamie wie die Endogamie stellt dieselbe Sache, nämlich eine Heiratsordnung, nur von verschiedenen Gesichtspunkten, von der kleineren (Exogamie) oder der größeren Gruppe (Endogamie) aus gesehen vor.

---

[2] Vgl. *Thurnwald*, Stufen primitiver Staatsbildung, Zeitschr. f. vergl. Rechtsw. Bd. 25, 1911, S. 417 und Bd. 37, 1919, S. 376 ff.

Eine Beobachtung drängt sich bei der Betrachtung des Verwandtschaftssystems auf. In der Südsee wie bei den amerikanischen Indianern (z. B. Kalifornien, wo E. W. *Gifford* eingehende Aufnahmen machte) treffen wir oft bei nahe verwandten Stämmen Verwandtschaftssysteme, von denen das eine überaus individualisierend ausgebaut, das andere sehr summarisch zusammenfassend geartet ist, ohne in der Charakterologie selbst weit auseinanderzugehen. Die Anzahl der Ausdrücke scheint weniger ein Kriterium der verschiedenen ethnischen Gruppen zu sein, als das individuelle Schicksal eines Stammes zu spiegeln. Lange Friedenszeiten führen im allgemeinen zum Ausbau von Heiratsordnungen und komplizierten Verwandtschaftssystemen, Kämpfe und Kriege zu einer Vereinfachung der Heiratsvorschriften und Zusammenziehung der Verwandtschaftsnamen.

Hierbei kommt die Frage der „Konvergenz" in Betracht. Es hat sich nämlich gezeigt, daß Verwandtschaftssysteme von Völkerschaften Ähnlichkeiten aufweisen, die geographisch weit getrennt voneinander leben, und die kulturell sonst keine Beziehungen untereinander haben. Der Gedanke ist, daß ähnliche äußere Umstände zu analogen Systembildungen geführt haben, während die Schule der Übertragungstheoretiker Zusammenhänge zu konstruieren bemüht ist. Daß jeder Sonderfall speziell untersucht werden muß, ist klar. Aber wir werden uns der Annahme von Konvergenz nicht ganz verschließen dürfen, wenn wir vereinzelten Zusammenhängen begegnen, wie das oben angeführte Beispiel von „Ahne" und „Enkel" beweist, zu dem wir in Melanesien zahlreiche Parallelen finden.

Zweifellos schlägt das ganze soziale Erleben des Stammes in den Verwandtschaftsnamen sich nieder. Wir werden oft eine Reihe verschiedener älterer wurzelhaft verschiedener Namen haben und angelehnt daran Derivative, die spätere Bildung verraten. So eröffnen sich uns, ähnlich wie zu geologischen Schichten kondensiert, Blicke in verschiedene Perioden sozialer Einrichtungen der Vergangenheit eines Stammes.

Was uns diese Betrachtungen vor allem lehren, das ist die große Mannigfaltigkeit von Möglichkeiten in der Regelung der verwandtschaftlichen und sozialen Beziehungen. Wir sind ja alle in ein bestimmtes System hineingeboren, haften mit unseren Lebensbedingungen an diesem einen System, die meisten von uns haben kaum ein anderes kennen gelernt, und die eines kennenlernen, lehnen es meistenteils von vornherein ab. Wie schwer ist es anderseits, in einem anderen System bei bestem Willen sich zurechtzufinden.

Beim Betrachten der vielen verschiedenen Systeme lernen wir die Einsicht, daß es viele Möglichkeiten gibt, das menschliche Leben zu regeln, und wir fühlen die Befreiung von enghorizontigem, egozentrischem Standpunkt. Das danken wir der ethnologischen Soziologie.

Die Beziehung der Verwandtschaftsnamen zur sozialen Organisation ist in primitiven Verhältnissen zweifellos von großer Bedeutung, und wir gewinnen an den Verwandtschaftsnamen einen Wegweiser, der uns in graue Zeiten menschlichen Lebens immerhin sicherer weist als andere Dokumente. Aber wir dürfen doch nicht vergessen, daß wir es stets mit Produkten zu tun haben, die das Ergebnis der Einwirkung langer Zeit darstellen, und müssen daher bei ihrer Auswertung sorgfältig die Faktoren erwägen, die in jedem Einzelfalle zur Gestaltung beigetragen haben können[3]. Dann wird das Studium der Verwandtschaftsbezeichnungen für die soziologischen Forscher eine Quelle ernster Bereicherung werden.

---

[3] Diese Fragen werden in meiner im nächsten Heft (Bd. 38) dieser Zeitschrift erscheinenden Arbeit über „Die Gesellschaft, Ehe und Verwandtschaft der Bánaro" (in Neu-Guinea) ausführlicher erörtert werden.

Grundzüge des primitiven Rechts[1]

Um einen Eindruck von der Gestaltung primitiven Rechts zu gewinnen, müssen wir unsere Zuflucht zu heutigen Naturvölkern nehmen. Denn die Aufzeichnungen der antiken Völker setzen naturgemäß auf einer Entwicklungsstufe des Rechts ein, die von Primitivität weit entfernt ist. Schon aus dem Besitz der Schrift allein geht dies hervor. Was aber außerhalb eigener schriftlicher Dokumente von anderen Völkern überliefert wird, etwa von Herodot, Strabo, Polybius, Tacitus, ist ebenso karg wie unsicher.

Selbstverständlich hängt der Zustand des Rechts in erster Linie von der Verfassung des politischen Verbandes ab, in dem es gilt. Eine solche Organisation ist aber wiederum durch weitere Momente bedingt: vor allem durch die ethnischen Gruppen, die neben oder übereinander gestaffelt leben, oder durch die soziale Schichtung, ferner durch die Wirtschaftsform. Für die letztere kommt nicht nur die Art der gesellschaftlichen Staffelung in Betracht, sondern auch der Stand der technischen Entwicklung. Weiterhin sind mit allen diesen Dingen Wertungen und Auffassungen, herkömmliche Formen des Denkens und des Ausdrucks, der Überlieferung und der Formulierung des Ausdrucks verknüpft, die der konkreten Rechtsgestaltung ihren Stempel aufdrücken.

Alle diese Faktoren verändern sich jedoch:
1. Man kann von einer fortschreitenden Anhäufung technischer Fertigkeiten im Laufe der Zeit reden und ebenso von einer die Ansichten und Wertungen umgestaltenden, fortschreitenden Einsicht in die Kausalzusammenhänge der Alltagsvorgänge und des Geschehens.
2. Dadurch wird eine Vergrößerung der politischen Verbände, eine Vermehrung der Menschenzahl und eine Beschleunigung des Lebensrhythmus ermöglicht.
3. Dies bringt einen lebhafteren Kontakt von verschiedenen ethnischen Gruppen mit sich. Das Nebeneinandersiedeln fördert, vermöge einer schon von vornherein gegebenen Neigung zur Spezialisierung der Tätigkeit, die Ausbildung weitgehender Arbeitsteilung, eine Organisation der Wirtschaft durch Überschichtung und Herrschaft.
4. So kommt es zu einer größeren Kompliziertheit der auf einen weiteren Friedensbereich sich erstreckenden Einheiten. Daran knüpft

---

[1] Entnommen dem Werk: Die menschliche Gesellschaft, Bd. V, Werden, Wandel und Gestaltung des Rechtes im Lichte der Völkerforschung, S. 12—16, 1934.

sich ein Fortschreiten der rechtlichen Ordnungen des Lebens: eine „Rechtsentwicklung".

5. So wird nicht nur eine Bereicherung der Rechtsbeziehungen bedingt, sondern auch eine Vertiefung derselben. Ja, die rein juristischen Gesichtspunkte müssen überhaupt erst entdeckt werden, die Ablösung aus ihrer Verflochtenheit mit anderen, mit religiösen, moralischen und sittlichen Vorstellungen muß sich erst vollziehen. Dadurch vermag die rechtliche Norm erst bewußt aus dem Chaos von verschiedenen anderen geforderten Verhaltensweisen rein hervorzutreten.

Immer aber bleibt das Rechtssystem eingebettet in die übrige Geistesverfassung. Da diese, wie gesagt, durch die fortschreitende Erkenntnis der Kausalzusammenhänge getragen wird, strahlt sie auf die Gestaltung des Rechts zurück, so daß auch beim Recht von Stufen geredet werden kann, auf welche die jeweiligen Gestaltungen zu projizieren sind.

Denn es gibt nirgends ein Recht an sich, so wenig es eine Kunst an sich gibt, sondern stets nur einen gewissen „Stil" des Rechts oder der Kunst, also bestimmte konkrete Gestaltungen als Ergebnis ineinandergreifender, realer Bedingungen.

Es hat eine Zeit gegeben, und sie liegt nicht allzu weit zurück, da man den Naturvölkern den Besitz von Recht ebenso absprach wie eine eigene Geschichte. Redet man doch selbst heute noch von „geschichtslosen Völkern" — hauptsächlich deshalb, weil man ihre Geschichte nicht kennt. Leider war auf dem Gebiet der Gesellschaftsforschung die Tätigkeit der Reisenden nicht gleich eifrig wie im Erwerb von Sammlungen materieller Kultur. Überdies erfordert das Sammeln von rechtlichen Einrichtungen eine viel weitgehendere Vorbildung als das Einkaufen von Gegenständen. Die verhältnismäßig spärlichen Ermittlungen auf rechtlichem Gebiet erstrecken sich überdies zumeist auf höhere Naturvölker, weniger auf Jäger und Sammler.

Man weigerte sich früher vielfach, Recht dort anzuerkennen, wo es keine geschriebenen Satzungen gab. Diese formale Stellungnahme degradierte daher das, was man „Gewohnheitsrecht" nannte, zu etwas gewissermaßen nur halb Juristischem.

Dieser Auffassung wird man mit gewissen Vorbehalten in der Tat nicht Unrecht geben können. Das Recht ist stets mit den Gedankengängen seiner Zeit verflochten, auch in höheren Gesellschaften; aber sein rein rechtlicher Charakter ist in primitiven Kulturen nicht bewußt von Vorschriften anderer, etwa religiöser, moralischer, zauberischer Natur losgelöst und verselbständigt. Nicht darum allerdings, wie eine formale Auffassung betonen zu müssen meinte, weil es nur als „Gewohnheit" existiert, ist der juristische Gehalt des Gewohnheitsrechts geringer als der gesatzten Rechts. In geschriebenen Satzungen archaischer Kulturen finden sich unter rein rechtlichen Normen oft auch noch mancherlei Vorschriften anderer Natur. In den „Gewohnheitsrechten" sind aber regelmäßig noch viele andere Normierungen mit eingewoben; in ihnen ist der rein juristische Gehalt meistens geringer als im geschriebenen Recht, das in juristischer Beziehung immer stärker spezialisiert ist.

Es gilt hier gewisse Grundzüge primitiven Rechts zusammenzufassen. Selbstverständlich bringt die Eigenart des Lebens und der Kultur sehr verschiedenartige Normierungen mit sich. Dazu tritt noch der Einfluß der Übertragung fremder Vorschriften.

Die natürlichen Beziehungen der rechtlichen Ordnungen sind selbstverständlich die gleichen wie überall. Es können die öffentlichen Angelegenheiten, die Verfassung einer Gemeinde (öffentliches Recht) geregelt werden, oder die aus Geburt und Heirat sich ergebenden familialen Beziehungen einer Person (Personenrecht, Familienrecht), oder die Verhältnisse des Grundeigentums (Immobilienrecht), ferner die Geschäfte mit beweglichem Besitztum, eingegangene Verbindlichkeiten (Obligationenrecht), weiterhin der Erbgang (Erbrecht); endlich können die Verhaltensweisen der einzelnen durch die Gesamtheit einer Kontrolle unterzogen werden, aus der sich die Auffassung von den „Verbrechen" ergibt und das den „Missetätern" gegenüber einzuschlagende Verhalten als Reaktion auf deren Handlungen: Rache und Strafe (Strafrecht). Die Ansichten über verletztes Recht werden stets in einer herkömmlichen Form geklärt, in irgendeinem noch so einfachen Verfahren (Prozeßrecht).

Angesichts der Eigenart der Lebensverhältnisse indessen, die jeweils ihre besondere Regelung erfordern, gehen die einzelnen Ordnungen weit auseinander. So erscheint jedes Rechtssystem, z. B. auch das römische, nur als ein Sonderfall unter anderen ebenbürtigen, so groß auch die Unterschiede der Durchbildung und der Grad des Scharfsinns sein mögen.

Vor allem ist auch das Gewicht und die Bedeutung der einzelnen Beziehungskomplexe in den mannigfaltigen Normierungen verschieden. In den primitiven Ordnungen tritt das Personenrecht wichtiger hervor, so wie etwa in der primitiven Kunst die Betätigung der Person des Menschen mit den leiblichen Mitteln in Tanz, Gesang und Körperschmuck; und zwar aus dem einfachen Grund, weil die geringe Entwicklung der Technik noch nicht Objekte genug geschaffen hat, in denen bewegliche Werte sich verkörpern. Denn die hauptsächliche Grundlage für die Bildung von zivilen Rechtsbeziehungen, insbesondere das große Gebiet des Sachen-, Obligationen- und Erbrechts, ist von der Entwicklung beweglicher Werte abhängig. Das gilt sogar auch für die Liegenschaften. Denn die Transaktionen mit Grund und Boden können ohne eine gewisse, wenn auch beschränkte „Mobilisierung" des Grundbesitzes nicht vor sich gehen, d. h. nicht ohne daß der Boden den mobilen Werten insofern angeglichen wird, als er gegen diese austauschbar, kompensierbar geworden ist. Erst dann kann auch die Fülle von Berechtigungen daran eine bedeutendere Rolle spielen. Selbst in das Personenrecht, in die vermögensrechtlichen Beziehungen der Ehe reicht der Wirkungsbereich der beweglichen Werte. Nicht ausgenommen davon ist das Strafrecht, sogar in seinen ursprünglichen Formen der Blutrache, für die später durch mobile Werte eine Ablösung, eine Kompensation, eine Bußezahlung geschaffen wurde.

Schon daraus geht hervor, daß die Wirtschaft bzw. die Entwicklungsstufe und Art der Technik den Hintergrund abgeben, auf dem die Ordnungen des Rechtslebens erwachsen. Zu ihrer konkreten Gestalt verhelfen ihnen aber erst die ineinandergreifenden und oft sehr verwickelten Ansichten über die Bedeutung der einzelnen wirtschaftlichen Werte. Die tatsächliche Bedeutung von Wirtschaftsobjekten, wie z. B. Vieh, tritt gegenüber gewissen Vorurteilen nicht selten völlig zurück. Dazu kommt noch das ganze System der sonstigen Auffassungen vom Leben und seinen Zusammenhängen, kurz, die gesamte Geistesverfassung des Volkes und seiner Zeit.

So ergeben sich auch die Zusammenhänge des Rechts mit Sitte, Moral und Ethik. Das Recht wurzelt in der Gewohnheit gewisser Verhaltensweisen. Man kann nicht nach einem „Zuerst" solcher Verhaltensweisen fragen, sondern höchstens nach einem autoritativen Vorbild des Verhaltens, das Anerkennung findet und dadurch die ethische Sanktion erhält, ein Vorgang, der nur selten mit Absicht durchgeführt wird oder durchgeführt werden kann. Hüterin der Sanktion sind die Gemeinde oder die repräsentierenden, führenden Persönlichkeiten, die Alten oder ein angesehener Häuptling.

Unter diesen Umständen wäre es irrig, zu meinen, daß unter Naturvölkern nicht ein starkes Empfinden für Recht und Unrecht herrschte. Nur sind die Affektakzente anders verteilt als bei uns; während man über einen Diebstahl dort vielleicht hinwegsieht, ja, das Wegnehmen einer Sache gar nicht als Verletzung des Eigentums empfindet, mag man gegen eine Übertretung der Heiratsordnung oder einer Meidungsvorschrift, z. B. den Fürsten essen oder trinken zu sehen, außerordentlich empfindlich sein.

Die Rechtsentwicklung stellt einen großartigen Akt der Selbstdomestikation, der wachsenden Vergesellschaftung des Menschengeschlechts dar. Sie geht daher mit dem Wachstum politischer Gemeinwesen Hand in Hand. Die Überschichtung und das Entstehen starker Autoritäten im adligen Häuptling, im heiligen Fürsten und im rationalistischen Despoten enthielten eine mächtige Förderung für die Rechtsentwicklung.

In diesem Überblick über primitives Recht erschien es nicht angezeigt, eine große Zahl von vereinzelten Rechtsbestimmungen heterogener Völker als Kuriositäten zu häufen, da ohne ihre Wurzeln die herausgegriffenen Normen unverständlich bleiben. Wenn wir wirklich in das primitive Recht eindringen wollen, ist es nötig, dieses als eine Ordnung des gesellschaftlichen Lebens und seinen Gestaltungen aufzufassen. Dabei muß man im Auge behalten, daß das Recht nicht einen unmittelbaren Niederschlag der gesellschaftlichen Kräfte darstellt, sondern daß die Wünsche und Bestrebungen nach einer Organisation der politischen und sozialen Beziehungen in den Köpfen bestimmter Menschen vor sich gegangen sind, daß somit das Recht durch die Denkart und Geistesverfassung, und zwar außerdem in der Regel einer vergangenen Generation, bedingt ist. Im Grunde genommen muß die gesamte Kultur als Hintergrund dienen. Wir müssen also versuchen, die Rechtsbestimmungen so fremdartiger Kulturen wie die der sog. Naturvölker in Verbindung mit den übrigen Sitten und Verhaltensweisen, in ihrer Verwachsenheit mit dem gesamten Leben aufzuzeigen.

Wünscht jemand die Rechtsanschauungen der Eingeborenen richtig zu würdigen, meint Keysser, so muß er europäische Rechtsbegriffe beiseite lassen. Will man gerecht sein, so soll man, wie auf anderen Gebieten, auch auf dem des Rechts, „mit Papua-Herzen fühlen lernen".

Das primitive Recht kann nicht ohne weiteres als etwas Einheitliches dem der Kulturvölker gegenübergestellt werden, nicht nur deshalb, weil viele Übergänge, besonders im Recht der archaischen Völker, vorhanden sind, die in dem der höheren Kultur nachwirken, sondern weil gerade die große Mannigfaltigkeit der primitiven Kulturen auch sehr verschiedenes Recht bedingt. Das geht schon daraus hervor, daß die politische Gestaltung sehr verschieden ist: angefangen von den homogenen, demokratischen Verbänden der Wildbeuter-Stämme über die Agglomeration ethnischer Gruppen zur Schichtung nach Abstammung und nach sozial-beruflichen Gesichtspunkten, sowie von einer autoritätslosen Häuptlingsschaft zum heiligen Fürsten und rationalistischen Despoten.

Gegenseitigkeit im Aufbau und Funktionieren der Gesellungen und deren Institutionen [1]

Die Erscheinungen des Gesellungslebens sind nicht unmittelbar mit den Sinnen wahrnehmbar. Wir sind es, die eine Vielheit von Menschen als eine Ansammlung oder einen Auflauf deuten. Bekanntlich gehen in dieser Hinsicht die Ansichten mitunter auseinander: die Polizei mag manchmal anderer Auffassung sein als die betreffenden Leute auf der Straße. Wir können uns täuschen und meinen, daß es sich um eine Demonstration handelt, während die Menschen nach dem Theater strömen oder ein Verkehrshindernis sich eingestellt hat. Aus einer anderen Gruppe von Wahrnehmungen schließen wir, daß es sich um eine Gerichtssitzung handelt oder um eine Schule usw. Ein Mann aus Neu-Guinea aber, der dieselben Vorgänge mit seinen Sinnen wahrnimmt, würde aus den erwähnten Erscheinungen Schlüsse ziehen, die mit den Besonderheiten seines Kulturlebens zusammenhängen.

Beinahe unzugänglich für die direkte sinnliche Wahrnehmung sind Gesellungsphänomene, die nicht gleichzeitig durch die Sinne erfaßbar sind, wie die Zugehörigkeit zu einer verstreut wohnenden Familie, zu einem Beruf, zu einer Nation.

Daher sind im Gesellungsleben stets Deutungen erforderlich. Darin liegt der Unterschied von den Naturwissenschaften, bei denen die sinnlichen Wahrnehmungen (mögen sie durch Fernrohr oder Mikroskop verstärkt sein oder nicht) direkt verwertbar sind. Die Täuschungen sind dabei anderer Natur. Die Deutungen, die auch hier notwendig sind (es sei an das Sehenlernen Blindgeborener erinnert), werden im allgemeinen ganz früh erworben, brauchen normalerweise nicht erörtert zu werden, sind selbstverständlich. Wie viele Menschen gibt es dagegen, die den Gesellungsphänomenen gegenüber ihr Leben lang blind bleiben wie ein Blindgeborener?

Die Notwendigkeit, in den Gesellungswissenschaften mit Deutungen zu operieren, hat dazu geführt, die Deutungen und Ableitungen, die Interpretationen und Abstraktionen zu behandeln, als wären sie so feststehend wie sinnliche Wahrnehmungen (wobei natürlich das Problem der Verläßlichkeit sinnlicher Wahrnehmungen hier der Einfachheit halber unerörtert bleibt). Die Aufmerksamkeit blieb an diesen Deutungen haften, obgleich ihre hohe Subjektivität außer Frage stand.

---

[1] Zuerst erschienen in dem Sammelwerk „Reine und angewandte Soziologie", Hans Buske Verlag, Leipzig 1936.

Auf diese Weise verbaute man sich den Weg zur Beobachtung der Vorgänge innerhalb der Gesellungseinheiten selbst. Die Realitäten des Gesellungslebens, das sich in letzter Linie unter den Persönlichkeiten, den Menschen, abspielt, die eine Gesellung tragen, wurden vernachlässigt: man sah den Wald vor Bäumen nicht, die Realitäten nicht von lauter Abstraktionen. Die zentrale Frage ist aber, wie und warum gesellen sich hier diese Individuen, andere nicht, welcher Art ist die wechselseitige Einwirkung, welche die Leute zueinanderführt, die Gesellungen und Einrichtungen entstehen lassen?

Die Bezugnahme auf den Einzelmenschen war in der Soziologie belastet mit der Erinnerung an die uns zur Zeit kindlich-rationalistisch anmutende Vorstellung vom „contrat social". Unvergleichlich vermehrte völkerwissenschaftliche Kenntnisse und Abwendung vom Rationalismus machen heute den Verdacht einer Wiederbelebung solcher naiven Theorie hinfällig.

I. Bio-psychische Verzahnung

Unser Ausgangspunkt für die Erfassung des In-einander-Wirkens der Menschen liegt auf biologischem und psychologischem Gebiet. Beide sind untrennbar auf dem Gebiete der Eignungen und Strebungen, weil diese in den konstitutionellen Gegebenheiten verankert sind, so groß auch die gestaltende Kraft der Umwelteinflüsse zu veranschlagen ist. Aus dem Zusammenwirken beider entsprießt die eigenartige Persönlichkeit. Jede Persönlichkeit ist „eigenartig". Die Besonderheit springt aber in die Augen, wo gewichtige biologische Faktoren in Erscheinung treten, wie bei den Unterschieden der Geschlechter und des Alters. Tatsache ist nun, daß die „heterogenen" Personen einer Vergesellung zustreben, trotz ihrer Verschiedenheit[2]. Vielleicht die älteste Gesellung ist in Ehe und Familie stabilisiert. Die bio-psychische Eigenart des einen Geschlechts führt zu einem Zusammenleben mit dem Vertreter des anderen Geschlechts. Für die Befriedigung der Sexualität ist kein dauerndes Zusammenleben nötig. Die Dauerpaarungen beruhen vielmehr auf einer Ergänzung der Tätigkeiten, die traditionell und konventionell von jedem Geschlecht verrichtet werden und zu deren Spezialisierung eben die Besonderheit der bio-psychischen Konstitution Anlaß gab. Im wesentlichen handelt es sich um einfache Paarungen. Die verschiedenen Formen der Mehrehe entspringen teils Gründen der Fürsorge (für Witwen), teils der Repräsentation, teils der Pflege von freundschaftlichen Beziehungen zu

---

[2] Vgl. „Die Persönlichkeit als Schlüssel zur Gesellschaftsforschung" in Sociologus IX, 3. September 1933.

anderen Familien oder Sippen usw., aber gewöhnlich nicht sexuellen Motiven, wie früher oft vermutet wurde[3].

Das normale Funktionieren des ehelichen Zusammenlebens beruht auf der wechselseitigen Fürsorge. Bei den Naturvölkern zeigt sich das in scharfer Formulierung. 1. Die älteste Arbeitsteilung, die sogenannte sexuelle Arbeitsteilung, entspringt der obenerwähnten Spezialisierung auf bio-psychischer Grundlage. Diese Spezialisieruung fordert eine Ergänzung der beiden Geschlechter. Diese Ergänzung tritt als Fürsorge des einen Partners für den anderen in Erscheinung. 2. Stellen sich Kinder ein, so wird zunächst die Mutter von der neuen Situation berührt. Beim Vater handelt es sich erstmals nur um die Sorge für seine Gattin, die Mutter des Kindes, auf Grund der oben (unter 1) erwähnten Wechselseitigkeit.

Betrachten wir die beiden Fälle näher. Im ersten Fall sind es die verschiedenen Kräfte und Fähigkeiten, Eignungen und Impulse, die Mann und Frau zu einer über die sexuelle Brunst hinaus dauernden Gesellung anregen. Zu deren Aufrechterhaltung, also deren gutem Funktionieren, müssen sich beständig Leistungen und Gegenleistungen die Wage halten. Es darf der eine nicht plötzlich von den Leistungen des anderen, auf die er rechnet, im Stich gelassen werden. Ohne diese Gegenseitigkeitskette kann man nicht von einer „Gesellung" reden, besteht keine „Ehe". Jede Leistung aus der „Spezialität" des einen Partners soll zur Erwiderung beim anderen anregen. Dieses Prinzip gilt für die niedrigsten Jäger und Sammler ebensogut wie für die Vertreter moderner Kultur. Frau und Mann reagieren in ihrer primären bio-psychischen Besonderheit, trotz aller sekundären Charakterunterschiede, trotz wechselnder Kulturwertungen, bei allen Völkern in grundsätzlich ähnlicher Weise aufeinander. Darüber hinaus machen sich natürlich zahlreiche Kräfte geltend, die, wie namentlich politische Faktoren, das Verhältnis der Geschlechter zueinander in ihrer Gegenseitigkeit beeinflussen, weil sie besondere Wertungen an die Leistungen knüpfen. So hängt die Betonung des Patriarchats z. B. mit der Entstehung selbständiger Herrenhöfe, mit Despotismus, Versklavung, Eroberung usw. zusammen[4]. Andererseits hat die besondere Betätigung der Frau in der Feldarbeit zur hohen Bewertung ihrer Arbeit und Auszeichnung ihrer Stellung beigetragen[5]. Trotzdem bleiben allenthalben die Grundzüge des sich bietenden Bildes die gleichen: die Frau, die für das Heim sorgt, die kleinen Kinder beaufsichtigt, kocht und auf eine mehr vegetabilische Ernährung, die nie aussetzt, bedacht

---

[3] Es mag auf meinen Band II von „Die menschliche Gesellschaft": „Werden, Wandel und Gestaltung von Familie und Bünden", Berlin, de Gruyter, 1932, S. 79 ff., verwiesen werden.
[4] Siehe Bd. II von „Die menschliche Gesellschaft", S. 222 ff.
[5] Siehe Bd. II von „Die menschliche Gesellschaft", S. 190 ff.

ist, während der Mann Frau und Heim verteidigt, einem schweifenden Leben zuneigt, auf „Erbeutung" oder „Verdienen" aus ist und den großen Emotionen der Feste und Kämpfe sich hingibt. Die Sprödigkeit der Spezialisierung führt bei manchen Naturvölkern dazu, daß das eine Geschlecht ohne das andere nicht existieren kann. Bei den Ba-Nyakyusa in Ostafrika verhungert ein Mann, wenn keine Frau sich seiner annimmt. Denn er hat nicht gelernt, Feldarbeit zu verrichten und die Körnerfrüchte zu mahlen und als Speise zu bereiten[6].

Die Gegenseitigkeit unter den Ehepartnern spiegelt sich in den Heiratsordnungen und den Gebräuchen bei der Eheschließung der Naturvölker. Eine solche Heiratsordnung, die auch Sexualordnung ist und durch nicht abreißende Erwiderungen des Gleichen mit Gleichem verbunden ist, lernte ich bei den Bánaro in Neu-Guinea kennen[7]. Sie war die erste Anregung, die Bedeutung der Gegenseitigkeit zu erfassen. Die Geschenke, die bei der Hochzeit und im Zusammenhang damit nachher gegeben werden, stellen Leistungen dar, die im Geiste des künftigen Zusammenlebens die Kette von Leistungen und Gegenleistungen anzetteln. Irrtümlich wurden sie oft als „Kauf" gedeutet. Die primitiveren Formen sind sicher weit entfernt vom „Kauf" in unserem Sinne. Auf Buin (Bougainville, Salomoinseln, Südsee) werden in einigen Gegenden Muschelgeldfäden von den Angehörigen des Bräutigams aufgehängt, die in gleicher Zahl und Länge von den Eltern der Braut erwidert werden[8].

Der zweite der obenerwähnten Fälle bezieht sich auf die Sorge der Eltern für die Kinder. Wie weit kann dabei Gegenseitigkeit im Spiele sein? Sind es nicht durchaus einseitige Leistungen? Bei genauerem Zusehen bemerkt man, daß die Kinder im allgemeinen bereit sind, den Ratschlägen der Eltern zu folgen. Fallen sie Augenblicksimpulsen anheim, so empfinden sie diese gewöhnlich als „Verfehlungen" gegen ihre Ernährer und Fürsorger. Außer dem Züchtigungsrecht beanspruchen die Eltern Mithilfe der Kinder, besonders der Mädchen bei der Feldarbeit oder im Hause, der Knaben (früher) bei Kämpfen und auf der Jagd. Umgekehrt berufen sich Kinder zur Rechtfertigung ihres Ungehorsams oft auf Mangel an Fürsorge. — Hauptsächlich wird aber die Gegenleistung der Kinder vertagt, bis sie herangewachsen sind. Die Verpflichtung dazu ist im „vierten Gebot" ausgedrückt. Sie fehlt nicht bei den Naturvölkern. Ich will nicht sagen, daß etwa die Eltern bewußterweise eine spätere Gegenleistung von den Kindern von vorn-

---

[6] Vgl. des Verfassers „Black and White in East Africa", Routledge & Sons, London 1935, S. 158—160 und 140—141 (Arbeitsteilung).

[7] Siehe „Die Gemeinde der Bánaro", Enke, Stuttgart 1921; und vorher: „Bánaro Society", in Memoirs Americ. Anthrop. Assoc., 1916.

[8] Vgl. „Pigs and Currency in Buin", Oceania V, 2, 1934, S. 134 ff.; und Hilde Thurnwald, „Woman's Status in Buin Society", S. 418 ebenda.

herein beabsichtigen. Aber auch bei Naturvölkern fehlt später nicht die Berufung der Eltern auf die Fürsorge, die sie den Kindern haben zuteil werden lassen, als diese heranwuchsen. Die Eltern beanspruchen, wenn sie alt geworden sind, Hilfe und Fürsorge von seiten der Kinder, und die Kinder betrachten es gewöhnlich als eine Selbstverständlichkeit, sie zu erweisen. In der Tat dehnt sich eine solche, der Kulturart entsprechende Fürsorge und Verhaltensweise auch auf andere ältere Verwandte aus, auf Mutterbruder, Vaterbruder, deren Frauen usw. und insbesondere auch auf die Großeltern. Die Verwandtschaftsbezeichnungen bedeuten Verhaltensweisen für alle, die mit der betreffenden Anrede belegt werden. Ja, das Fürsorgeverhältnis erlischt nicht mit dem Tode eines Elternteils, sondern wird auch auf die Geister der verstorbenen Ahnen erstreckt. Diese werden um Unterstützung und Hilfe angegangen und dafür ihnen Vergeltung durch solche Opfer versprochen, die sie besonders lieben — je nach den Ansichten der Überlebenden und deren Vorstellungswelt. Der Ahnenkult ist dieses wechselseitige Fürsorge- und Vergeltungsverhältnis über Tod und Grab hinaus, oft erweitert über die Familie zu den wirklichen oder vermeintlichen Vorfahren von Sippe und Stamm. Immer steht das Verhältnis von *Einzelpersonen* in Frage, seien es Familienmitglieder, Sippenangehörige oder Stammesleute.

Diese Personen sind biologisch verschieden, vor allem an Alter, sie gehören verschiedenen Generationen an, und sie werden auf Grund ihrer wirklichen oder vermeintlichen Blutsverwandtschaft zu einer Einheit der Lebenden und der Toten verbunden, sei es in der Familie, in der Sippe oder im Stamm, je nach der Organisationsart der betreffenden Gemeinden. Das Band ist die Verzahnung von Menschen verschiedener Erfahrung und Leistungsfähigkeit, die je nach ihren Kräften und Fähigkeiten sich in einer Vergeltungskette unterstützen.

Das ist das Schema. Natürlich kommen Verstöße gegen das normale Funktionieren vor, gegen das Einhalten der gegenseitigen Verpflichtungen, auf denen das „Zusammenarbeiten" aufgebaut ist. Diese „Verstöße" sind verschieden je nach dem Wertungssystem, auf dem die Gegenleistungen aufgebaut sind. In der Ehe steht die Verletzung der beiderseitigen Fürsorgepflichten im Vordergrund. Der Schutz, den der Mann, namentlich in früheren Zeiten der Unsicherheit, der Frau zuteil werden ließ, veranlaßt ihn, verhältnismäßig einseitig die eheliche Treue der Frau in sexueller Beziehung zu fordern, ohne daß er, in vielen Kulturen, sich in gleichem Maße verpflichtet fühlt. Doch darf man nicht den Schutz gegen Übergriffe ihres Gatten vergessen, den die Frau durch ihre Familien oder Sippenangehörigen empfängt. Verstöße in der Gegenseitigkeit der Fürsorge zwischen Eltern und Kindern treten vielleicht stärker in Erscheinung, wenn sie von den

Kindern begangen werden (das vierte Gebot ist eine bedeutungsvolle Mahnung), doch sind sie mitunter durch frühere Fehler der Eltern provoziert. Im Verkehr mit den Ahnengeistern fehlt selten der Gedanke, die Opfer „richtig" zu gestalten, aber häufig sind auch Vorwürfe gegen die Geister, warum sie denn so undankbar seien und sich so schlecht benähmen, keine Gegenleistungen erweisen, nachdem alles so gemacht, die Speisen so bereitet wurden, wie sie es „wünschten" u. dgl. m.

II. Gegenseitigkeit von Leistungen gleicher Qualität

Das Prinzip der Gegenseitigkeit erstreckt sich auch auf die Zusammenschlüsse der Männergesellschaft. Hier kann es verschiedene Formen annehmen, die früher oft mißdeutet wurden, weil man eine Analyse des Ineinanderwirkens der Einzelpersonen unterließ[9]. Zunächst sei das Beispiel des sogenannten primitiven Kommunismus erwähnt. Ein soziologischer Theoretiker, der mit offenen Augen unter Vertretern eines Naturvolkes eine genügend lange Zeit lebt, wird, wenn er den Zusammenhängen nachgeht und nicht am Begrifflichen klebenbleibt, zu ganz anderen Ergebnissen gelangen. Er wird sehen, daß eine Gemeinsamkeit des Besitzes sich auf *politische Hoheitsrechte* erstreckt, also auf die Behauptung eines Jagdgebiets, eines Sammelreviers, eines Weidelands, von Viehherden, eines Anbaubodens u. dgl., worauf alle Mitglieder einer Sippe Anspruch erheben, wo ihnen die Möglichkeit einer Nutzung geboten wird. Diese Gemeinsamkeit hört aber auf, sobald es sich um *interindividuelle* Leistungen handelt. Für diese wird strenge Gegenseitigkeit gefordert. Entgeltung wird verlangt innerhalb des Kreises von Personen, die der Gemeinde angehören. Der Mann „A", der (etwa unter den Eskimo) heute einen erbeuteten Seehund nach Hause bringt, gibt an den „B" und den „C" je ein Stück ab, nicht weil ihnen allen der Seehund, den „A" erbeutet hat, gemeinsam gehört, sondern weil „B" gestern dem „A" ein Stück von dem durch ihn erlegten Seehund zuteilte, und weil „A" darauf rechnet, daß „C" morgen auf die Jagd geht und dann bei der Verteilung der Beute auch seinen Teil zugewiesen erhält. Darum ist es der Stolz eines Mannes, reiche Beute heimzubringen. Denn er verpflichtet sich mit großen Anteilen, die er zu vergeben imstande ist, seine Genossen. Sein Ansehen wächst. Dieses Exempel kann in den mannigfachsten Varianten, je nach der geographischen Breite und den

---

[9] Die Bedeutung der Einzelpersönlichkeit im Gesellungsleben wurde vom Verfasser hervorgehoben in: „The Social Function of Personality" in Sociology and Social Research. Januar-Februar 1933, und in „Die Persönlichkeit als Schlüssel zur Gesellschaftsforschung" in Sociologus IX, 3, September 1933.

Besonderheiten der Länder, mit dem verschiedensten Jagdwild wiederholt werden. Es findet aber auch auf Haustiere Anwendung: auf Schweine, Schafe, Ziegen, Kühe usw., es wird erweitert auf Feldprodukte, auf Schmuck und Wertsymbole, wie Armringe, Halsketten aus Hundezähnen, Muschelgeld, Metallringe usw., insbesondere auf Kriegsbeute jeder Art.

Auch Frauen werden getauscht, in doppelter Form: teils die jungen heiratsfähigen Mädchen der einen Familie oder Sippe an die andere Familie oder Sippe, zur Verheiratung an einen dort befindlichen jungen Mann vergeben, wofür diese Familie oder Sippe ein Mädchen der ersteren zur Verfügung für einen Heiratskandidaten drüben stellt. Die Heiratsordnungen vieler Naturvölker haben, hieran anknüpfend, verschiedene Systeme ausgebildet. Ferner findet bei Festen oder Besuchen ein freundschaftlicher Austausch der vorhandenen Ehefrauen unter Freunden oder bestimmten Verwandten statt[10].

In all den erwähnten Fällen bezieht sich die Gegenseitigkeit auf die gleichen Objekte und die Zahl: Stück für Stück, Frau für Frau oder Sklave für Sklave. Allerdings findet der Austausch nicht immer streng gleichzeitig statt, sondern muß mitunter vertagt, gestundet werden. Wird heute ein Fest gefeiert, zu dem der „A" sein Schwein beisteuert, so hat „B" die Verpflichtung, das nächste Mal das gleiche zu tun. Falls in der einen Sippe kein heiratsfähiges Mädchen vorhanden ist, so muß die andere Sippe warten, bis das kleine Kind drüben herangewachsen ist. Auf der Insel Nissan (nördlich von der Insel Buka, nördlichste der nordwestlichen Salomo-Inseln) hatte ich 1907 einen kannibalistischen Tausch auf Grund der Gegenseitigkeit festgestellt. Ein Häuptling fütterte eine aus Buka für ein Schwein gekaufte Witwe auf, die ein Zweiter durch einen Pfeil tötete, während ein Dritter das Mahl veranstaltete; wofür ihm das nächste Mal die zweite Funktion, hierauf die erste zufiel[11]. Darauf gründete sich eine Vergesellung der an den Festen beteiligten Häuptlinge.

III. Gegenseitigkeit auf Grund von Leistungen verschiedener Qualität

Aus verschiedenen Gründen kann eine Leistung nicht immer gleich oder überhaupt nicht mit Gegenleistungen derselben Qualität beantwortet werden. Ja, mitunter ist eine andere Qualität erwünscht, auch in primitiven Verhältnissen. Tausch ist uralt. Er findet oft auf überraschend weite Entfernungen, zu Land und zur See, statt: es sei daran erinnert, daß Stämme in Australien den halben Kontinent durch-

---

[10] Z. B. bei den Bánaro und anderen; siehe „Die Gemeinde der Bánaro", l. c. III.
[11] Vgl. Zeitschrift für Ethnologie, 1907.

querten, um auf Zügen bestimmte rote Erdfarbe sich zu beschaffen, die sie alle paar Jahre für Feste wieder neu benötigten. Die Bewohner der Siassi-Inseln und der Tami-Inseln unternehmen große Kanureisen, um gegen Handwerkserzeugnisse (Töpfe, Holzschüsseln u. dgl.) Schweine, Sago und ähnliches einzutauschen[12]. Endlos ist die Reihe von Objekten, die gegeneinander ausgetauscht werden. Gewöhnlich knüpft sich in primitiven Verhältnissen an eine Leistung und an ein Objekt die bestimmt umschriebene Gegenleistung und das bestimmt verstandene Austauschobjekt, mag man Schweine gegen Muschelketten oder Armringe tauschen, Kühe gegen Kupferringe oder Spaten, Getreide gegen Fleischstücke usw. So ist es auch mit den Leistungen für den Erwerb einer Frau, die oft durch Arbeit beim künftigen Schwiegervater abverdient oder aber durch Wertobjekte eingetauscht werden muß. „Commercium" und „connubium" sind nahe miteinander verbunden. Für die Naturvölker sind solche Tauschakte Handlungen persönlicher Vergeltung oder einer Vergeltung unter Familien oder Sippen, nicht rationalistische, jeder persönlichen Note entkleidete, nur auf die Sache gerichtete Kaufgeschäfte wie unter uns. Aus solcher Haltung heraus haben die Römer „commercium" und „connubium" ihren Freunden und verbündeten Latinern feierlich „verliehen", ein Verfahren, das unserer rationalistischen Einstellung ziemlich fremd geworden ist, wenn wir von Bevorzugung oder Meidung im Einkauf etwa Vertretern einzelner Nationen gegenüber absehen. Die obenerwähnte Haltung erklärt auch, warum sich an solche gelungenen Tauschtransaktionen oft lange Reihen weiterer kleinerer Erwiderungen knüpfen, sei es in Form kleiner Geschenke oder von Schmausereien, die die einen für die anderen veranstalten. Dadurch wird das Gewebe der Freundschaft und der gegenseitigen Verbundenheit enger gezogen[13]. Die Gegenseitigkeit spinnt eine Wirkungskette, die für uns oft nur wirtschaftlich zu sein scheint, in Wirklichkeit aber psychische Reaktionen der Vergesellung auslöst.

Unter diesem Gesichtspunkt müssen wir auch die festlichen Verteilungen betrachten, deren bekannteste Form die nordwestamerikanischen „Potlaches" sind. Sie knüpfen an die oben (unter II) geschilderten Gegenseitigkeiten an, die den Mitgenuß der Beute ermöglichen. Nur ist hier der Häuptling zu einer Art „clearing house" geworden, wohin einerseits die Beute gebracht, andererseits an die Mitglieder der Gemeinde verteilt wird. In Nordwestamerika handelt es sich vorwiegend um Felle. In Buin gehen ähnliche Verteilungen durch den Häuptling bei gewissen Festen vor sich, bei denen Schweine und

---

[12] Ausführlicheres in „Werden, Wandel und Gestaltung der Wirtschaft", Bd. III von „Die menschliche Gesellschaft", Berlin, de Gruyter, 1932, S. 115 ff.
[13] Vgl. dazu Bd. III (Wirtschaft), S. 118 ff., Bd. II (Familie), S. 101 ff., und insbes. die in Anm. 8 genannten Artikel in Oceania, S. 134 und 148 ff.

Muschelgeld im Mittelpunkt der Aufmerksamkeit stehen. Psychologisch ist die Bedeutung dieser Verteilungen die gleiche: ein Mittelsmann, der Häuptling (in Buin Nachkommen einer sogenannten „Erobererschicht", von außen eingedrungener fremder Banden) hat den Ausgleich von Leistung und Gegenleistung an sich gerissen und ist dadurch in den Stand gesetzt, die Angehörigen der Gemeinde sich persönlich zu verpflichten. Bevor die Bedeutung dieser Rolle weiterverfolgt wird (unter V), empfiehlt es sich, eine andere Betrachtung einzuschieben.

IV. Stundungssymbole

Die Gegenleistungen können nicht immer, wie wiederholt betont, sofort erfolgen, sondern erst nach einiger Zeit. Es ist in manchen Fällen üblich geworden, zur Sicherung der Gegenleistung ein Pfand oder ein Verpflichtungssymbol zu geben[14]. Daraus scheint das „primitive Geld" entstanden zu sein. Wenn man in Buin z. B. die Kette von Leistungen und Gegenleistungen betrachtet, so findet man, daß sich das Muschelgeld gewissermaßen „überflüssigerweise" in die Kette von Verpflichtungen einschiebt[15]. Bei einem Nachbarstamm (Nagavisi) fehlt dieses „Geld", doch werden dadurch die Verpflichtungsketten nicht beeinträchtigt. In der Tat sieht man in Buin, daß wesentlich die Vergeltung von Schwein durch Schwein erfolgt. Denn das große Festschwein wird genau gemessen mit einem Stock und dieser in der Häuptlingshalle aufbewahrt. Kommt nach einigen Monaten das Vergeltungstier an, so wird dieses mit dem aufbewahrten Maßstock kontrolliert. Bei dieser Gelegenheit wird das seinerzeit entrichtete Muschelgeld, und zwar gewöhnlich in denselben Exemplaren, nicht nur in derselben Quantität (meistens 100 Faden), zurückerstattet. In ähnlicher Weise verfährt man an der Nordküste von Neuguinea (bei den Jabim) mit Eberhauerschmuck, der Familienjuwelen darstellt, wenn man ihn gegen ein Festschwein auslöst.

Dieses „Geld", auf dessen sonstige Funktion hier nicht weiter eingegangen werden kann[16], verstärkt die Kette von Gegenseitigkeiten und ist ursprünglich als Gedächtnishilfe und Verpflichtungszeichen bedeutungsvoll. Was nun als Symbol der Wertentsprechung gewählt wird, hängt, so wie der Aufbau der Bewertungsskala, von dem besonderen kulturellen System ab. So können natürlich auch Gebrauchs- oder Verbrauchswerte zu Trägern solcher Symbole werden, wie im Falle von Speerspitzen, von Messern oder von Tabak usw.

---

[14] Siehe dazu Bd. V (Recht, 1934) von „Die menschliche Gesellschaft", S. 56 ff.
[15] Genau beschrieben in den in Anm. 8 angeführten Aufsätzen in Oceania.
[16] Siehe S. 177 ff. vom Bd. III (Wirtschaft).

V. Die Modifikation der Gegenseitigkeit durch Schichtung und Staffelung der Gesellschaft

Schichtung und Staffelung der Gesellschaft nehmen ihren Ausgang von der besonderen sozialen Wertung, die einzelnen Personen, Familien, Sippen oder Sippensplittern zuteil wird. Bleibt die Lebensführung aller Mitglieder solcher Gruppen gleich, so erleidet auch die traditionelle Gegenseitigkeit keine Einbuße von Bedeutung (wie z. B. in gewissen Gemeinden an der nördlichen Küste von Neuguinea). Unterschiede machen sich erst fühlbar, wenn Gesellungseinheiten verschiedener Lebensführung miteinander in Berührung kommen. Lebensführung beruht bei Naturvölkern hauptsächlich auf der Methode der Sorge für die Existenz, insbesondere für die Ernährung. Mit jeder Methode ist selbstverständlich auch ein eigenartiger Komplex von Wertungen verknüpft. Das Wertungssystem jeder Gesellungseinheit bestimmter Lebensführung unterscheidet sich von dem der anderen Einheit anderer Lebensführung. Kommen zwei Gruppen verschiedener Lebensführung miteinander in Berührung, so ergibt sich ein Konflikt der Wertungen von großer Tragweite. Die Verschiedenartigkeit der Bewertungen kann Verzahnungen veranlassen, wie sie im ersten Abschnitt beschrieben wurden. Derartige Verzahnungen haben je nach den Umständen ihre eigenartigen Schicksale, von denen noch die Rede sein wird.

Zur Erläuterung sei ein Schema vorgeführt, das sich auf das Zusammentreffen von Hirten und Feldbauern bezieht. Ein solcher Kontakt hat sich oft ereignet und hatte, je nach den Besonderheiten des Falles, verschiedenartige Folgen. Zwecks Vereinfachung sei hier nur eine Abfolgereihe herausgegriffen[17].

Hirten und Feldbauern stören einander zunächst nicht, weil jede Lebensführungsgruppe anderes Gelände benötigt. Die Hirten suchen eine Weide nach der anderen auf, die Feldbauern sind an für ihre Anbaupflanzen günstigen Bodenstellen von gewöhnlich geringer Ausdehnung interessiert und bleiben verhältnismäßig seßhaft. Aber das Getreide der Feldbauern und mitunter deren Baukünste oder andere Fertigkeiten locken die Hirten, Milch und Fleisch der Hirten werden von den Feldbauern geschätzt. Leistung wird gegen Leistung, Objekt gegen Objekt abgewogen. Jeder Teil geht von der Bewertung aus, die seiner Lebensführung und Versorgungsart entspricht. In erster Linie kann relativer Überschuß des einen Partners gegen den des anderen vergolten werden. Während hier eine „Verzahnung" Platz greift, setzt ein anderer Prozeß ein, der oft desintegrierend auf die beteiligten

---

[17] Einzelheiten sind in Band IV (Werden, Wandel und Gestaltung von Staat und Kultur) von „Die menschliche Gesellschaft", Berlin, de Gruyter, 1935, S. 112 ff., dargestellt.

Sippen wirkt. Die erwähnten Verzahnungsvorgänge vollziehen sich nämlich unter Einzelpersonen (oder Familien). Die Gier solcher Einzelner nach Gegenleistung ist geeignet, sie ihrer Gruppe zu entfremden, aus ihrem Sippenverband loszureißen, zu *individualisieren*. Die Rivalität unter den Hirten, die gewöhnlich die Initiative ergreifen, lockert sich daher, während die Verzahnung mit den Feldbauern wächst. Damit geht eine beiderseitige zivilisatorische Anreicherung Hand in Hand. Durch die Rivalitäten der verselbständigten Hirtenfamilien vergrößert sich die Kampfesgefahr unter den neu verzahnten Einheiten. Dadurch aber erlangen die losgelösten Hirtenfamilien die politische Führung, die den Feldbauern gegenüber als *Schutz* betätigt wird. Die soziale Leistung des Schutzes wird von den Feldbauern durch wirtschaftliche *Hilfe* in Form von Getreide entgolten, zumal ihre Felder sonst vielleicht verwüstet worden wären[18]. Vielleicht wurde dieses Schutz-gegen-Leistungs-Verhältnis der (unter I) geschilderten Verzahnung unter Eheleuten nachgebildet. Die Anwendung auf Angehörige von Gruppen verschiedener Lebensführung war jedenfalls eine „soziale Entdeckung" von ungeheurer Tragweite.

Durch die erwähnten Vorgänge, die sich unter Einzelpersonen abspielen, wird der ältere Vergesellschaftungsgrund, die Verwandtschaft, zerstört und der politische Zusammenschluß auf durch Gegenleistungen gestützte Befreundung gestellt. Diese Befreundung vollzieht sich unter nach Herkunft und Lebensweise verschiedenen Menschen, Leistung und Gegenleistung haben die Tendenz, wirtschaftlichen Charakter anzunehmen. Dadurch wird die wechselseitige Abhängigkeit der so verzahnten Personen erhöht, woraus eine institutionsmäßige Gebundenheit erwächst. Diese vermag, je nach den Umständen, verschiedene Formen anzunehmen, auf die nicht weiter eingegangen werden kann. Die Dauer einer solchen Institution hängt vom Gleichgewicht des Systems von Leistungserwiderungen ab, die von einem Wertsystem getragen werden. Ändern sich die Wertungen aus hier nicht weiter zu erörternden Ursachen, bleibt aber das Vergeltungssystem konstant, so wird letzteres als „ungerecht" empfunden.

Institutionen, die uns heute unsympathisch oder fremdartig erscheinen, haben ihre Wurzel nicht in der „Niederträchtigkeit ihrer Urheber", sondern darin, daß sie zur Zeit ihrer Entstehung den Ausdruck eines „gerechten" Ausgleichs von Leistung und Gegenleistung auf

---

[18] Die Vorgänge der letzten 200 Jahre auf dem Irambaplateau und in anderen Gegenden Ostafrikas, wie sie vom Verfasser ermittelt und in „Black and White in East-Africa" (Routledge & Sons, London 1935, S. 15—35, 40 ff., 44 ff., 52 ff., 55 ff., 60 ff., 70 ff.) beschrieben wurden, illustrieren die obenerwähnten Vorgänge. — Die einzelnen Stadien wurden skizziert in „Analyse von Entwicklung und Zyklus" in Mensch En Maatschappij, IX, 1—2, Januar 1932, S. 15 ff. Vgl. im vorliegenden Heft S. 114 ff.

Grund der sozialen Wertungen einer Zeit und Kultur darstellten. In unseren gesicherten Staatswesen macht man sich oft nicht klar, was unter anderen Umständen persönliche Sicherheit wert war. Noch im alten Ägypten wurde der „Mann ohne Meister" (Herrn) bedauert, denn er galt als schutzlos. Auf solche Schutzverhältnisse: Klientel, Feudalismus, Hörigkeit, einschließlich Sklaverei, bauten sich die archaischen, antiken und mittelalterlichen Staatswesen auf. Die Herren, Aristokraten, Plutokraten, Oligarchen, Prätorianer und an ihrer Spitze der König, Magier, Despot oder Tyrann, hatten Schutz und Fürsorge ihrem Gefolge, ihren Vasallen, Hörigen, Veteranen u. dgl. angedeihen lassen, und es galt: „noblesse oblige". Verwirtschaftlichung und Entpersönlichung, Auflösung der Sippenverbände und Individualisierung der Gesellschaft[19], Aufkommen neuer Bindungen und Bewertungsgrundlagen haben das als „gerecht" empfundene Gleichgewicht von auf frühere Zustände abgestimmten Leistungen und Gegenleistungen untergraben. Dabei sei bemerkt, daß z. B. in den archaischen Staaten des nahen Orients bereits in den vorchristlichen Jahrtausenden infolge der dortigen Vorgänge ein weitgehender Sippenzerfall und damit Hand in Hand gehende Ausbildung des familialen und persönlichen Privateigentums, Betonung des Besitzes usw. erreicht worden war. Durch solche Wandlungen tritt an Stelle des Schutzes materielle Entlohnung, etwa durch Zuweisung von Ländereien an Veteranen oder Gefolgsleute oder sogar in Geld.

Die historischen Vorgänge, die diesem Schema zugrundeliegen, erstreckten sich über Jahrhunderte, oft Jahrtausende, und sie verliefen an verschiedenen Stellen des Erdballs zu verschiedenen Zeiten und mit anderen Varianten und in anderen Rhythmen. Überall aber waren sie mit großen Machtverschiebungen verknüpft, und ihre Abfolge zeigte stets dieselbe Tendenz, wo immer sich die Ereignisse zutrugen, die sie gestalteten. Denn die menschliche Psyche ist im Grunde gleich. — Bei diesen Vorgängen dürfen wir die Rolle von Kriegen nicht überschätzen. Sie sind oft mehr Symptomhandlungen und Symbole für die sozialen Verschiebungen und die Umwertungen auf psychischem Gebiet. Vor allem müssen wir die kleineren Kämpfe als Ausdruck persönlicher Machtgelüste ohne Bezugnahme auf die bestehenden Lebens- und Wertungssysteme entsprechend beurteilen. Andererseits sind für Änderungen im Lebens- und Wertungssystem keineswegs immer Kriege entscheidend.

Es wurde schon angedeutet, daß im Zusammenhang mit der Entstehung institutionsmäßiger Verzahnung, die zunächst durch ethnische

---

[19] Über den Zerfall der Sippen und Individualisierung siehe Näheres in „Die menschliche Gesellschaft", Bd. IV (Staat und Kultur), S. 23 ff. und 166 ff.

Überschichtung sich äußerte, neue persönliche Bande geknüpft wurden, die schließlich die alten Sippenzusammenhänge lockerten und auflösten. Mit dieser Individualisierung heftete sich die *persönliche Auszeichnung an materielle Objekte* und führte zur Entstehung des Privateigentums[20], in dessen Gefolge plutokratische Tendenzen sich geltend machten. Dadurch wurden der Bewertung der Gegenseitigkeiten natürlich ganz andere Bahnen gewiesen. Vor allem trat dadurch das wirtschaftliche Kalkül des Einzelnen in den Vordergrund.

Oft ist der Individualismus das Übergangsstadium zu einer neuen Gruppenbildung, auf einer anderen Wertungsbasis des Zusammenschlusses. In der geschichteten Gesellschaft begegnen die Einzelpersonen einander auf Grund ihrer Zugehörigkeit zu der Schicht, der sie entstammen. Daran werden Leistung und Gegenleistung gemessen. Bei dauerndem Zusammenleben erlangt aber die rein menschliche Orientierung innerhalb der Kultur Übergewicht gegenüber den Schranken, durch welche die Schichten gestaffelt sind, d. h. gegenüber den Bewertungen, die zu Anfang des Zusammenschlusses maßgebend waren. Neuen Wertorientierungen wird so das Tor geöffnet. Auch der ethnisch geschichtete und der aristokratische Staat nehmen schon früh fremde Elemente auf, die in verschiedener Beziehung wichtig werden, insbesondere für die Bildung von Herrschaftsbanden[21] (deren Karikatur etwa dem amerikanischen „gang" entspricht).

Man ersieht daraus, daß es darauf ankommt, was sich unter den Einzelmenschen abspielt, wie diese die „Gegenseitigkeiten" empfinden. Dabei bleiben selbstverständlich Nachahmung, Eifersucht, Neid, Geltungstrieb usw. für die Gestaltung des Bewegungsmechanismus keineswegs unbeachtet, nur ist es in diesem Rahmen nicht möglich, darauf einzugehen. Aber aus der Art, wie sich die einzelnen Begegnungen der Personen zutragen, welche Gefühle dabei unterlaufen, aus unzähligen wiederholten Situationen Einzelner zueinander und aus deren Rückwirkung auf ihr weiteres Verhalten, aus ihren Sentiments und Ressentiments, sammelt sich der Gärungsstoff zu Gruppenstimmungen, zu Wünschen und Strebungen, zu Wertungsänderungen, die Keimstoffe zu Neugestaltungen.

So ändern sich die ethnisch geschichteten Gemeinwesen in individuell gestaffelte Staaten um. Mit der Tendenz zu einer sozialen Aus-

---

[20] Siehe Bd. V (Recht, 1934), S. 39 ff.

[21] Es sei an die Rolle der fremden „tyrannoi" in den althellenischen Stadtstaaten erinnert, sowie daran, daß im Rom der Königszeit die ersten Könige teils sabinischer, teils latinischer Herkunft waren und ihrerseits ihre Landsleute nach Rom zogen, ihnen politische und wirtschaftliche Vorteile verschafften. Die letzten drei Könige Roms bewiesen dagegen egalitäre Bestrebungen. (So nach J. L. Myres „The Roman Plebs and the Creation of its Tribunes", in Essays pressented to C. G. Seligman, London, K. Paul Trench, Trubner & Co. 1934, S. 227—240, insbes. S. 231—232.)

gleichung und zu einer Rehomogenisierung der rassischen Zusammensetzung verbindet sich (z. B. deutlich sichtbar in den Perioden des alten Ägypten) ein fachlich orientierter Verwaltungsapparat (Bürokratie), wirtschaftliche Spezialisierung (etwa in „Zünften" zusammengeschlossen, weil meistens hervorgegangen aus ethnischen Einheiten), daneben manchmal deutlich auf ethnische Ursprünge zurückgehende Kasten usw. Aber die Macht ist längst in diesen Gemeinwesen in die Hände einer besonderen Gruppe gelangt, die höchstens fiktiv auf eine bestimmte Abstammung pocht, in der Tat aber ein reiner Freundschaftsverband ist.

Greifen wir zurück auf die Verteilungsgewalt der Häuptlinge, von der unter III die Rede war. Wir begreifen aus diesen Zusammenhängen die Überlieferung, welche Freigebigkeit von den Machthabern fordert. Wir haben auch gesehen, wie trotz allem die Pflicht zu Gegenleistungen über den Machthabern schwebt. Die Gegenseitigkeit hat hier nur besondere Formen angenommen. Führung und Gefolge bedingen einander, die einen sind von den anderen abhängig, sind einander komplementär. Wirkliche Unbeschränktheit gibt es nicht, wenigstens nicht auf die Dauer. Immer wieder wird eine Gleichgewichtslage von Leistung und Gegenleistung auf Grund der herrschenden Wertungen angestrebt.

Das Funktionieren der Gegenseitigkeit in komplizierten Gemeinwesen wird durch die Art des *Siebungsmechanismus* bedingt, der gehandhabt wird. Denn es kommt in solchen Gemeinwesen weniger auf die Planung an als auf die Ausführung, die von bestimmt ausgewählten Personen vollzogen wird. Die ursprüngliche Form besteht in den ethnisch geschichteten und aristokratischen Gemeinwesen in der Besetzung von Verwaltungs- und Kriegsämtern durch Verwandte. In den sozialgeschichteten und despotischen Gemeinwesen wird diese Auswahl prinzipiell nach Gesichtspunkten der Eignung getroffen und der Freundschaft (der „politischen Zuverlässigkeit", wie man in der modernen Welt sagt). Diese Prinzipien erlauben natürlich weiten Spielraum bei ihrer Durchführung, die oft viel wichtiger ist als die Prinzipien selbst. Denn von dem weisen Handeln solcher Unterführer und Verwaltungspersonen hängt das reibungslose Funktionieren des empfindlichen Uhrwerks von Leistung und Gegenleistung entsprechend dem herrschenden Wertungssystem ab.

Jede Macht baut sich auf einer „glücklichen" Verbindung verteilter Rollen auf zum Zweck gemeinsamen und erfolgreichen Zusammenlebens. Egoistische Übertreibungen und Nützung der Leitung gefährden das Gleichgewichtsempfinden. Endlos ist die Zahl der Belege aus der Geschichte, die zeigen, wie die Überspannung einer privilegierten Position das Gleichgewicht der Gegenleistung gestört hat. Beschränkt ist die Zahl der „weisen", erschreckend groß die der „törichten" Herren. Der Instinkt des Einzelnen ist unsicher in seinen Aktionen, dagegen sind die Reaktionen des großen Durchschnitts der Menschen überraschend gleich. Darum gewinnt man den Eindruck, daß gewisse Maßnahmen und Einrichtungen überall und immer im Laufe der Zeit die gleiche Beantwortung erhalten. Daraus aber leitet sich die Uniformität der „Abläufe" ab, die oben geschildert wurden. Sie sind psychisch in der Eigenart des Menschentums verankert. Daher kann man wagen, sie als „gesetzmäßig" zu bezeichnen[22].

Hier sollte vor allem die Bedeutung der Dynamik in den Vorgängen gezeigt werden. Soll diese recht verstanden werden, so muß sie auf das *interindividuelle Wirkungsspiel* zurückgeführt werden, das sozialpsychisch bedingt ist. Dadurch bekommen wir erst die Schlüssel an die Hand, in die Tiefen des Gesellungslebens, dessen geistige und seelische Hintergründe, dessen Strebungen und Leidenschaften einzudringen, die aber stets von dem Verlangen nach Aufrechterhaltung eines „gerechten" Gleichgewichts erfüllt sind.

Es dürfte sich empfehlen, die Ergebnisse der voranstehenden Ausführungen kurz zusammenzufassen in folgende Punkte:

1. Leistung und Gegenleistung dürfen nicht nach bloß wirtschaftlich-materiellen Gesichtspunkten beurteilt werden. Die Gesamtheit sozialer Leistungen ist zu berücksichtigen (z. B. im Feudalismus usw.).

2. Die Phänomene dürfen nicht bloß statisch, etwa als „Beziehungen", aufgefaßt, sondern müssen dynamisch als Prozesse, Vorgänge oder im besonderen als „Abläufe" behandelt werden.

3. Die wachsende Bedeutung der wirtschaftlichen Leistungen ist auf einen Zerfall der früheren Verbände, die hauptsächlich (real oder fiktiv) auf Verwandtschaft gegründet waren, zurückzuführen. Die Individualisierung ist für die wachsende Bedeutung des Privateigentums verantwortlich. Die Entstehung des Geldes ist auf Verwendung von Pfändern zurückzuführen.

4. Die Individualisierung der Gesellschaft kann als Übergang zu neuen Verbänden auf anderer Grundlage dienen.

5. In letzter Linie vollziehen sich die Veränderungen der Wertungen der Gegenseitigkeit im interindividuellen Wirkungsspiel.

---

[22] Vgl. „Die menschliche Gesellschaft", Bd. IV (Staat und Kultur), S. 286 ff., 301 ff. — Die alte spekulative Staatstheorie, die der realen Grundlage historischer oder völkerwissenschaftlicher Forschung entbehrt, konnte hier natürlich nicht berücksichtigt werden.

VI. Die Gegenseitigkeit als Grundlage rechtlicher Institutionen

Das Verlangen nach „billigen" Gegenleistungen durchzieht das gesamte Rechtsleben[23]. Hier können nur ein paar in die Augen fallende Erscheinungen herausgegriffen werden. Am bekanntesten ist Vergeltung und Rache und deren verfeinerte Form als „Spiegelstrafe" im Sinne des Prinzips „Aug' um Auge, Zahn um Zahn"[24]. Der Rechtsbruch, die „Missetat"[25], ist ein Bruch der Gegenseitigkeit von „Glauben und Treue", der Erwiderung des traditionellen interindividuellen Verhaltens. Dieses beruht darauf, daß ein Mitglied einer Gesellungseinheit dem anderen prinzipiell das zugesteht, was von ihm selbst gefordert wird, und zwar entsprechend der Verzahnungsstellung, die jeder von ihnen einnimmt. Es handelt sich also nicht um mechanische Gleichheit, sondern um *potentiellen Ausgleich*. Auf letzterem beruht die Gegenseitigkeit und die ergänzende Verzahnung. Nicht die Furcht vor einer Strafe ist es, welche etwa die Gegenseitigkeit aufrechterhält, sondern das Gefühl, im eigenen Interesse zu handeln. Die unter den Mitgliedern einer Gesellungseinheit herrschende Forderung der einen Persönlichkeit gegenüber der anderen trägt den Zusammenschluß, wie das unter II dargestellt wurde, wo von der Gegenseitigkeit bei Verteilung der Beute die Rede war. Dieses Prinzip wendet sich gegen den, der sich nicht an diese gerechte Entgeltung hält, und auf ihr ist andererseits, im positiven Sinn, das gesamte Obligationenrecht aufgebaut. Es beherrscht alles Zusammenleben der Menschen aller Zeiten und Kulturen. Beweis ist z. B. die sogenannte „frontier society", die Gesellschaftsbildung, die sich in neu erschlossenen Kolonialgebieten ohne etablierte Oberhoheit vollzieht, und die im vorigen Jahrhundert besonders beim Vordringen nach dem Westen in Nordamerika eine große Rolle spielte.

Die Schwierigkeit bei aller Gegenseitigkeit ist, wie schon gezeigt, die Wertung von Gegenleistungen, sowie sie nicht mehr auf Identität der Menge und Qualität beruhen, und besonders im ganzen Gebiete der Verzahnung. Dazu kommt der verschiedene Zeitpunkt der Gegenleistung. Auf der Ordnung dieser Fragen beruht das Obligationenrecht. Es wird kompliziert durch die Staffelung der Gesellschaft.

Welche Bedeutung den *Wertungen* zukommt, geht am deutlichsten daraus hervor, daß in vielen Gemeinden vorherrschenden primitiven Denkens der Tod, namentlich eines jüngeren Menschen, auf zauberische Manipulationen durch einen Feind zurückgeführt wird. Daher hält man sich verpflichtet, seinen Tod an dem vermeintlichen Missetäter zu rächen. Letzteren wiederum sucht man auf dem Wege des

---
[23] Vgl. Bd. V (Recht), S. 6 ff.
[24] Ebenda S. 21 ff.
[25] Ebenda S. 86 ff., 119 ff.

Orakels zu ermitteln. Dieser Fall zeigt, wie Wertungen an Vermutungen, Glauben haften, wie aus dem Imaginären die Gegenseitigkeit abgeleitet und dadurch der rechtliche Aspekt einer Handlung beeinflußt wird.

Ein Eisenmesser war im alten Ägypten eine Kostbarkeit, so auch unter wenig berührten Stämmen etwa Neuguineas. Im Rang der Verbindlichkeiten steht es an ganz anderer Stelle als bei uns.

Moderne Lohnforderungen sind nicht bloß das Ergebnis einer materiellen Lage, die vor 100 und 200 und mehr Jahren als durchaus annehmbar gegolten hätte, sondern sind in den kulturellen Änderungen und Wertungen, in der Verschiebung der seelischen Haltung begründet.

Die Errungenschaften der Technik und der Erkenntnis verschieben die Bewertungen. Daraus geht hervor, daß die „*Gerechtigkeit*" einer Zeit und Kultur nicht die der anderen sein kann. Die Bewertungen der verschiedenen Kulturen können auch nicht in einen einlinigen und direkten Zusammenhang miteinander gebracht werden. Denn nicht eine Bewertung geht aus der anderen hervor, sondern sie wird gewissermaßen jedesmal neu geschaffen durch neue Techniken, Erkenntnisse, Entdeckungen, soziale Umorganisationen, politische Ereignisse usw., welche zusammen jede neue Wertung für sich gestalten. Aus diesem Grunde können noch weniger die Rechtsinstitutionen, welche die Wertungen spiegeln, auseinander, die eine aus der anderen, abgeleitet werden. Dabei ist selbstverständlich nicht ausgeschlossen, daß einmal eine einzelne Institution sich irgendwohin ausgewirkt hat nach einer fremden Sphäre, oder daß sogar Gruppen von Institutionen in eine andere Sphäre zeitweilig übernommen wurden, wenn gewisse Interessen bestanden, wie bei der sogenannten Rezeption des römischen Rechtes in Deutschland. Doch sollte man gerade bei diesem Beispiel nicht vergessen, wie unpopulär es war.

VII. Gegenseitigkeit in Moral und Ethik

Gegenseitigkeit fehlt nicht in Moral und Ethik, sondern tritt da nur in verfeinerter Form auf. Diese wechselt je nach der Geistesverfassung und den sozialen und politischen Gestaltungen. Verbote in primitiv denkenden Gemeinden, gewisse Speisen zu genießen, mit bestimmten Verwandten zu sprechen oder sonst ein gewisses Verhalten zu befolgen, kurz der ganze Kreis der als „Tabu" bezeichneten Meidungen, der Zeremonien und Riten bei verschiedenen Gelegenheiten, wie Geburt, Eheschließung, Pubertät, Tod usw., ist Moral und Ethik, in Handlungen und Verhalten gekleidet, in Wortformeln und Sprüche. Hier wird z. B. die Gegenseitigkeit zwischen Menschen und übersinnlichen Mächten festgelegt, vorgeschrieben, auf welcher Gegenseitigkeitslinie etwa Schwestersohn und Mutterbruder einander zu begegnen haben, Häuptling und Gefolgsmann, Schwiegermutter und Tochtergatte usw.

Unsere Ethik und Moral ist „vergeistigt" oder psychologisiert. Die Vergeltung macht z. B. Umwege. Sieht jemand von primitiver Rache ab, so tut er das nicht nur aus Furcht vor Strafe, sondern weil er durch seine „vornehme" Handlungsweise den Gegner beschämen will. Christliche Moral setzt die mechanische Vergeltung in eine verzahnte Gegenseitigkeit um, die den ursprünglichen Missetäter in die Gemeinde einbeziehen will, aber erst nach einer seelischen Vergeltung, etwa durch Beschämung oder in anderer Weise.

VIII. Funktion der Gegenseitigkeit

Wenn in der Gegenseitigkeit die wichtigste Kraft erkannt wird, welche Gesellungen und Institutionen gestaltet, so darf nicht außer acht gelassen werden, daß eine andere wichtige Kraft im parallelen und konvergenten Handeln der Menschen liegt. Suggestion und Nachahmung, auf deren Wurzeln hier nicht eingegangen werden kann, sind wichtig im Zusammenschluß der Menschen. Sie haben ausgiebige Berücksichtigung in der soziologischen Literatur gefunden. Es darf aber nicht vergessen werden, daß das parallele Handeln der Menschen sehr oft das Ergebnis von Gegenseitigkeit und Verzahnung ist. Wollen zwei Eltern ihren Kindern eine bestimmte Erziehung geben, so ist dies das Ergebnis von Verzahnung. Dasselbe ist der Fall, wenn zwei Schichten eines Gemeinwesens sich zu einem gemeinsamen Ziel, etwa zu einem Kampf, verbinden. Das parallele Handeln wird mit um so größerer Sicherheit durchgeführt werden, je fester die Verzahnung ist, das Gefühl, daß „einer für den anderen" eintritt. Dann wird er auch Suggestionen gegenüber zugänglicher sein.

Das bio-psychologische Urbild der Gegenseitigkeit ist die adäquate nervöse Reaktion, ihr statisches Äquivalent die Symmetrie. Es ist bemerkenswert, welchen Ausdruck sie in Siedlungsanlage und Hausbau gerade bei Stämmen gefunden hat, die ein besonders differenziertes Gegenseitigkeitssystem ausgebildet haben, wie die schon erwähnten Bánaro in Neuguinea. In der Siedlungsweise zeichnet sich dort und an vielen anderen Orten die soziale Organisation der Gemeinde ab. Im Bau der Häuptlingshalle sind die Feuerplätze für die Familienhäupter entsprechend ihren wechselseitigen Pflichten und Rechten angeordnet.

Das persönliche, seelische Gleichgewicht bezeichneten die Griechen als „sophrosyne". Wir sprechen von „Blüte" einer Kultur, wenn in einem Gemeinwesen auf Grund des herrschenden Wertungssystems Leistungen und Gegenleistungen unter den Einzelmenschen und unter den Schichten und Gruppen sich die Waage halten, und zwar bei geringstmöglicher Aufwendung von Zwang (Zwang bedeutet ja immer Mangel an Gegenseitigkeit im Rahmen des herrschenden Wertsystems). In diesem, positiven Zielen dienenden Ausgleich liegt die ungeheuer wichtige Rolle der Gegenseitigkeit als vergesellende Funktion. Sie liegt an der Wurzel des Zusammenschlusses einer einzelnen Gemeinde wie auch großer Staatswesen und schließlich der Völkergesellschaft.

Das Problem, mit dem jeder Staat und jede Kultur zu ringen hat, ist die Erhaltung eines „gerechten" Gleichgewichts unter den Menschen, die den betreffenden Zusammenschluß aufbauen, und unter den Gruppen, aus denen die großen Gemeinwesen zusammengesetzt sind. Die Schwierigkeit liegt teils in den Störungen der Bewertungen, teils in den *Änderungen* im sozialen Aufbau und weiterhin in den diese beeinflussenden technischen Neuerungen und neuen Kenntnissen oder Ansichten. In Europa haben sich mitunter die sozialen Formen schneller geändert als die Wertungen, in Afrika z. B. die Wertungen schneller als die sozialen Formen. Jede solche einseitige Änderung führt zu einer Krise.

Solche Störungen des „gerechten" Gleichgewichts ereignen sich besonders, wenn Einflüsse von außerhalb des traditionellen Kultursystems stattfinden. Gewöhnlich werden dann nur einzelne Institutionen betroffen, wie z. B. die Polygamie durch Eindringen des Christentums oder die Sklaverei durch Vordringen der europäischen Mächte in Afrika. Andererseits erhalten sich einzelne Institutionen oft in einem sonst geänderten Wertungssystem, wenn entsprechende soziale Faktoren gleichbleiben. Das war z. B. bei der Erhaltung der Blutrache in Sardinien, Montenegro, im Kaukasus und in Arabien der Fall. In Marokko haben sich strenge Formen des Patriarchats durch die Herrenhöfe erhalten, bei anderen Völkern die Mutterfolge, bei anderen Polygynie[26] usw., obwohl andere Wertungen sich stark geändert haben. Diese Tatsache zeigt, daß es in einem Wertungssystem eine Menge Spezialwertungen gibt, durch welche die übrigen Wertungen nicht wesentlich beeinflußt werden.

Je weniger eine Kultur durch neue Entdeckungen oder Erfindungen, durch technische Veränderungen und Einflüsse von außen beeinflußt wird, desto größere Stabilität erhält ihr Wertungssystem. Das zeigt sich bei Völkern, die lange Zeit abgeschlossen gelebt haben, wie die Japaner vor der Meiji-Ära. Hört die Abschließung auf, so sind die Schwierigkeiten der Umstellung um so größer. Ein Beispiel dafür ist

---

[26] Siehe Bd. IV (Staat und Kultur), S. 245, 282, 283, 286 ff.

China. Dazu kommt die Menge und die Spannung zwischen Neu und Alt. Auf diese Probleme kann hier selbstverständlich nicht eingegangen werden[27].

Was geht zugrunde, wenn wir vom Untergang einer Kultur, eines Staates, eines Volkes reden? Es ist sein bisher ausbalanciertes Gegenseitigkeitssystem, das auf dem Funktionieren traditioneller Wertungen aufgebaut war. Wird dieses System der anerkannten Gegenleistungen vernichtet, betrachten sich einzelne Gruppen daher übervorteilt, so wird das Gebäude des Zusammenschlusses in Unordnung gebracht. Ideen, Techniken, Einrichtungen stimmen nicht mehr zueinander und verlangen eine neue Ordnung. Das kann sich vornehmlich auf dem Gebiete der Produktion oder des Ausgleichs mit der Konsumption zeigen, auf religiösem Gebiet oder auf politischem durch neue Strömungen usw.

Dafür, wie weit Gegenseitigkeit unser eigenes tägliches Leben durchsetzt, sei nur daran erinnert, wie wir uns etwa für eine erhaltene Freundlichkeit „verpflichtet" fühlen, wie eine Einladung oder ein Dienst zu einer Gegeneinladung oder einem Gegendienst verbindet usw. Das geschieht ohne Furcht etwa vor einer Strafe oder vor Sanktionen, sondern aus einem Drang nach Ausgleich der Leistungen. Umgekehrt erwächst der Wunsch nach Vergeltung, wenn auch nicht immer in der extremsten Form, sondern oft gemildert, bei erlittenen Schädigungen. Zum mindesten wird die Erweisung besonderer Gefälligkeiten dadurch unterbunden. Ebenso nehmen wir es übel, wenn trotz Leistungen keinerlei Erwiderung erfolgt. Denn damit scheinen die Grundlagen des interindividuellen Zusammenlebens gestört. Das gleiche gilt zwischen Gruppen oder Nationen.

Bei allen diesen Andeutungen wurde von „Prinzip" gesprochen und nicht von Gesetz. Denn es würde erst einer Auseinandersetzung darüber bedürfen, mit welchen Umgrenzungen und Bestimmungen das Wort „Gesetz" anzuwenden ist.

Hier sollte nur auf die Bedeutung eines der wichtigsten Faktoren hingewiesen werden, der für den Aufbau von Gesellungen und deren Institutionen ausschlaggebend ist, und gleichzeitig vor Augen geführt werden, daß wir zur Erfassung der stets psychisch bedingten Erscheinungen des Gesellungslebens auf die konstituierenden Bestandteile, nämlich die es tragenden Menschen, selbst zurückzugreifen haben. Aus dem Ineinanderspielen der individuellen Psychen ergeben sich die Vorgänge, aus denen wir die sozialen Prozesse abstrahieren. Bei dieser Betonung sind aus Raumgründen die anderen Faktoren

---

[27] Siehe „Black and White in East Africa", Ch. IX.

unberücksichtigt gelassen worden: Suggestion und Nachahmung, die beide für die „Einwirkung der Gesellschaft auf das Individuum" hauptsächlich in Betracht kommen.

IX. Übersicht

Es wird sich empfehlen, die verschiedenen Arten der Gegenseitigkeit in einem Schema zu überblicken. Die unter „I" und „II" aufgeführten Arten haben keine Beziehung zu einer „historischen Entwicklung". Historisch hat jede Art ihren eigenen Weg der Verfeinerung und Komplikation genommen. Die entsprechenden englischen Ausdrücke werden in Klammern beigesetzt, da die Bezeichnungen als Termini gelten wollen.

Gegenseitigkeit (mutuality):
I. Entgeltung und Vergeltung (reciprocity),
   a) gleich an Art und Zahl (identical),
      aa) Zug um Zug (instantaneous),
         z. B. Aufhängen der gleichen Zahl Geldschnüre bei Friedensschluß oder Frauentausch in Buin; Frauentausch bei den Bánaro und anderswo,
      bb) gestundet (delayed),
         z. B. Blutrache (Toter für Toter); Spiegelrache oder -strafe (Aug' um Auge usw.),
   b) gleichwertige (equal valuation),
      aa) ohne Anwendung eines gemeinsamen Wertnenners,
         z. B. Frau gegen Arbeitsleistungen des Bewerbers bei künftigem Schwiegervater; Frau gegen Wertobjekte (Töpfe, Schweine, Kühe usw.); Sago gegen Armringe; Töpfe gegen Schweine usw., Tausch (barter),
      bb) unter Rückführung der Bewertung auf übliches „Geld",
         z. B. Töpfe gegen Muschelgeld; Kauf, Handelsgeschäfte usw.

II. Verzahnung (dovetailing, interlocking),
   a) bio-psychische (bio-psychical, bio-mental),
      aa) vorwiegend gleichzeitig,
         z. B. zwischen Gatte und Gattin,
      bb) vorwiegend gestundet,
         z. B. zwischen Eltern und Kindern,
   b) psychische,
         z. B. Meister und Schüler; Führer und Gefolge; Herr und Vasall; Leitung und Exekutive,

c) gruppenweise (in groups),
 aa) auf egalitärer Basis (equalitarian),
  z. B. Siedlungsaggregate verschiedener Sippensplitter,
 bb) in Schichtung (stratified),
  1. ethnisch,
   z. B. Hirten und Feldbauern in Uganda,
  2. sozial,
   z. B. Formen der Staatsbildung.

Die sozialpsychische Verflochtenheit der Wirtschaft*

Man war früher vielfach geneigt, bei „primitiver Wirtschaft" nur an die Formen der Nahrungssuche zu denken. Jene Geistesrichtung, die sich im vorigen Jahrhundert in Anlehnung an die großen Werke von Darwin und Spencer die Entwicklung noch allzu einfach und gradlinig dachte, stellte die bekannte, auch heute noch sehr verbreitete sogenannte Dreistufentheorie auf, die nach einem Jägerzustande ein Hirtenleben, und diesem die Stufe des Ackerbaues folgen ließ, die bis zum heutigen Tag dauert. Unter den Kritikern dieser Theorie war am erfolgreichsten Eduard Hahn, der darauf hinwies, daß 1. die Art der Bestellung des Bodens danach unterschieden werden muß, ob mittels Grabstock oder Hacke gearbeitet wird, oder aber der Pflug, vor den die Ochse gespannt wird, Verwendung findet. Dementsprechend trennte er die Methode der Feldbearbeitung mit Grabstock oder Hacke von der Pflugwirtschaft, dem eigentlichen „Ackerbau", ab. Im folgenden soll auch hier als „Ackerbau" nur die Feldbestellung durch Pflug und Zugtier verstanden werden. 2. Für die Entwicklung des Hackbaues muß keineswegs als Vorstufe ein Hirtenleben angenommen werden, sondern sie knüpft unmittelbar an das Einsammeln von Früchten und Wurzeln, wie es hauptsächlich von den Frauen betrieben wurde, an. 3. Dabei betonte Hahn besonders die Rolle der Frau in der Sorge für eine regelmäßige Ernährung. 4. Für die Verwendung von Ochsen vor dem Pflug bei der Bestellung des Ackers nahm er sakrale Motive an, wie er auch die Verwendung des Rades und des Wagens auf derartige Gedankengänge zurückführte.

Es steht außer Frage, daß die Art der Nahrungsversorgung einen besonders wichtigen und verhältnismäßig größeren Anteil in der Gesamtwirtschaft einer Gemeinde einnimmt als bei uns. Aber auch hier erschöpft sie sich nicht damit. Denn worin besteht das Wirtschaften? Um was handelt es sich bei all den menschlichen Betätigungen, die wir zusammenfassend als „Wirtschaften" bezeichnen? Das unmittelbare Verzehren frisch erlegten Wildes, das Aufessen von gepflückten Früchten oder ausgegrabenen Wurzeln ist noch keine Wirtschaft. Dazu gehört mehr. Nehmen wir eine Zeit an, in der der Mensch oder sein Vorfahr genoß, was er fand oder erlegte, so war das eine Zeit ohne

---

* Entnommen dem Werk: Die menschliche Gesellschaft, Bd. III, Werden. Wandel und Gestaltung der Wirtschaft im Lichte der Völkerforschung, S. 44 bis 52, 1932.

Wirtschaft. Die Wirtschaft bedingt nicht nur eine gewisse Zügelung der Triebe, ein Voraussehen, Vorausberechnen, sondern auch weiterhin noch ein Ineinandergreifen verschiedener Menschen, sie ist nicht nur eine individuelle, sondern eine soziale Angelegenheit. Auch jede Privatwirtschaft ist in den Wirtschaftshorizont einer bestimmten Gemeinschaft wenigstens soweit eingebettet, daß sie neben und mit den Privatwirtschaften der Verwandten und Nachbarn zusammen existiert und von diesen mit getragen wird, sei es dadurch, daß die einzelnen Verwandten und Nachbarn einander durch sogenannte Bittarbeit unterstützen, daß sie gemeinsam Jagd- oder Fangunternehmungen veranstalten, bei denen sie nicht nur gesellig, jeder unabhängig auf eigene Faust, vorgehen, sondern sich auch, wie etwa bei der Treibjagd, mittels Feuers, Fallgruben oder Fanggehegen gegenseitig unterstützen und ineinanderarbeiten, oder zur Verteidigung des gemeinsamen Nutzungsgebietes für Jagd-, Fang- und Sammeltätigkeit, der Gärten oder Weiden sich zusammenschließen, oder endlich miteinander mehr oder minder regelmäßige Tauschbeziehungen unterhalten.

Diese Verflochtenheit der Einzelwirtschaft mit der Wirtschaft der Gemeinde tritt gerade bei Naturvölkern deutlich zutage. Unter dem Einfluß vorgefaßter Meinungen, aber auch infolge mangelnden Umdenkens in die Lage dieser fremden und fernen Völker wurden oft recht falsche Bilder aufgestellt und damit auch der Entwicklungsgang und die Bedeutung der Wirtschaft nach der einen oder anderen Seite hin verzerrt.

Vor allem können die aufgestellten begrifflichen Einteilungen nach bloß technischen Stufen der großen Mannigfaltigkeit der tatsächlichen Erscheinungen nicht gerecht werden. Denken wir etwa an die Südseevölker: von Neu-Guinea bis zu den Karolinen- und Marianen-Inseln, von Timor bis über Samoa, Hawaii und die Oster-Insel bilden die Jagd oder der Fang der Männer sowie die Anlage von Gärten durch die Frauen unter gewisser Hilfeleistung der Männer beim Roden den Grundcharakter der Wirtschaft. Vom Standpunkt der Methode der Nahrungsgewinnung aus müßte man also alle diese Völker und Stämme in die gleiche Kategorie bringen. Die soziale Organisation der Wirtschaft zeigt indessen sehr bedeutende Unterschiede. Denn bei den mikronesischen und polynesischen Völkern ist durch die sie überlagernde Häuptlingsschicht ein Konzentrations- und Verteilungsfaktor geschaffen, der nicht nur seine Fäden von vornherein über viel weitere Gebiete erstreckt als dort, wo eine winzige melanesische Gemeinde für sich selbst sorgt, sondern die Güterverteilung wird so auch in ganz bestimmte Bahnen gelenkt. Dabei ist noch gar nicht die viel größere Ausbildung des Handwerks unter den Mikronesiern und Polynesiern in Betracht gezogen. — Dadurch, daß eine scharfe Trennung des Tätigkeitsbereiches von Mann und Frau hier hervorgehoben wurde, ist sogar schon eine Verfeinerung der Unterscheidung berücksichtigt.

Zu einer wirklichen Erfassung der primitiven Wirtschaft muß dem politischen und sozialen Aufbau der in Frage stehenden Gesellschaften Rechnung getragen werden. Des weiteren müssen noch die eigentümlichen, in der ganzen primitiven Denkart wurzelnden Auffassungen von der Wirksamkeit des Tuns und Handelns in Betracht gezogen werden und die Meinungen, wie etwa der wirtschaftliche Erfolg erst durch ein gewisses zeremonielles Verhalten herbeigeführt werden muß oder welche besonderen Voraussetzungen und Bedingungen dazu vorliegen sollen.

Die ganze Art des Wirtschaftens, wie wir sie bei Naturvölkern finden, erhält noch einen besonderen Charakter durch das überwiegende Fehlen des Erwerbscharakters aller technisch produzierenden Tätigkeit, selbst auch des Handels. Dem Geld fällt schon vermöge dessen Gebundenheit eine ganz andere Funktion zu als bei uns; es fehlt ihm der Hintergrund der abstrakten Verselbständigung des Wertes. Der Wirtschaftsgeist ist ein anderer, so große Unterschiede auch für die vielerlei Kulturen im einzelnen zu machen sind. Der Ehrgeiz des Einzelnen richtet sich viel weniger auf den Erwerb als auf das Werk.

So stark auch das Gemeinschaftsgefühl im allgemeinen hervortritt und in den einzelnen Kulturen auch organisatorisch ausgebaut ist, dürfen wir es doch nicht allzu einseitig auffassen. Wie wir hören, ist z. B. beim Kula-Tausch das Feilschen nicht erlaubt: jeder hat mit entsprechenden Zeremonien seine Gabe hinzugeben; soweit wird den Vorschriften des Gemeinschaftsgeistes auch tatsächlich genügt. Allein die menschlichen Gefühle von Eitelkeit, Neid und Selbstsucht des Einzelnen hindern nicht, daß sich der eine oder andere beim Handel benachteiligt fühlt und durch Beschwerden darüber Streitigkeiten, ja Kämpfe daraus erwachsen. Andererseits fehlt es nicht an Anerkennung und Dankbarkeit bei großmütigen Gaben. Aber auch diese Großmut muß gewöhnlich wiederum durch besondere Leistungen, durch Geschenke an Schweinen und sonstigen Kostbarkeiten, erkauft werden. Überdies hängt die Beurteilung über die Angemessenheit der Leistung und Gegenleistung sehr von den einzelnen Partnern ab. Das ideelle System wird also durch persönliche Faktoren abgebogen. Allerdings zeigen derartige Erscheinungen einen gewissen Widerspruch zwischen der ideellen Forderung der Tradition und den Ansprüchen des Tages, verraten also Veränderungstendenzen, die wir im Leben der Naturvölker vielleicht zu sehr unterschätzen, weil sich uns gewöhnlich nur der Querschnitt der Veränderungsreihe aus der jüngsten Zeit aufdrängt.

Immerhin werden die primitiven Kulturen durch eine starke innere Ausgeglichenheit aller Seiten des Lebens gekennzeichnet, die zweifellos das Ergebnis einer im Verhältnis zu unserer Zeit großen Stetigkeit der Technik und des Wissens, mit anderen Worten: weniger Neuerungen und geringen Fortschritts in Fertigkeiten und Kenntnissen ist. Auch die Wirtschaft erscheint mit diesem starken Traditionsmoment belastet.

a) Technik und Wirtschaft

Wenn auch, wie schon betont, die hervorgebrachte Methode des Nahrungserwerbs in primitiven Zuständen von großer Bedeutung ist, so bildet sie doch nicht die einzige Grundlage für die Wirtschaftsführung. Denn schon bei verhältnismäßig niedrigen Jägern und Fängern werden für ihren Nahrungserwerb Waffen und Geräte hergestellt, außerdem wird aber noch für andere Zwecke des Wohnens, der Bekleidung, des Schmuckes, für Feste, Zeremonien und dgl. viel Arbeit verwendet, die auch in den Wirtschaftsprozeß hineinfällt. Der Nahrungserwerb ist überdies nicht so einseitig beschränkt, wie wir leicht verleitet werden zu glauben. Fast überall werden Jagd und Fang der Männer von der Sammeltätigkeit der Frauen begleitet und ergänzt. Neben den höheren Techniken der Nahrungsgewinnung durch Anlage von Gärten und Feldern oder Halten von Vieh wird von denselben Leuten in der Regel auch noch Jagd, Fang und Sammeltätigkeit ausgeübt. Wo eine schärfere Spezialisierung eingetreten ist, finden wir diese von verschiedenen, miteinander politisch und durch ein Verteilungssystem verbundenen ethnischen Gruppen betrieben, oder es tritt uns eine sozial gestaffelte Gesellschaft entgegen, in der die wirtschaftlichen Tätigkeiten streng verteilt sind. Die früher verbreitete Auffassung, als hätte sich die Tätigkeit „in Urzeiten" völlig undifferenziert abgespielt, bedarf erheblicher Einschränkung und Richtigstellung. Sieht man nämlich genauer zu, so fällt gerade die frühe Spezialisierung für verschiedene, namentlich handwerkliche Tätigkeiten auf. In den homogenen Gesellschaften erstreckt sich diese Spezialisierung allerdings hauptsächlich auf Tätigkeiten, die außerhalb des traditionellen Nahrungserwerbs liegen, obgleich sogar darin sich Wildbeuter besonderer Tiere auszeichnen oder Einzelne durch Anwendung ungewöhnlicher Geschicklichkeiten bei Fang oder Jagd sich hervortun. Derartige Fertigkeiten werden häufig in der Familie übertragen und festgehalten. Hängt die Entwicklung der Technik aber nicht von den Bedürfnissen ab? Sind die Erfindungen nicht dem Umstand zu verdanken, daß man „Bedürfnis" nach ihnen empfand? Dieser Auffassung vermögen wir bei einer genaueren Untersuchung der Zusammenhänge keineswegs mehr zu folgen. Denn erst mit der Entwicklung der

Technik steigen die Bedürfnisse, sie werden vielfach dadurch erst hervorgerufen. Namentlich reizt das Haben der einen das Verlangen der anderen an.

Die Technik ist übrigens auch etwas Relatives, namentlich in Beziehung zur Umwelt. Je nach Wüste oder Wäldern, Küste oder Bergen, Polargegend oder Tropenlandschaft; je nach der Art des Wildes, des Viehes der Herden, des Ertrags der Scholle bedarf es auch anderer Geräte, Werkzeuge oder Waffen. Die Frage ist immer die, was eine bestimmte Menschengruppe durch ihre Fertigkeiten und Kenntnisse aus dem Lande, das sie bewohnt, herauszuholen imstande ist.

Dabei wollen wir ganz absehen von der schwierigen und in jedem einzelnen Fall besonders zu untersuchenden Frage, ob wir es mit eigener Erfindung oder Übertragung zu tun haben. Vielleicht wird die Bedeutung dieser Frage überhaupt überschätzt. Denn bekanntlich wird bei der Berührung zweier Völker keineswegs alles übertragen: die Bergdama-Jäger wurden trotz ihrer jahrhundertelangen Berührung mit den Herero keine Hirten, die Kongozwerge trotz ihrer nachbarlichen Besuche bei den Yaunde keine Feldbauern. Nur „Passendes" wird übernommen. Ein ähnlicher Vorgang von Auswahl durch die Gruppe vollzieht sich auch gegenüber dem einzelnen Erfinder. Das Neue, das als Anregung der Gemeinde geboten wird, findet keineswegs immer Eingang in ihren Kulturbesitz. Nicht alle Erfindungen werden angenommen, sondern nur die, für welche das Volk „reif" ist.

b) Wirtschaftstypen

Zur Gewinnung eines ordnenden Überblicks soll im folgenden eine schematische Einteilung versucht werden. Dazu ist es, wie schon angedeutet, nötig, außer der Technik der Nahrungsgewinnung auch die Faktoren der Siedlung (Nomadenleben, Seßhaftigkeit; Agglomeration von Siedlungen, Bildung von Hofhaltungen, Tempelhaushalten, festen Plätzen, Städten) heranzuziehen, die ihrerseits wieder zu einem guten Teil ein Ausdruck der politischen und sozialen Verfassung sind. Da die Gesellung der Menschen zu Gruppen in hohem Maße auch ihre wirtschaftliche Organisation bedingt, kommen die verschiedenen Seiten dieser Gesellung in Betracht: 1. ihre Raumbeziehung, die Art der Verteilung und Häufung der Menschen auf einen bestimmten Raum; 2. die Stellung und Einwirkung in den veränderlichen Ballungen, die politische Schichtung und soziale Gliederung dieser Menschen untereinander. Auf diese Weise wird es möglich sein, zu gewissen Typen zu gelangen, die im Verlaufe der Darstellung durch natürlich immer ins Besondere und historisch einmalig Bedingte gehende Beispiele konkretisiert werden sollen.

Eine Unterlassung, die früheren Aufstellungen anhaftet, dürfte vor allem nachzuholen sein. Es ist nämlich zu berücksichtigen, daß die Lebensführung der beiden Geschlechter weitgehend getrennt ist. Dementsprechend ist sowohl der Nahrungserwerb wie die Verfertigung von Werkzeugen und Geräten bei Männern und Frauen grundsätzlich verschieden. Daraus folgt, daß wir bei der Untersuchung der Wirtschaftstypen diesem Moment Rechnung tragen müssen. So wird uns auch manches andere verständlich: warum z. B. der Feldbau mit mutterrechtlichen, das Hirtentum mit vaterrechtlichen Zügen zusammenhängt. Die Wirtschaftstypen fallen natürlich nicht ohne weiteres mit Kulturtypen oder Typen der Lebensführung zusammen.

Als I. technische Stufe der Wirtschaft haben wir kleine homogene Gemeinden, Horden, oder wie man sie sonst nennen will, zu betrachten, unter denen die Männer der Jagd nachgehen, oder Fallen stellen und die Frauen Früchte, Wurzeln und Kleintiere sammeln.

II. Dadurch, daß die Frau der Sammeltätigkeit durch Anpflanzen mittels des Grabstocks, den sie schon als Sammlerin verwendete, nachhalf, gelangte sie zur Anlegung von Gärten, während der Mann noch weiter Jagd und Fang pflegte.

III. Dort, wo der Mann die Jagd intensivierte und spezialisierte, dadurch, daß er sich an große Viehherden heftete, die in alten Zeiten zweifellos reichlich vorhanden waren, gelangte er zum Viehhalten und zur Viehzucht.

In allen diesen Fällen handelt es sich um verhältnismäßig kleine, homogene, ungeschichtete Gemeinden von wenigen Dutzend Köpfen. Das Entscheidende bildet die Art der Nahrungssuche; das Handwerk ist, wenn auch vielleicht hier und da sogar künstlerisch gehoben, wirtschaftlich von sekundärer Bedeutung: es dient hauptsächlich den Zwecken der Nahrungsgewinnung. Diese findet auf gemeinwirtschaftlichem Boden, innerhalb hergebrachter, gegen Fremde verteidigter Grenzen statt, wenngleich individueller Besitz und Familienwirtschaft daneben einhergehen.

Mit dem technischen Fortschritt verbindet sich ein anderer auf dem Gebiete der Gesellung, nämlich der Zusammenschluß zu größeren Gemeinwesen, die, wenn sie aus Bestandteilen verschiedener Herkunft und Kultur bestehen, die eine Gruppe als unter dem Einfluß der anderen stehend erscheinen lassen. Es tritt das ein, was man als „Schichtung" zu bezeichnen hat, die von nun an in der Organisation der Arbeit und der Wirtschaft von entscheidendem Einfluß wird. Dabei ist im Auge zu behalten, daß die einzelnen Gruppen ihre bisherige Form der Nahrungsgewinnung traditionell beibehalten. Auch muß beachtet werden, daß der Übergang vom Sammeln zur Anlage von Gärten nicht bedingt, daß das Sammeln nunmehr vollständig ausgeschaltet wird. Ebensowenig haben die Hirten die Jagd aufgegeben, sondern sie pflegen sie noch weiter, je nach den Bedürfnissen und der Lage des Augenblicks. Mit dem Fortschritt der Schichtung, die wirtschaftlich wenigstens häufig eine gruppenweise Spezialisierung mit sich brachte, ist auch eine stärkere Ausbildung des Handwerks, das von jeher eine Sonderangelegenheit einzelner Familien bildete, verbunden; es wird in ausgedehnterem Maß der Wohnung, Bekleidung, dem Schmuck usw. gewidmet.

Als IV. Typus werden wir die geschichteten Gemeinwesen bezeichnen dürfen, unter denen die Männer Jäger-Fänger und Handwerker sind, die Frauen Gärtnerinnen.

Zum V. Typus mögen die geschichteten Hirten, namentlich Großviehhirten, gerechnet werden, unter denen der Handel, oft auch der Raub, einen nicht unwichtigen Platz einnimmt.

VI. Von besonderer Wichtigkeit ist das Zusammentreffen von Hirten- und Jägerstämmen mit dem Gartenbau der Frauen. Bemerkenswert ist hier, daß der Mann mittels der Hacke, eines neuen, aus dem Grabstock weitergebildeten, wichtigen Geräts, anfängt, den Boden zu bestellen. Damit tritt zum erstenmal Bearbeitung von Grund und Boden durch den Mann in Erscheinung. Die Abhängigkeit der friedlichen Hackbauern von den zu Raub und Kampf geneigten Hirten führt zu einer Verstärkung der Abhängigkeit, zur Leistung von Steuer und Tribut.

VII. In ganz besonderer Weise wirkte sich das Zusammentreffen von Hirten und Hackbauern in der Erfindung des Pfluges aus, vor den der Ochse oder ein anderes Zugtier gespannt wurde. Damit wurde der landwirtschaftliche Großbetrieb angebahnt, die Abhängigkeit und Versklavung der Arbeitskraft. Nicht nur daß — wie schon bei den voraufgegangenen Typen — die Speicher als Zentralstelle für die Einkunft und Verteilung durch die Vertreter der Oberschicht im Wirtschaftsleben eine wichtige Rolle spielen, sondern der Zusammenschluß großer Menschenmassen unter eine einheitliche, nicht nur politische, sondern auch wirtschaftliche Leitung tritt ebenfalls in den Bewässerungsanlagen zutage, wie sie in den meisten archaischen Staaten des alten Orients von Ägypten bis China verbreitet waren. Der politische Zusammenschluß zu einem „Staat" geht Hand in Hand mit einer fein und bis ins einzelne organisierten Staatswirtschaft auf Grundlage von Naturalleistungen und Naturalabgaben.

VIII. Dort, wo eine solche Zentralisierung sich nicht entwickeln oder nicht auf die Dauer halten konnte, entstehen Großwirtschaften mit Latifundien von aristokratischen Familien, wie wir sie etwa im alten Griechenland, Rom oder im deutschen Mittelalter finden.

IX. Unter besonders günstigen Umständen, vor allem wohl durch einzelne Persönlichkeiten getragen, kommt es zu den ungeheueren despotischen, zentralistischen Wirtschaftsorganisationen naturalwirtschaftlichen Charakters mit imperialistischer Expansionstendenz, wie sie etwa das Ägypten des neuen Reiches aufweist.

In allen diesen vorstaatlichen und staatlichen Gebilden archaischen Charakters behalten die ethnischen und sozialen Gruppen, aus denen diese lose zusammengesetzten Staaten als Wirtschaftseinheiten bestehen, in den Beziehungen der Gruppenangehörigen unter sich meistens genossenschaftlichen Charakter, d. h. die Abgaben werden von der Gruppe als solcher geleistet, aber durch ihr Oberhaupt den Einzelnen zugewiesen. Trotz der auf Naturalwirtschaft aufgebauten, also direkten Leistung von Abgaben und Empfangnahme von Lieferungen an Unterhalt oder Luxusgütern aus den Zentralstellen fehlt es nicht an Frühformen des Geldes, an individuellem Handel, an Geschäften und Märkten, an Zahlungen von Arbeitslohn und Anhäufung von Besitz bei Einzelnen, wie im folgenden an den Beispielen, die uns das völkerkundliche Material bietet, noch dargelegt werden soll.

Die angeführten Typen sind, wie schon aus der Abzweigung von II und III aus I hervorgeht, keineswegs als Abfolge von Stufen gedacht; II und III bestehen vielmehr als Varianten nebeneinander. Wie jeder Typus, birgt namentlich I selbst wieder verschiedene Varianten in sich, denn das Leben des Großviehjägers spielt sich ganz anders ab als etwa das des Flußfischers. In Typus III sind die primitiven Rentierhalter vereinigt mit Schaf-, Kamel- oder Rinderhirten. Ähnliches gilt für die Verbindung von Kraut- und Wurzelgärtnerei der Frauen mit der Baumpflanzung durch Männer, ein Unterschied, der aus verschiedenen Gründen bei der Einteilung nicht berücksichtigt werden konnte. Jeder Typus würde also, wie betont werden muß, noch Unterteilungen in Sondertypen erfordern.

Außerdem konnte auch nicht berücksichtigt werden, daß wir es bei den heute vorfindlichen Formen oft mit dem Ausklingen von Völker- und Kulturmischungen zu tun haben. Dadurch wird oft eine Homogenität vorgetäuscht, die in Wirklichkeit auf ein Zusammenstürzen von Schichtungsschranken früherer Überlagerungen zurückgeführt werden muß. Dadurch werden scheinbare Unstimmigkeiten in das entworfene Schema gebracht, das selbstverständlich, wie schon hervorgehoben, hauptsächlich dem Zweck dienen soll, in dem Gewirr von Erscheinungen Übersicht und Ordnung zu schaffen.

Nur das Verhältnis einzelner Typen zueinander trägt den Charakter der Irreversibilität. Das ist der Fall zwischen Typ I einerseits und den Typen II und III andererseits. Die vollkommeneren Werkzeuge und

Arbeitsmethoden von II und III haben die einfacheren von I zur Voraussetzung, nicht umgekehrt. Weiterhin liegt eine Nichtumkehrbarkeit der Abfolge vor: zwischen II und III einerseits und VII andererseits. Der Pflugbau ist ohne vorherigen Gebrauch der Hacke und ohne Zähmung von Großvieh nicht denkbar. Typus IV und V mögen als Varianten, als einseitige Abzweigungen gelten. Doch dürfte VII wenigstens auch eine Spielart von VI zur festen Voraussetzung haben. VIII und IX sind wieder als Sondergestaltung im Anschluß an VII zu betrachten. — Als unbedingt durchzumachende Stufen der Wirtschaftsentwicklung können nur I und VII gelten. Doch führen zu VII von I her verschiedene Wege, von denen einer über Grabstockgärtnerei und Hackbau, ein anderer bei anderen Völkern über die Varianten der Großviehzucht, vor allem des Rindes, leitet. Denn die Symbiose zwischen Feldbau und Hirtentum ist auch die Voraussetzung der Schichtung und der Pflugwirtschaft. Mit letzterer treten wir aus dem Bereich der primitiven Kulturen in die der archaischen ein. An die durch den Ackerbau mit dem Pflug gegebenen wirtschaftlichen Zustände, mit denen politisch die Abwicklung des ganzen Schichtungsproblems verbunden ist und durch die weiterhin nicht nur eine größere Dichte der Bevölkerung ermöglicht, sondern auch eine Kristallisation derselben um die Stätten sakraler und profaner Führung, um Tempel und Fürstenhöfe, herbeigeführt wird, knüpfen sich ganz bestimmte neue Probleme von Wirtschaft und Kultur, mit denen die archaischen Völker ringen. Zunächst ist es die Rivalität zwischen der sakralorientierten, ethnischen Aristokratie und dem nationalistischen Machtstreben der Despoten und Tyrannen, die auch die wirtschaftliche Organisation in außerordentlichem Maße je nach ihren Erfolgen beeinflussen. Je nachdem die Waagschale diesen oder jenen zuneigt, werden die unter VIII und IX aufgeführten Varianten herbeigeführt. Die aufkommende Ausbeutung der menschlichen Arbeitskraft durch die Sklaverei, die in den archaischen Kulturen große Dimensionen annimmt, wird nicht als Klassenschicksal empfunden und ruft kein Klassenressentiment hervor, sondern führt nur zu moralischen Forderungen persönlichen Verhaltens.

Es ist nicht zu leugnen, daß die Völker mit Feldbau den Jäger-Sammlerinnenstämmen überlegen waren. Doch tritt hier die Überschichtung in verhältnismäßig milden Formen auf und erstreckt sich vor allem auf den Raub von Sammlerinnen-Frauen zur Anlage von Gärten. Geraubte Jäger oder deren heranwachsende männliche Kinder müssen Frauenarbeit verrichten. — Anders gestaltet sich die Symbiose von Feldbauern und Hirten. Liegt die Gartenarbeit in den Händen der Frauen, so sind die Hirten am Raub von Gärtnerinnen interessiert, treiben die Männer Hackbau, oder pflanzen sie Bäume an, so gewinnt die Tätigkeit und die Arbeitskraft der Männer an Bedeutung. Gewöhnlich werden dann den Verbänden der Männer Abgaben auferlegt, die zur Hörigkeit führen. Auch den Ackerbauern gegenüber, die Pflugkultur treiben, bleiben die Hirten überlegen, weil ihre Lebensweise sie kampffähiger hält, die bäuerliche Arbeit dagegen dem Kampf entfremdet. Insbesondere hat das Halten von Vieh die Hirten herrschaftliche Behandlung des Menschen gelehrt.

Analyse von „Entwicklung" und „Zyklus" [1]

(Aus der Vorstellung einer fortschreitenden Entwicklung wird der *intellektuelle, nicht-umkehrbare Aufspeicherungsvorgang* herausgeschnitten, und die Auffassung des „Zyklus" auf den Faktor *beschränkter menschlicher Möglichkeiten* reduziert, zwischen denen eine stets umkehrbare Pendelbewegung möglich ist. Beide Vorgänge stehen in *Korrelation* miteinander und ergänzen sich im menschlichen Gesellungsprozeß.)

Es ist eine große Freude und Ehre, am 70. Geburtstag einer freien Persönlichkeit, die ein hohes Ansehen in der Wissenschaft genießt, mit einem Beitrag erscheinen zu können, um ihn in die Hände des Jubilanten zu legen. Ein jeder pflückt aus dem Garten, den er bestellt. Im folgenden soll es sich fast mehr um ein Zerpflücken handeln.

Unter zwei Gesichtspunkten werden gewöhnlich die Kulturgestaltungen der Menschen und die damit verbundenen Veränderungen betrachtet: 1. unter dem einer „fortschreitenden Entwicklung" vom Einfacheren zum Komplizierteren. Dabei werden einlinige Kausalreihen vorausgesetzt. Aber eine wirkliche Analyse solcher Kausalzusammenhänge fehlt. Sie wird durch ein mystisches „Werden", „Hervorgehen" ersetzt.

2. Der andere Gesichtspunkt sieht die Ähnlichkeiten gewisser wiederkehrender Situationen. Die verschiedensten „Zyklen" werden konstruiert, bald nach einer Anzahl Jahre bemessen, bald ohne zahlenmäßige Bestimmung des Wechsels der Gestaltungen, in Phasen strenger Abfolge zerlegt. Auch hier wird die „Wiederkehr des Gleichen" mystisch interpretiert, oder auf jede Deutung verzichtet. Letztere Auffassung erscheint soziologisch besonders wertvoll, weil sie die Aufstellung von etwas wie „Gesetzen" versprechen möchte.

Beide Gesichtspunkte operieren mit egozentrischen und wertbeladenen Begriffen. In keinem Fall wird eine Auflösung der Phänomene in die sie konstituierenden Faktoren versucht. Bei „Entwicklung" und „Fortschritt" handelt es sich stets um Veränderungsrichtungen zum Sprechenden und seiner engeren Gruppe von „Freunden" hin. Jede Veränderung, die positiv von dieser Gruppe bewertet wird, gilt als „Fortschritt". Danach wird ungefähr das ganze Weltgeschehen in Kategorien eingeteilt. Ähnliche Fehler werden bei den Max Weberschen „Idealtypen" begangen. Die Extremgestaltungen werden

---

[1] Zuerst erschienen in der Zeitschrift Mensch en Maatschappij, 9. Band, 1932 — als Festgabe zu S. R. Steinmetz 70. Geburtstag.

als Kulminationspunkte hingestellt, was sie nicht sind. Die Bewegung dahin wird als „Aufwärtsbewegung", die entgegengesetzte Bewegung als „Verfall" bezeichnet. In der „Erkennung" der Wiederkehr einer zyklischen Situation liegt ebenfalls ein starkes subjektives Moment, wodurch ein Anspruch auf Wissenschaftlichkeit ausgeschlossen wird.

Im folgenden soll eine *Analyse* der beiden Auffassungen unternommen und versucht werden, die objektiv feststellbaren Kräfte herauszuarbeiten, die in den Veränderungen wirksam sind. Diese Kräfte wurden — wie gesagt — bisher nicht „isoliert", sondern immer nur die subjektiv betrachteten Gesamtphänomene untersucht.

Die meisten Untersuchungen glauben sich bescheiden zu können, einen winzigen Teil der Menschheit während einer verhältnismäßig kurzen Zeitspanne mehr oder minder oberflächlich zu betrachten: nämlich einen Teil des westlichen und mittleren Europa während etwa des letzten Jahrtausends und, wenn es hoch geht, noch ein paar Jahrhunderte aus der klassischen Zeit des Römer- oder des Griechentums. Alles weitere wird nicht selten sogar als „überflüssig" und „gefährlich" bezeichnet. Die „formale" Soziologie hat außerdem den Kunstgriff erfunden, beschwerendes Wissen um soziale Erfahrung als „Encyclopaedismus" und verächtlichen „Empirizismus" zu brandmarken. Als Konsequenz dieser Stellungnahme soll man so wenig wie möglich von den sozialen Geschehnissen und Vorgängen Notiz nehmen, um befreit von den störenden Kenntnissen um die Realitäten des Gesellungslebens zu den höheren Sphären der „reinen" Soziologie emporzusteigen.

Die Knappheit des zur Verfügung stehenden Raumes verbietet eine eingehende Kritik der oben gekennzeichneten Stellungnahme. Nur so viel: die Dimensionen des menschlichen Gesellungslebens sind viel kleiner, und die Rhythmen unverhältnismäßig kürzer, sie sind unserem eigenen Leben zu nahe, um eine Loslösung der Form vom Inhalt zu gestatten, wie das in der Geometrie (Würfel und Inhalt) möglich ist, die bekanntlich als Parallele herangezogen wird. „Regierung", „Geld", „Heirat", „Freundschaft", „Arbeit", „Gesetz", „Herrschaft" usw. bedeutet unter Naturvölkern, oder auch unter exotischen Völkern, wie Indern, Chinesen, Vor-Meiji-Japanern und anderen, etwas ganz anderes als unter uns. Nicht nur das, auch Kapitalismus, Sozialismus, Demokratie usw. nehmen verschiedene Gestalt an in jeder Nation. Die „formale" Haltung der Soziologie, wie sie in Europa mit verhältnismäßig wenigen Ausnahmen (zu denen der hier Gefeierte gehört) gepflegt wird, hatte, neben anderen Nachteilen, auch die üble Folge, daß eine sachliche Analyse derjenigen Vorgänge unmöglich wurde, die als „Entwicklung" und als „Zyklus" aufgefaßt werden, da man sie in der formalen Schule als „Begriffe" verselbständigte, ja fast „personifizierte". Die Frage, wie weit wertfreie soziologische Erörterungen überhaupt möglich sind, kann in diesem Zusammenhang theoretisch nicht behandelt werden. Die vorliegende Untersuchung bemüht sich um eine Lösung im positiven Sinn — nicht allerdings ohne gewisse Vorbehalte, auf die einzugehen zu weit führen würde.

Im folgenden soll versucht werden, unter allgemeiner Berufung auf anderwärts veröffentlichtes Material[2] mit möglichster Knappheit die angedeutete Analyse auszuführen.

I.

Wenn man von „Entwicklung" oder „Fortschritt" redet, so bezieht man diese Ausdrücke ganz ungenau bald auf die zivilisatorische Ausrüstung, bald auf die politische Verfassung, bald auf soziale Zustände, bald auf Moral, Religion, Sprache, Recht, Familie, Wirtschaft, Kunst usw., usw. In der Regel wird überhaupt kein Unterschied bei derartigen Erörterungen gemacht. Sie beruhen auf irgendwelchen „Eindrücken", Vorurteilen, Mißverständnissen, Stimmungen, Ressentiments u. dgl., und springen oft von einem Gebiet ins andere, um zu „beeindrucken" oder zu „beweisen". Sie bedienen sich gewöhnlich Methoden, die auf anderen Gebieten der Wissenschaft unmöglich wären, und übersteigen selten das Bereich mehr oder minder guter „Literaten"-Arbeit.

Die erwähnten Betätigungs- und Wirkungsbereiche verhalten sich zweifellos sehr verschieden zu „Entwicklung" und „Fortschritt". Viele können nur aus dem Verhältnis zu einer bestimmten Kultur erfaßt werden, so z. B. Recht, Moral, Sprache, Wirtschaft. Objektiv greifbar und meßbar sind die Vorgänge nur auf dem Gebiete der materiellen Kultur und des Wissens, einschließlich des Erfassens von Abhängigkeiten und Zusammenhängen. Sie können ermittelt und festgestellt werden ohne, oder fast ohne ihre Tragweite von der Bewertung durch eine besondere Kultur oder Gesellungseinheit abhängig zu machen. Die „Vervollkommung" eines Instruments, Werkzeugs oder einer Verfahrensart, z. B. des Rades, der Töpferei, des Pfluges, des Wagens, des Automobiles u. dgl., die Erwerbung neuen Wissens, z. B. des Gebrauchs gewisser Heilkräuter, der anatomischen Kenntnisse,

---

[2] R. *Thurnwald* „Die menschliche Gesellschaft in ihren ethnosoziologischen Grundlagen" Band 1—3 erschienen 1931 und 1932, Band 4—5 erscheinen 1933, Verlag W. de Gruyter, Berlin. Ferner „Economics In Primitive Communities", 1933, Routledge & Sons, London. Vgl. auch: „Funktionelle Soziologie" in der Zeitschrift für Völkerpsychologie und Soziologie 1931, Dezember; und „Personality as a Social Function" in „Sociology and Social Research" Nov./Dec. 1932; „Sociology in America" in „Social Forces", December 1932.

des pythagoräischen Lehrsatzes, der Umlaufszeiten des Mondes, der Erdbewegungen, der Verwendung der Haustiere und Nutzpflanzen sind: 1. viel leichter zu ermitteln und festzustellen als Religion, Moral, Recht u. dgl. 2. ihr Besitz ist viel weniger Schwankungen und Schattierungen ausgesetzt, als alles, was auf Deutungen, Stimmungen, wandelbaren Beziehungen unter den Menschen, Wünschen, Hoffnungen und Befürchtungen (wie Recht und Moral), auf Organisation (wie zum erheblichen Teil Wirtschaft und Politik) beruht.

Die Fertigkeiten der Hand und die Kenntnisse und Erkenntnisse des Kopfes (also die intellektuellen Leistungen) bilden die Grundlage für die *zivilisatorische Ausrüstung* der Menschen. Hier haben wir Tatsachen zur Verfügung, die nicht erst durch ihr Verhältnis zu einer bestimmten Kultur Wert erlangen, sondern ohne weiteres auch von Menschen anderer Kulturen genützt werden können. Gerade unsere Zeit ist reich an solchen Beispielen: man denke an den Export europäischer und euramerikanischer Gegenstände (Kattune, Gewehre, Automobile usw.) nach Afrika und Asien.

Recht, Moral, Sprache, Kunst usw. sind dagegen, ebenso wie Organisation der Wirtschaft, politische Verfassung, mit einer Gesellungseinheit, einem Volk als Träger, aufs engste verschmolzen.

Dazu kommt, daß der Zusammenhang der erwähnten zivilisatorischen Ausrüstung zwischen den Kulturen ein besonders starker ist. Technische Vervollkommnungen, Fertigkeiten und Kenntnisse werden leichter übertragen und angenommen, als fremde Moral, fremdes Recht, fremde Art zu wirtschaften, fremde Kunst usw. Man denke, wie wissensbegierig und nachahmungsfreudig Japan die europäische Technik und die naturwissenschaftlichen und medizinischen Kenntnisse übernimmt, wie sehr es sich aber den übrigen europäischen Sitten widersetzt, wie es an seinen alten religiösen Überlieferungen und an der hergebrachten Denkart und Moral festhält.

Die inter-kulturellen Zusammenhänge bewirken einen Prozeß, den wir besonders betrachten müssen und der sich aus dem unklar definierten „Fortschritt" oder der „Entwicklung" heraushebt. Man kann — *rückschauend* — feststellen, daß die intellektuelle Bewältigung der Umwelt des Menschen fortschreitend wuchs. Jede Erfindung beruht auf vorhergegangenen Errungenschaften, und jedes neue Wissen ist erst möglich auf Grund älterer Kenntnisse. Jede junge Generation baut auf dem bisherigen weiter — wenn auch nicht gradlinig. Subjektive kritische Stimmungen und Ressentiments haben hier nichts mitzureden. Keine neue Generation kann mit dem Leben als Höhlenmensch anfangen. Sie muß das Überkommene benutzen — und tut es. Auf manchen Gebieten, wie z. B. in der Geometrie, Mathematik, Physik und auf vielen technischen Gebieten kann man die Anhäufung von Wissen und Können sogar zahlenmäßig ausdrücken.

Natürlich werden Erfindungen und Entdeckungen auch auf sozialem, politischem, wirtschaftsorganisatorischem, künstlerischem (Perspektive), religiösem, magischem, zeremoniellem, moralischem Gebiet usw. gemacht. Sie alle sind besonders durch die Situation einer bestimmten Kultur bedingt und können ebenso übermittelt und in andere Kulturen aufgenommen werden. Allerdings unterliegen sie einem viel stärkeren passiven Anpassungs- und Umwandlungsprozeß, wie z. B. Sklaverei, Feudalismus, Kapitalismus, Demokratie, Sozialismus usw. Die technischen Erfindungen und Entdeckungen sowie die in das Bereich der Naturwissenschaften und Medizin gehörigen Wissensgebiete üben einen überwiegend aktiven Einfluß auf die erforderliche Anpassung in einer Kultur aus, zwingen die aufnehmende Kultur in Abhängigkeit.

Es muß eingeräumt werden, daß „Vervollkommnungen" nicht immer restlos unabhängig von der Kultur festgestellt werden können. Eine „Vervollkommnung" wird wenigstens zunächst vom Standpunkt einer Kultur aus bewertet. Ihre Tragweite ist oft unübersehbar. Man denke an die frühen „Spielereien" mit der Luftpumpe und das Hervorbringen von elektrischen Phänomenen, an die Künste der Alchemisten, die zur späteren Chemie führten. Nicht jede Veränderung ist eine „Verbesserung" für die Kultur, in der sie hervorgebracht wurde, obgleich sie vielleicht eine größere Bequemlichkeit für den Hersteller bedeuten mag[3]. Eine Verbesserung kann oft eine alte Kultur zerstören, wie z. B. die Übernahme der Großviehzucht durch Hackbauer, der Einfluß westeuropäischer Technik auf verschiedene Völker Asiens, ja, die Einführung dieser Neuerungen in der frühen europäischen, ständischen Gesellschaft.

Die Töpferscheibe konnte nicht erfunden werden, bevor man die Töpferei kannte, und der Pflug setzt den Gebrauch der Hacke voraus und die Zähmung von Großziehtieren (Rind, Maultier). Das Flugzeug wäre nicht ohne die Erfindung des Gasmotors und dessen Vervollkommnung beim Automobil möglich gewesen. Jede technische Vorrichtung verzweigt sich in ihren Voraussetzungen in eine große Zahl von Bedingungen, die auf vorherigen Vorrichtungen und Fertigkeiten beruhen. Dasselbe ist beim Wissen, besonders beim praktischen Wissen, etwa in der Heilkunde, der Fall.

Während rückschauend — je nach unseren Kenntnissen der technischen und Wissensgeschichte —, die verzweigten Linien des Aufspeicherungsvorgangs verfolgt werden können, ist es *vorausblickend* nicht möglich, die entscheidende Bewegungsrichtung herauszufinden. Allerdings, wenn wir nicht bloß egozentrisch auf uns zu gerichtet

---

[3] Vgl. dazu die Arbeiten von E. *Nordenskiöld* über südamerikanische Indianer.

den Anhäufungsvorgang in den Kulturen betrachten, so finden wir unzählige *blinde Ansätze*, die nicht weiter geführt haben. Es sei der sogenannte „Fußpflug" erwähnt (in Peru, bei den Maori, im alten Schottland), oder der „Schleuderpfeil" (Neu-Guinea, altes Mexiko usw.), oder die Zähmung von Gazellen im alten Ägypten, die Verwendung von gewissem Blumenstaub zum Färben usw.

Von solchen Sackgassen des Aufspeicherungsvorganges müssen wir den *Eliminationsprozeß* unterscheiden, der mit dem Alten, lang Gebrauchten aufräumt, nachdem es durch etwas „Geeigneteres" ersetzt wurde. Der Bogen wurde durch die Armbrust verdrängt, diese durch das Gewehr, letzteres mehr und mehr durch das Hand-Maschinengewehr. Das Spinnrad wurde durch die Spinnmaschine ersetzt usw. Manchmal findet nur eine teilweise Elimination statt, die sich dann mit einer Spezialisierung verbindet, z. B. besteht die Handkarre neben dem Pferdewagen, dieser neben der Eisenbahn, diese neben dem Automobil, und dieses neben dem Flugzeug; das Ruderboot erhält sich neben dem Segelboot, und dieses neben dem Dampfschiff, dieses neben dem Flugboot. Nur gewisse Funktionen werden von der neuen Konstruktion absorbiert, andere alte werden fortgesetzt, weil sie für bestimmte Aufgaben geeigneter sind. Der Kapitalismus hat sich nie der Barbierstuben bemächtigt, weil er dafür ungeeignet ist. Reparaturen werden nach wie vor in der Schneiderei und Schuhmacherei, also besser im Kleinbetrieb ausgeführt. Manche späteren Erfindungen wirken auf ältere vervollkommend zurück: wie die des Automobils auf Einführung des Freilaufs und der Luftreifen beim Fahrrad, der Gebrauch stärkerer Motoren in den Flugmaschinen auf den Einbau solcher in Automobile usw.

Dieser Akkumulations- und Eliminations-Prozeß setzt nicht immer gleichzeitig in einer Kultur ein. In den Städten als Fabrikzentren früher als auf dem Lande. Es findet also ein lokal getrennter Anhäufungs- und Ausscheidungsvorgang statt. Eine alte Vorrichtung kann sich in gewissen Landschaften, z. B. im Gebirge oder in sonst abgelegenen Orten noch lange halten. Das Automobil vermochte bisher weder Eisenbahn noch elektrische Straßenbahn zu verdrängen. Auch ganz alte Vorrichtungen, wie die Gartenschere, können sich Jahrhunderte und Jahrtausende hindurch erhalten trotz Veränderungen auf anderen Gebieten. Im heutigen Ägypten verwenden Schuhmacher und Metallarbeiter, Bauern und Karawanenführer jahrtausendealte Methoden trotz moderner Bauten, Eisenbahnen und Automobile.

Mit den erwähnten Einschränkungen können wir von einem Anhäufungsprozeß reden. Dieser scheint — wenn wir ihn über weite Zeiträume hin ins Auge fassen — nicht umkehrbar zu sein. Wenn er auch keineswegs einlinig ist, weil er sich über viele Kulturen verzweigt und seinen Zuwachs aus vielerlei Quellen bezieht, so bewegt er sich doch in der Richtung einer Vermehrung und Vergrößerung der Macht des Menschen über seine Umwelt. Somit kann er *objektiv* festgestellt werden, unter Anerkennung der oben gemachten Einschränkungen. Der Verlust alter Techniken wird überkompensiert durch den Erwerb neuerer und „besserer".

Den Ausgangspunkt unserer Betrachtung bildete die Isolierung 1. des objektiv feststellbaren Zuwachses an Beherrschung und Nützung der Naturkräfte und 2. des damit verbundenen Wissens um sie, das auf zunehmender und ebenfalls sich aufspeichernder Erfahrung beruht. Es handelt sich also um die „zivilisatorische Ausrüstung". Diese gibt es aber niemals abstrakt, „an sich" etwa im Sinne des „formalistischen" Denkens. Sondern die „zivilisatorische Ausrüstung" ist nur *unsere Abstraktion*, wenn wir die Fertigkeiten und das Wissen eines Volkes zu einer Zeit herausgreifen, besonders betrachten und mit anderen in Verbindung bringen.

Die zivilisatorische Ausrüstung ist nichts Mystisches, so wenig wie „Kultur". Nicht etwas, das sich der Menschen bemächtigt. Sie ist von den Menschen hervorgebracht. Nicht nur das. Auch von ihnen bewahrt und von den einander folgenden Geschlechtern gemehrt. Ohne diese Tradition kann die Menschheit als Menschheit nicht existieren. Während die eine Tierart sich für Klauen und Muskeln spezialisiert hat, wie die kleinen und großen Katzen, oder für Geruchsinn und Jagen in Rudeln, wie die Hunde und Wölfe, oder für Beine zur Flucht, wie Hirsche und Gazellen usw., hat der Mensch sich spezialisiert für Gehirn und Hand. Als Konsequenz daraus hat er sich seine Ausrüstung geschaffen und durch Vormachen und Lehren den folgenden Generationen übermittelt. Diese Ausrüstung hat er hervorgebracht wie Tiere einen Pelz, oder Hörner, oder Schutzfarben. Aus dieser biologisch gegebenen Richtung resultiert die Lebensweise. Da er in Gesellschaften lebt, erlangt jede Gesellungseinheit eine Sonderart und Sonderanwendung dieser Ausrüstung.

Die zivilisatorische Ausrüstung ist stets in das System der Kultur und des sozialen Lebens eingewoben. Denn jeder Einzelne nimmt am Leben der verschiedenen Betätigungs- und Gesellungssphären teil. Jede Persönlichkeit reflektiert in ihrer Weise nach den verschiedenen Seiten hin ihre Erlebnisse, Kenntnisse und Erfahrungen. Dadurch, nicht durch irgendwelche mystischen Mächte, wirkt ein Zuwachs an Naturbeherrschung auch auf die anderen Seiten des Gesellungslebens ein. Denn das soziale Leben wird durch dynamische Wirkungen beherrscht (statische „Beziehungen" können nur zu einer vorläufigen klassifikatorischen Übersicht führen).

Die oft lange dauernden Auswirkungen auf andere Seiten des sozialen Lebens rufen dort, wie auf dem Gebiete, von dem sie ausgingen, die Nötigung zu einer Umstellung und Anpassung an neue Bedingungen hervor. Wie vollzieht sich diese Auswirkung? Sie kann hier nur ganz kurz angedeutet werden. Beispielsweise wird durch eine neue technische Erfindung die Produktionswirtschaft (Pflugbau), durch eine andere der Verkehr (Segelboot), durch eine dritte etwa die Krankenbehandlung (Aderlaßbogen), durch eine vierte die Musik (Trommel), durch eine fünfte die Baukunst (Bau mit behauenen Steinen), durch eine sechste die Malerei (Entdeckung von neuen Farbstoffen) usw. beeinflußt. Es wäre ganz verkehrt, wie es von einigen „soziologistischen" Denkern geschieht, alle technischen Neuerungen gewissermaßen in „Wirtschaft" umzusetzen — wobei dem Wort „Wirtschaft" oft die heterogensten Bedeutungen zugeschoben werden, wie man sie gerade für seine Zwecke benötigt. Technik und Wirtschaft sind etwas sehr Verschiedenes. Die Technik *wirkt* sich nach sehr verschiedenen Seiten des Lebens aus, nicht nur nach der Wirtschaft hin. Sie erfordert vor allem organisatorische Umstellung und Anpassung der Lebensführung und Geistesverfassung.

Überdies muß das *Weiterwirken* als ein langwieriger Prozeß betrachtet werden. Die Entdeckung der Elastizität von Baumzweigen führte zunächst dazu, sie in den Dienst der Jäger- und Fängervölker zu stellen. Von irgendeinem Mann einer Sippe wurde eine „Falle" konstruiert, wie sie heute noch unter Naturvölkern in altüberkommenen Formen weiter lebt. An diese Entdeckung knüpfte sich später bei einem anderen Volk die Erfindung des Bogens, der in vielen Spielarten abgeändert wurde. Hier entstand aus der Falle eine Waffe. Varianten des Bogens wurden wieder bei anderen Stämmen als Musikinstrumente verwendet, bei anderen zum Aderlaß in der Heilkunde. Den ersten Übergang vom (palaeolithischen) Wildbeutertum zum Feldbau oder zur Tierhaltung muß man sich so vorstellen, daß eine oder einige Sippen sich einem rationelleren Verfahren zuwendeten und — wie man Ähnliches heute noch unter südamerikanischen Indianern beobachten kann — von den am konservativen Verfahren festhaltenden Stammesangehörigen sich loslösten und zu einer neuen Gemeinde den Grund legten. Später hat vermutlich der Erfolg der Losgelösten in Notzeiten zur Bekehrung der „Konservativen" geführt und zur Verbreitung der neuen Technik der Nahrungsgewinnung beigetragen.

Noch eine andere Form der Weiterwirkung, die man zum Unterschied von der geschilderten als *„Auswirkung"* bezeichnen kann, muß in Betracht gezogen werden. Die Einführung der Pflugkultur, also einer neuen „Technik", führte zu weitreichenden *sozialen* Konsequenzen. Sie ist insofern eine soziale Konsequenz, als sie das Ergebnis einer Anpassung der Technik der Bodenbestellung an die Viehzucht der

Rinderhirtenvölker darstellt. Die sozialen Konsequenzen, die mit diesem Zusammentreffen und dieser Anpassung in einem Korrelationsverhältnis stehen, zeigen sich in dem Überschichtungsvorgang, vorwiegend der Ackerbauer durch Hirten oder auch „höhere"[4] Jägerstämme.

Eine Konsequenz der Pflugkultur ist die vorwiegende Männerarbeit, und weiterhin das Bestreben, diese Arbeit auf andere, Abhängige oder Sklaven abzuwälzen. Eine Konsequenz der Pflugkultur ist auch die Möglichkeit, verhältnismäßig große Erträgnisse aus knappem Boden zu erzielen: die Anhäufung großer Menschenmengen in Städten, wie wir sie schon in der frühen vorbabylonisch-sumerischen Kultur und neuerdings in den alten Städten am Indus finden. Hier treten Auswirkungen nach der politischen Seite hin zu Tage: Sie führten zu dem wachsenden Aufbau einer Kultur, die auf Schichtungen sich ergänzender Völker beruhte, und zu einer Konzentration der Siedlungen, die eine bessere Verteidigung ermöglichte.

Alle diese „Auswirkungen" treten nicht als sofortige Folgen ein, sondern gewöhnlich erst beim Zusammenwirken weiterer günstiger Umstände (auf die hier nicht eingegangen werden kann) im Laufe von Generationen, als Ergebnis langwieriger Anpassungsprozesse. In der Tat enthalten diese Vorgänge die großen Triebfedern der „Geschichte".

Das Ergebnis dieser kurzen Betrachtungen ist somit die Weiter- und Auswirkung eines Veränderungsfaktors in der Längsrichtung der Zeit vorwärts, und zwar nicht allein in dem eigenen, engeren Lebensbereich, sondern auch vergabelt und verzweigt in die verschiedensten anderen Sphären des Kulturlebens hinein.

Der irreversible Akkumulationsprozeß bleibt daher nicht auf die Gebiete der zivilisatorischen Ausrüstung beschränkt, sondern zieht Veränderungen auf allen möglichen anderen Gebieten nach sich. Darum machten sich auch auf verschiedenen anderen Gebieten, wie in der Organisation der Wirtschaft oder des politischen Lebens, in der Jurisprudenz usw., die Auswirkungen eines solchen Anhäufungsvorganges geltend. Die technische Verbesserung der Verkehrsverhältnisse ermöglichte z. B. erst die Organisierung großer Staatseinheiten. Es ist kein Zufall, daß die ältesten großen Staaten am Ufer der großen Ströme, des Nil, des Euphrat und Tigris, des Indus, des Gelben Flusses, begründet wurden, daß alle Staatsgründer um das Wegenetz besorgt waren und früh eine Art Post (z. B. in Persien) eingerichtet wurde. Die Verbesserung und Durchbildung des Verkehrswesens ermöglichte später eine Erweiterung der Herrschaftsgebiete: das

---

[4] Dieser Ausdruck wird hier gebraucht, um komplizierte Auseinandersetzungen, die nicht hierher gehören, zu vermeiden.

Makedonien Alexanders, Rom, Spanien, England deuten Stufen einer der Zeittechnik entsprechenden maximalen Expansion von Herrschaftsgebieten an. Damit soll nur etwas über die vergleichsweise Ausdehnung prominenter politischer Gefüge gesagt sein, nichts über deren innere Gestaltung und ihren Lebensablauf. Die Auswirkungen des Anhäufungsvorganges machen sich selbst in den verschiedenen Zweigen der Kunst fühlbar: wir brauchen nur an die wachsende Zahl und Vielseitigkeit der Instrumente zu denken, an die Verfeinerung der Farbstoffe und übrigen Seiten der Maltechnik — von der Baukunst ganz zu schweigen. In alle Lebensbereiche hinein verzweigt sich die „Auswirkung des Akkumulationsprozesses".

Dieser Prozeß, nicht die „Entwicklung" vom Einfacheren zum Komplizierten, ist das Ausschlaggebende. Man hat z. B. mit Recht auf die „Kompliziertheit" primitiver Sprachen verwiesen, um die „Entwicklung" zu kritisieren. Auch lösen sich viele primitive Sitten, Gebräuche, Einrichtungen in so mannigfache individuelle Beziehungen, Bedingungen und Umstände auf, daß es schwer ist, sie als „einfach" zu kennzeichnen. Das Leben der Naturvölker erscheint nur dem „einfach", der nie unter ihnen geweilt hat. Nur aus der Ferne vereinfachen sich die Dinge.

Eine Frage drängt sich uns dabei auf: Kann man diesen Vorgang von zunehmender intellektueller Meisterung der Umwelt durch Fertigkeiten der Hand und Kenntnisse und Einsichten des Kopfes als einen einseitigen „Starter", als „letzte Ursache" ansehen, als die lebens- und konstitutionsmäßig bedingte „Quelle" für alles, was sich daraus ergibt und in einem unendlich verzweigten Geäder die Kulturen durchströmt?

Der Mensch ist natürlich die Hauptbedingung. Der Mensch schafft mit Kopf und Hand seine Welt. Aber er lebt in steter Wechselwirkung (nicht bloß „Beziehung") zur Umwelt, zur Natur, zu seiner Gesellschaft und deren Nachbarn. Diese Hauptfaktoren bilden die Bedingungen, unter denen ein Mensch bestimmter rassischer und individueller Anlage entdecken, erfinden, Kenntnisse und Erkenntnisse sammeln kann. Mit diesen mehrt er den zivilisatorischen Besitz, der, in die einzelne Kultur eingeimpft, da weiter wirkt, hier zu Veränderungen, dort zu Ausschaltungen führt, vorausgesetzt, daß entweder seine Gemeinde die Neuerung annimmt, oder er im Stande ist, mit Anhängern eine neue Gemeinde zu begründen.

Es ist für uns heute fast weniger interessant, wie dieser Anhäufungsprozeß vor sich geht und warum, als die Frage, weshalb er *nicht rascher* arbeitete. Als Haupthemmnis, besonders der „Altsteinzeit", muß man nicht allein den Mangel an Muße der Jäger- und Fängervölker betrachten, sondern vor allem die Schwierigkeit, Erfindungen und Verbesserungen Einzelner zur Annahme durch die ängstlich konservative Gemeinde zu bringen. Dazu kommt, daß in dieser ältesten Zeit ein Aufsplitterungsprozeß der Menschheit in sich der Naturumgebung anpassende und sich spezialisierende Rassen vor sich ging. Erst nachdem der erste Kampf gegen Natur, Tier, Pflanze und Gestein gewonnen war, konnte ein Befruchtungsprozeß unter den bisher spezialisierten Sippen einsetzen, welcher in einer Menge von Einzelfällen zu staatlichen Gemeinwesen führte, innerhalb deren die ethnische Gruppierung durch eine sozial-funktionelle ersetzt wurde.

II.

Ist das Schicksal der einzelnen „Kultur" irgendwie an den Akkumulationsprozeß gebunden? Keineswegs. Wir konstruieren diesen Prozeß über die Gipfel der Kulturen hinweg als direkte Linien, die „durch die Luft" führen. Die Kulturen selbst erscheinen als Gebirge, Gebirgsstöcke und Berggipfel, die jedes Volk für sich erklimmen muß, in seinem eigenen Lebensschicksal. Denn als „*Kultur*" wollen wir ein System von Haltungen und Verhaltensweisen, von Sitten und Gebräuchen, von Gedanken und Wertungen, von Einrichtungen und Organisationen ansehen, wie es sich in Wechselwirkung mit der zivilisatorischen Ausrüstung in einer Gesellungseinheit herausgebildet hat. Als „Kulturcharakter" kann man den Querschnitt des Lebens eines Volkes zu einer bestimmten Zeit bezeichnen. In der „Kulturpersönlichkeit" — auf ein Volk bezogen — offenbart sich die Eigenart der gesamten Kulturfunktionen dieses Volkes.

Wenn wir die Abläufe von Kulturen miteinander vergleichen, so drängt sich uns oft das beklemmende Gefühl unentrinnbarer Ähnlichkeit der Völker- und Kulturschicksale auf. Für solche Ähnlichkeiten wurde der Ausdruck „Zyklus" gebraucht. Wie einleitend ausgeführt, herrscht große individuelle Meinungsverschiedenheit hinsichtlich der Art und Periodizität der „Zyklen". Überdies beziehen sie sich auf sehr verschiedenes: bald spricht man in mystischen Analogien vom Jugend-, Mannes- und Greisenalter eines Volkes, oder eines Staates, oder einer Kultur, ohne daß man genügend scharf die zivilisatorische Ausrüstung von der Geistesverfassung, von politischer oder sozialer Gestaltung, von Religion, Gesetz, Kunst usw. unterscheidet. Dem Finden von Analogien opfert man die Genauigkeit der Untersuchung. Die meisten Schriften greifen ein paar in die Augen stechende Ähnlichkeiten der Gestaltung auf diesem oder jenem Gebiete heraus und ziehen daraus weitgehende Schlüsse, mehr auf Grund von Intuition oder „Inspiration", denn exakter, wissenschaftlich haltbarer Untersuchung.

Nichtsdestoweniger existiert auch hier ein Faktor, der innerhalb des bunten Geschehens wirksam ist und den Eindruck eines zyklischen Ablaufes wachruft. Wenn wir versuchen, ihn durch Analyse zu isolieren, so finden wir die andere komplementäre Seite der Menschennatur. Während es sich beim irreversiblen Akkumulationsprozeß um die intellektuelle Betätigung und ihre Auseinandersetzung mit der Umwelt handelt, tritt hier die emotionelle und soziale Seite in ihren Wirkungen *unter den Menschen* zutage. Eine wie große Zahl von „Beziehungen" unter den Menschen wir aufstellen mögen: 650 oder 65 oder 6500 — gleichviel, es ist erkannt worden, daß sie irgendwie „begrenzt" sind. Somit können „Beziehungen", auch wenn wir sie als stets wandelbare Größen, die sie sind, in die interindividuellen Vorgänge einsetzen, doch nur zwischen einer *„beschränkten Zahl"* von Möglichkeiten pendeln.

Die weitausgebauten Klassifizierungen gestatten die Subsummierung unter verhältnismäßig wenige Hauptgruppen von „Beziehungen".

Die Klassifizierungen beziehen sich aber nur auf einen Augenblickszustand. Daher enthalten sie die Möglichkeit eines Wechsels. Die emotionellen Beziehungen sind etwas außerordentlich labiles. Sie sind viel empfindlicher als gemeinhin angenommen wird: sie können beim selben Individuum „nach den Stimmungen" in wenigen Stunden, ja Minuten, umschlagen. „Abstimmungen" aller Art, bei politischen Wahlen, in Vereinen, veranstaltet durch die Presse (ich denke z. B. an die große private Abstimmung des „Literary Digest" über die Stellung zur Prohibition im Jahre 1931), usw. halten nur ein flüchtiges Augenblicksbild fest. Was ist die „wahre" Stimmung? Die öffentliche Meinung? Ein schemenhaftes Wolkengebilde, das stets seine Gestalt wechselt, bald als dräuender Drache, bald als würdige Mannesgestalt, bald als lockende Circe erscheint.

Trotzdem ergibt sich, aufs gröbste vereinfacht, eine ungefähre *Grundeinstellung* einer Zeit und eines Volkes, wenigstens der darin leitenden Gruppen. Diese grobe Grundeinstellung, für die eine verhältnismäßig kleine Zahl von *„prinzipiellen"* Haltungs- und Verhaltensmöglichkeiten zur Verfügung steht, wechselt in Raum und Zeit.

Die *Grundeinstellungen* spiegeln sich in Verfassung, Verwaltung, Recht, Familie, Wirtschaftsorganisation, Herrschaftsform, Kunst usw. eines Volkes. Sie verändern sich natürlich. Ein Beispiel: Falls man Funktionen (im Häuptlingtum, Zauberkunst, Töpferei, Schmiedekunst u.dgl.), Besitz und Familienzugehörigkeit vererbt, so kann das nur in der väterlichen oder in der mütterlichen Linie vor sich gehen. Die vorwiegende Zurechnung zur einen oder anderen Gruppe kann nur zwischen diesen beiden Möglichkeiten schwanken. Den Anstoß zum Überwiegen der einen oder anderen Berechnungsart kann man von verschiedenen Vorgängen ableiten. Die Errichtung von unabhängigen Familienwirtschaften mit abgabepflichtiger „Periöken"-Bevölkerung in Verbindung mit Sklaverei, wie unter vielen Völkern des Altertums, im frühen europäischen Mittelalter, im zeitgenössischen Marokko usw., führte zu einer starken Betonung der Stellung des Familienhauptes, und damit zu Formen oft extremen Vaterrechts und Vaterherrschaft in der Familie. Die politische und wirtschaftliche Stellung des Hausvaters wirkt auch auf seine Situation in der Familie zurück aus Gründen, wie sie oben auseinandergesetzt wurden. Die Errichtung solcher Familienwirtschaften ist wieder auf Überlagerung von Feldbauern durch eine ursprüngliche Großviehhirtenbevölkerung zurückzuführen usw.

Oft wurde die Abfolge in den Formen der politischen Verfassung erörtert. Das bekannte Schema von Aristoteles besteht auch heute in seinen Grundzügen zu Recht. Er hat schon dafür bestehende, *sozialpsychologisch* begründete Abläufe festgestellt. Um solche handelt es sich.

Was haben wir unter sozialpsychologischen „Abläufen" zu verstehen? Darunter sind Veränderungen in den begrenzt möglichen Grundeinstellungen gemeint, die eine Kette von sich wiederholenden und miteinander in Abhängigkeit stehenden Zuständen darstellen. In Krankheitsprozessen, besonders in der Psychiatrie, spricht man von „Abläufen", die eine „notwendige" Abfolge von Zuständen bedeuten. Aber auch die „gesunden" psychischen Zustände eines Menschen werden durch das biologische Altern allein in solche „Abläufe" gezwängt, die verschiedene Haltungen in den einzelnen Lebensaltern bedingen. Bei einem „Ablauf" handelt es sich somit um miteinander funktionell verkettete Abfolgen von Zuständen, die durch eine bestimmte „Anfangssituation" als Reiz im sozial-psychologischen Sinn ausgelöst werden.

Als solcher Reiz wirkt z. B. eine Neuerung, eine Erfindung oder Entdeckung. Wir sahen, daß sie „weiter"wirkt und sich „auswirkt", und zwar in dem System einer Kultur. Die obigen Ausführungen über die Stellung des Einzelmenschen zu den verschiedenen Seiten der Lebensbetätigung enthalten auch den Hinweis auf die Notwendigkeit einer „Systematisierung", einer „Harmonisierung" der verschiedenen Gebiete des Gesellungslebens miteinander.

Oben (S. 124) wurde als „Kultur" ein „System von Haltungen und Verhaltensweisen, von Sitten und Gebräuchen, Gedanken und Wertungen, Einrichtungen und Organisationen" bezeichnet, wie es „sich innerhalb einer Gesellungseinheit in Wechselwirkung mit der zivilisatorischen Ausrüstung derselben herausgebildet hat". Ein „System" setzt einen Assimilationsprozeß unter verschiedenen Faktoren voraus. Wie wir sahen, liegen ihm die Reaktionen vieler (führender) einzelner Menschen auf verschiedene „Reize" der Außenwelt zugrunde, auf solche der materiellen Umgebung, wie der sozialen Einrichtungen. Die verschiedenen Reaktionen werden untereinander assimiliert, durch leitende Geister findet die Nutzanwendung auf Deutungen und Handlungen statt. So gewinnen wir beim Einzelmenschen den Eindruck „ausgeglichener Haltung" und „seelischen Gleichgewichts", wenn die Niederschläge in Gedanken und Handlungen uns „adäquat" erscheinen. Vermögen solche Persönlichkeiten — dank entsprechendem, sozialpsychischem Siebungsmechanismus — „ihrer" Kultur den Stempel aufzudrücken, wird ihre „Ausgeglichenheit" angenommen, so scheint uns auch die betreffende Kultur „im Gleichgewicht" zu stehen. Darum hängt eine derartige Qualität einer Kultur keineswegs von dem Ausmaß ihrer „zivilisatorischen Ausrüstung" ab.

Natürlich läßt sich der Grad der Ausbalanciertheit nicht exakt feststellen, und es können vielleicht Meinungsverschiedenheiten darüber entstehen, ob diese oder jene Kultur sich im Gleichgewichtszustand befindet. Ein Kriterium wäre weder „Stillstand" noch „Versteinerung", sondern ein reibungsloses Funktionieren ihres Mechanismus, *adäquate* Reaktionen der einzelnen Bestandteile: ihrer Schichten, Gruppen, Funktionäre und Führer. Natürlich bedeutet jede Neuerung, mag sie aus dem Schoß der Gesellschaft selbst stammen oder von außen hineingetragen sein, eine Störung dieses Gleichgewichts. Wesentlich ist dann immer eine *entsprechende* Umstellung und Anpassung an das Neue.

Je stabiler eine „Kultur" ist, d. h. je weniger sie durch Neuerungen, Erfindungen und Entdeckungen oder durch äußere Einflüsse „gestört" wird, desto ausbalancierter kann sie sein. Darum unser Eindruck von der „Harmonie" „archaischer" Kulturen, und selbst „primitiver" Kulturen. Je größer die Zahl der Neuerungen, je rascher deren Abfolge und die Notwendigkeit der Anpassungen an sie ist, und damit in Korrelation die horizontale und vertikale Mobilität der Bevölkerung, desto labiler wird die Kultur, wie die moderne der abendländischen Völker. Sich häufende Neuerungen, welche die Mobilität in jeder Richtung beschleunigen, rufen schwere Anpassungsprobleme der Organisation hervor, die als *Krisenzustände* registriert werden: diese lenken die Aufmerksamkeit auf die Fragen der Gesellung und der Geistesverfassung. Umgekehrt wird das Erfindungs- und Entdeckungsstreben zeitweilig unterbunden, wie etwa im europäischen oder japanischen Mittelalter.

Deshalb herrscht in jeder „stabilen" Gesellschaft ein Widerwille gegen Neuerungen, welche die herrschende Ordnung bedrohen. Man denke an die Kämpfe der Kirche gegen erfahrungsmäßige Astronomie und Anatomie, an die Abschließung Japans gegen alles Fremde während seiner dreihundertjährigen Friedens- und Feudalzeit.

Daraus ergibt sich ein Verhältnis zum Akkumulationsprozeß, der als Reiz zur Auslösung von Veränderungsabläufen wirkt. Diese Veränderungsabläufe, deren Phasen sozialpsychologisch miteinander verkettet sind, bilden den Kerngehalt der Roherscheinung von Zyklen.

Als Folge des Akkumulationsprozesses ist unter anderem das Verhalten von Rinderhirten zu Hackbauerstämmen zu betrachten. In gewissen Situationen ergibt sich im Falle freundschaftlichen und nachbarlichen Nebeneinanderlebens eine ethnische Schichtung[5]. Diese besteht in der bevorzugten Stellung von Familien oder Sippen einer bestimmten Abstammung und Tradition. Besonders deutlich kann dieser Vorgang bei zentralafrikanischen Völkern beobachtet werden. Von solchen Musterbeispielen kann man auf ähnliche Vorgänge alter Zeit in Asien und Europa zurückschließen. Denn es handelt sich hier offenbar um ein Situations- und Ablaufschema, das zu parallelen Gestaltungen der Gesellung führt. Hier liegt das Hauptgewicht auf bestimmten Formen politischen Lebens, deren Anfangszustand, die ethnische Schichtung, ausschlaggebend für den weiteren „Ablauf" der „politischen" Ereignisse wurde. (Eingeschaltet darf werden, daß im Schema des „feindlichen Kontaktes" die Männer erschlagen, die Frauen geraubt und in den folgenden Generationen eine Arbeitsteilung nach Geschlechtern eingehalten wurde, wobei die Männer Hirten blieben und die Frauen Feldbauerinnen, wie in großen Teilen Süd- und Westafrikas.)

Die ethnische Schichtung erleidet allenthalben sehr ähnliche Schicksale, obgleich Tempo und Rhythmus dieses Auflösungsprozesses der Vorzugsstellung privilegierter Familien und Sippen je nach den Umständen sehr verschieden sind. Er kann sich, wie in Indien, über Jahrtausende hin erstrecken. Außerdem ist zwischen Gesellschaft und Staat zu unterscheiden. Wenn in Indien einer der selbständigen Staaten untergeht, so wird dadurch die für den größten Teil von Indien geltende Gesellschaftsordnung nicht unmittelbar betroffen. In ähnlicher Weise hatten die verschiedenen altgriechischen Staaten Anteil an einer gemeinsamen hellenischen Kultur. Auch spricht man

---

[5] Auf die Einzelheiten der Vorgänge kann in diesem Zusammenhang nicht eingegangen werden. Man kann sie im III. (Wirtschaft) und IV. (Staat und Gesellschaft) Bande von des Verfassers „Die menschliche Gesellschaft", finden; oder in „Economics in Primitive Communities", Oxford Press, London, 1932.

heute, trotz aller nationalen Eigenheiten, von einer gemeinsamen west- und mitteleuropäischen Kultur.

Nehmen wir aber der Einfachheit wegen Fälle an, in denen, wie z. B. bei gewissen afrikanischen Stämmen, politische Einheit und Gesellschaft zusammenfällt, so ergibt sich als ziemlich allgemein gültiges Ablaufschema — aufs knappste zusammengefaßt — ungefähr folgendes: 1. die Familien oder Sippen der Großviehhirten treten in Beziehung zu den Klans der Feldbauer. 2. Ein Austausch von Feldprodukten gegen Butter und Milch in Form einer Auswechslung von Geschenken setzt ein. 3. Hochbewertung der fast mühelos gewonnenen Nahrung der Kuhhirten durch die Feldbauer, die mit harter Arbeit die Felder bestellen. 4. Verlangen der Feldbauer nach Kühen. 5. Dadurch wirtschaftliche Bewertung des Kuhbesitzes unter den Hirten. 6. Verselbständigung der Hirtenfamilien im Klanverband, einerseits durch Ausbreitung über ein weites Gebiet, andererseits durch Erwerb von Gefolgsleuten aus den Feldbauern. 7. Umwandlung des Geschenktausches in einseitige Abgaben der Feldbauer. 8. Rivalität unter den Hirtenfamilien auf Grund des zu „Reichtum" gewordenen Kuhbesitzes und der „Gefolgschaft" an Feldbauern. 9. Kämpfe mit Hilfe des Feldbauergefolges. 10. Kriegsgefangene „wirtschaftlich" verwendet, besonders Frauen für Zwecke des Feldbaus: Sklaverei. 11. Das sakrale Königtum geht aus den Rivalitätskämpfen des (Hirten)Adels hervor. 12. Es wird aber durch den übrigen Adel beaufsichtigt, und zwar unter dem Deckmantel religiöser und magischer Riten. 13. Folge als Variante: Tötung des Herrschers nach einer bestimmten Zahl von Jahren, oder wenn er alt wird, oder wenn er erkrankt, oder wenn gewisse Ereignisse eintreten, z. B. Mißwachs oder Rindersterben. 14. Rivalitäten innerhalb der Dynastie oder Intrigen führen oft rasch zum Aussterben der herrschenden Familie, trotz Polygamie und oft zahlreicher Söhne. 15. Die Folge ist, daß Angehörige anderer Adelsfamilien sich des Thrones bemächtigen. 16. Inzwischen ist oft die Zahl der Adelsfamilien zurückgegangen, namentlich haben sie sich durch Vielweiberei vermischt. 17. Mischlingsschichten kommen hoch, teils auf Grund ihrer Verwandtschaft, teils auf Grund ihres Besitzes. 18. Da sie viel mehr „komplexerfüllt" sind als die „ethnischen" Adligen, betonen sie ihren Stand und reizen die unteren Schichten. 19. Der ethnische Adel hatte die Kontrolle des Landes ausgeübt kraft seiner Sippenzugehörigkeit, er wird ersetzt durch Mischlinge, Abkömmlinge von Feldbauern, von Sklaven und Fremden. Hier tritt schon die „Funktion" des „Beamten" in den Vordergrund. Denn die „Belehnung" mit einem derartigen Posten bedeutet eine Belohnung für den „Despoten" geleistete Dienste. (Man denke an die Verhältnisse im „Neuen Reich" des alten Ägypten, an die Wandlungen in Persien, oder im frühen europäischen Mittelalter.) 20. Ein wichtiger Faktor für die Stellung des Einzelnen wird die Einordnung in die Beamtenhierarchie, d. h. die Beziehung zur obersten Gewalt. 21. Diese kann nun auch durch „Fremde" besetzt werden, wie im Rom der späteren Kaiserzeit, durch „Tyrannen". 22. Wenn auch noch oft ethnisch abgesonderte Enklaven, namentlich von Handwerkern oder Händlern besonderer Abstammung, sich finden, so ist eine soziale Umschichtung des ganzen „Volkes", das durch das Abgabe- und Gefolgssystem zusammengefaßt wurde, vor sich gegangen. 23. Der Beamtenstaat ist aus der Vereinigung einer „Adelsgruppe" hervorgegangen, die sich zur „Herrschaft" aufschwang, d. h. einseitige Abgaben und Gefolgschaft (gegen Schutz) verlangte. 24. Das Los der unteren Schichten und Sklaven wird durch die Möglichkeit des Aufstiegs (soziale Mobilität) gemildert und dadurch, daß viele ihre Lage nicht verschlechterten, sondern nur in einem Zustand weiter verharrten, während andere ein materiell üppigeres, nicht notwendigerweise „besseres" Leben zu führen begannen. 25. Der geschilderte Prozeß schließt auch eine Anpassung und weitgehende Mischung der zivilisatorischen Ausrüstung in sich ein, so daß dadurch eine ausgeglichene und ausbalancierte Kultur aus heterogenen Bestandteilen geschaffen wird. 26. In jeder Phase zeigt er ein anderes soziales Siebungsverfahren: im Stadium der ethnischen Schichtung werden die führenden Familien und Personen nach der Zugehörigkeit zu einer Abstammungsgemeinschaft ausgelesen. Innerhalb derselben aber findet unter nomadisierenden Hirten z. B. Auslese nach Initiative und Kenntnis weiter geographischer Räume statt, bei Feldbauern nach einer mehr ins Einzelne gehenden, den Boden- und Witterungsverhältnissen Rechnung tragenden Vorsicht. Die Siebung des Beamtenstaates richtet sich nach den Diensten, die dem Herrscher und den Übergeordneten überhaupt geleistet wurden, wenn auch unter dem Deckmantel der Funktion innerhalb des großen Ganzen. Die aufsteigenden Persönlichkeiten kommen oft dank Gewalt oder Unterwürfigkeit, Betrug und Hinterhältigkeit hoch.

Nur flüchtig konnten verschiedene Phasen dieses Ablaufs und Anpassungsprozesses angedeutet werden. Er hat sich zweifellos viele Male mit den mannigfachsten Besonderheiten *wiederholt*. Er fing wahrscheinlich im alten prähistorischen Ägypten an und setzte sich in der späteren Zeit fort, dasselbe dürfte für die sumerische Zeit des Zweistromlandes gelten, und für gewisse Perioden indischer Geschichte. Etwas anders waren vermutlich die Vorgänge in China. Die alten griechischen, römischen und germanischen Kulturen weisen auf ähnliche Abläufe. Alle haben natürlich nur so lange Gültigkeit, als keine Einmischungen, „Störungen" von außen her erfolgen. Dadurch werden neue *Situationen* geschaffen, die aber auch wieder Ähnlichkeiten untereinander aufweisen und in der Folge zu ähnlichen Abläufen führen können.

Anders geht das Zusammentreffen von Hackbauern untereinander vor sich, wie auf den mikronesischen und polynesischen Inseln des Pazifik. Durch die Knappheit des Bodens auf den Inseln wurde dort noch eine besondere Lage geschaffen. Trotzdem zeigt sich dort, mit gewissen Abänderungen, ein ähnliches Schema.

Bei dem geschilderten Prozeß hat man gesehen, wie technische, wirtschaftliche, politische, psychologische, organisatorische, religiöse, magische Faktoren usw. untereinander verwoben auftraten: die Wirkung des einen Faktors wurde von einem anderen aufgenommen und weitergeführt und an einen dritten abgegeben. Man kann sagen, daß die *„Strahlungswirkung"* eines Veränderungsreizes zunächst „diffus" ist, dann aber auf einem Gebiete sich zu konzentrieren scheint.

Solche „Abläufe" wird man also aufstellen können, aber nicht auf Grund von mystischen Analogien, von „Zyklen", sondern als Ergebnisse von Analysen, die aus einer genauen Untersuchung und Vergleichung der Wirkungsabfolge von (historischen) Ereignissen gewonnen werden. Soweit Analogien aufzutreten scheinen, handelt es sich um wiederkehrende ähnliche Situationen und ein ähnliches Verhalten der Menschen in gleichen psychischen Situationen.

Die Vergleiche von Kulturen oder Staaten mit den Altersstadien des Menschen leiden oft daran, daß Kultur und Staat je nach Wunsch verwechselt werden. So verlockend der Vergleich mit dem Einzelleben sein mag, das Bild bleibt höchstens eine brauchbare „Illustration" für gewisse Situationen. Wenn man einen gewissen biologischen Vergleich des Lebens von Gesellungseinheiten und Organisationen ziehen will, kann man nur niedrige Lebewesen, etwa Salpen, zum Vergleich heranziehen.

Jede *Organisation* ist einem Ablaufprozeß unterworfen, mag es ein geschäftliches Unternehmen, ein Verein oder ein Staat sein. Dieser Prozeß besteht in der Änderung des Verhältnisses der lebendigen Menschen und ihrer veränderlichen Geistes- und Kulturverfassung zur Grundlage ihrer Organisation selbst, nämlich zu den festen Satzungen, zur gegebenen Verfassung und der fundamentalen Struktur des Traditionsschatzes. Solange Neuerungen diese Struktur und die Grundsätze ihres Siebungsmechanismus selbst nicht erschüttern, lebt Kultur oder Staat oder Verein oder Aktiengesellschaft unbeschadet weiter. Es ist klar, daß unter Umständen der irreversible Akkumulationsprozeß dem Gleichgewichtszustand der Organisation gefährlich werden kann. Aber doch erst durch das Mittel einer nicht entsprechenden Anpassung, sei es durch deren Sprödigkeit, Überstürztheit oder Einseitigkeit.

Daraus ergibt sich ein *komplementäres* Verhältnis des irreversiblen Akkumulationsprozesses zum „Ablauf" und zu den „wiederkehrenden Situationen". Auch darf nicht vergessen werden, wie Erfindungen und Entdeckungen ihren Anreiz eben wieder aus den besonderen Kultursituationen und dem damit verknüpften Anpassungsprozeß empfangen. Während z. B. zunehmende Mobilität als Folge vieler „Neuerungen" auftritt und so eine raschere und geschmeidigere Anpassung ermöglicht, wirkt sie zersetzend auf die überkommene Organisation. Dadurch fördert sie Erfindung und Entdeckung auf diesem Gebiet. Aus diesem Krisenzustand können dann neue, stabilere, „jüngere" Organisationen hervorgehen, welche in einem Anpassungsgleichgewicht zunächst ihre Aufmerksamkeit anders orientieren.

Einer Überfülle von Neuerungen ist keine Organisation gewachsen. Sie führt zu einer für die Zeitgenossen oft schwer abzuschätzenden Krise. Wir sagen: eine Kultur wird von einer anderen „abgelöst". Die *Grenze* ist oft schwer festzustellen, wann die eine Kultur endet oder die neue anfängt. Das Ziehen der Grenzen ist oft Geschmackssache oder bedingt durch Merkmale persönlichen Interesses. Man mag von „mittelalterlicher" Kultur, oder von „christlicher", oder von „katholischer" Kultur reden, je nach dem Standpunkt des Sprechers. Ein anderer teilt nach „germanischer", „romanischer", „angelsächsischer" Kultur ein, man setzt die „orientalische" der „westlichen" Kultur gegenüber und vergißt dabei z. B. die Einreihung der russischen Kultur. Alle diese Abgrenzungen überschneiden sich, gehen ineinander über und zerfließen, sowie man die Einteilung nach mehr als ein oder zwei Unterscheidungsmerkmalen vornimmt. Daher existieren die Grenzen der Kulturen viel mehr in den Köpfen der „Kulturphilosophen" als in Wirklichkeit. Sie sind mehr oder minder glückliche Abstraktionen, die einen extremen Idealtyp konstruieren. Diesem Schema wird nicht selten gewaltsam die Wirklichkeit untergeordnet. „Wenn der Berg nicht zu Mohammed kommt, so geht Mohammed zum Berg." Realistisch gesprochen kann man nur aufeinanderfolgende „Kulturcharaktere", Querschnitte erfassen; die „Kulturpersönlichkeit" im oben gekennzeichneten Sinn ist schon Konstruktion. Es kommt darauf an, ob wir sie zu einem Volk, einer Nation, zu einer Bestrebung, einem Glauben, zu einem Staat oder einem Land usw. in Beziehung setzen. Außerdem kann man in den Kulturen Untergruppierungen nach ethnischen oder sozialen Schichten vornehmen: man spricht von der Kultur der Ritterzeit, des Adels, der Bourgeoisie, des Liberalismus, des Sozialismus u. dgl. In allen diesen Fällen schwebt dem Redner ein von ihm selbst erfundenes „Idealbild" vor. Den Weg zu diesem hin kennzeichnet er als „Aufstieg", davon weg als „Abstieg". Derartige Schilderungen sind als Romane zu betrachten, aber sind keine wissenschaftlichen Untersuchungen, weil sie der Komplexität der in Betracht gezogenen Merkmale nicht Rechnung tragen.

Das System jeder Kultur enthält Bestandteile, die als *Keime* in einer neuen wirksam werden können. Welche Bestandteile aber übernommen werden, hängt von den besonderen äußeren und inneren Situationen ab. Dazu gehört vor allem die Art und Intensität der Kenntnisnahme. Das römische Recht kam zur Auswirkung in Mitteleuropa, als man davon Kenntnis genommen hatte, die griechische und römische Kunst mußte erst „entdeckt" werden, um in der Renaissance zur Auswirkung zu gelangen. Vom „absterbenden" West-Rom hatte man zu Beginn des Mittelalters nur das Christentum und alles, was damit verworben war, „zur Kenntnis genommen". Daher konnten nur diese Bestandteile als „Keime" in der neuen westeuropäischen Kultur wirken. Erst der nähere Kontakt mit dem Griechentum brachte den großen Strom hellenischen Einflusses nach der reich und mächtig gewordenen römischen Republik, erst die Weitung der Grenzen des Imperiums brachte die orientalischen Kulte und Sitten, zusammen mit den Sklaven, nach dem kaiserlichen Rom.

Ähnliches wie für die Kultur gilt für den Staat. Doch mit gewissen Besonderheiten. Der Staat ist eine Organisation, die in der Regel formal festgestellt werden kann. Daher ist die zeitliche Abgrenzung leichter, selbst wenn die Autorität der Zentralgewalt schwindet. Aber es gibt auch hier Komplikationen, die schwer zu lösen sind. Der Prozeß der Verselbständigung der Teile von Alexanders Reich, der römischen Provinzen, der spanischen Kolonien, der Dominien des britischen Imperiums bezieht sich auf ähnliche sozialpsychische Situationen und parallele Abläufe, wenn sich auch das Tempo über Jahrhunderte erstreckte. Wenn z. B. bei jeder Konferenz der Dominien neue Stufen der Dezentralisation des britischen Imperiums festzustellen sind, die Dominien als unabhängige Staaten im Völkerbund auftreten, und sogar anfangen, das Recht in Anspruch zu nehmen (wie Südafrika), friedlich aus dem „Empire" zu scheiden, das frühere „Imperial" Parlament zu Westminster sich jetzt als „British" bezeichnet, wie soll man die Grenzen dieses Loslösungsprozesses ziehen, der rechtlich schon weit gediehen ist, den auch keine gemeinsamen Zollschranken mehr hindern konnten? Und doch ist, heute wenigstens noch, der geistige Faktor „gemeinsamer Kultur" stärker als der *formal* organisatorischer, juristischer Konstruktion. In der alten österrichisch-ungarischen Monarchie und im zaristischen Rußland dagegen wurden Völker verschiedener Kultur durch einen Staatsverband zusammengeschlossen. Mit dem Untergang der Staatsorganisationen wurden die nationalen Kulturen nicht betroffen, im Gegenteil, sie gewannen das Gefühl von „Freiheit".

Alle diese Vorgänge sind nicht durch „innere" Prozesse allein zu deuten, wie das oft geschieht, namentlich von denen, die an einen bestimmten „Zyklus" der Kulturen glauben und Staat und Kultur in ihrem Schicksalslauf nicht genügend unterscheiden. Keine Kultur und kein Staat steht isoliert auf der Welt da. Alle haben *Nachbarn*, unterhalten freundschaftliche oder feindliche Beziehungen mit den anderen politischen oder kulturellen Einheiten, sind also alle miteinander in einer Zeitepoche so oder so gesellt. Und die Gesellung erstreckt sich auch über diese hinaus. Denn Einflüsse vergangener Zeit wirken als starke Realitäten oft in einer „Gegenwart", wie schon oben ausgeführt wurde. Insbesondere aber spielen fremde Expansionen, Einwanderungen, Heranziehung fremder Arbeitskräfte, nachbarlicher Wettbewerb, Kriege, eigene Kolonisation und Ausdehnung usw. eine wichtige Rolle im Leben von Kulturen und Staaten. Es kann hier unmöglich auf Einzelheiten und Beispiele eingegangen werden. Jede Einwirkung von außen, sei sie geistig durch Übermittlung neuer Erkenntnisse, sei sie materiell durch Lehren neuer Erfindungen oder Entdeckungen, sei sie sozial durch Einwanderung oder Möglichkeit von Abwanderung aus der Heimat, durch erfolgreiche oder unglückliche Kriege oder Wettbewerb usw., wirkt als *sozialpsychischer Reiz* auf den Ablauf von Kultur- und Staatsleben. Es ist geradezu undenkbar — wie es trotzdem oft von Zyklustheoretikern geschieht — die Gestaltung von Wirtschaft, Gesetzgebung, Sitten, Moral, Schichtenbildung, Familienleben usw., kurz den Ablauf einer Kultur oder eines politischen Gemeinwesens ohne Rücksicht auf Vorgänge in anderen zeitgenössischen Gesellungen zu klären.

Nicht durch willkürliche Zusammenstellung von Analogien und mystische Spekulation darüber, sondern nur durch Auflösung der groben Ereigniskomplexe in die sie konstituierenden *Situationstypen* beschränkter Zahl und das dabei sich abspielende immer wiederkehrende Verhaltens-, Handlungs-, Denk- und *Reaktionsschema* kann uns die Einsicht in gewisse Abläufe nähergebracht werden. Dadurch ist es möglich, die den „Zyklen" zugrunde liegenden Faktoren zu erkennen. So allein wird man auch auf reale Weise zu so etwas wie *Gesetzlichkeiten sozialen Geschehens* gelangen können. Diese werden — allerdings — unabhängig sein von dem Wollen und Wünschen politischer Propagandisten jeder Art. Sie können nicht dem Tage dienen.

Auch nicht durch eine Übertreibung der subjektiven Bewertungen und nicht durch ein asketisches Entsagen der Aufstellung von kausalen Zusammenhängen und Korrelationen, sondern im Gegenteil: durch eine Berücksichtigung möglichst wertfreier Gesichtspunkte und wertentkleideter Faktoren und durch deren Isolierung auf dem Wege sozialpsychologischer Analyse, und fernerhin durch Ermittlung von Korrelationen und Auswirkungsketten können wir die Probleme von Entwicklung und Zyklus aufhellen, diejenigen Probleme, die für den Gesellungsablauf und die Erkennung von dessen kompliziertem „Mechanismus" von der größten Bedeutung sind.

The Psychology of Acculturation [1]

Acculturation is a process, not an isolated event. The acquisition of any civilizatory accomplishment is not limited to the act of acceptance like the moving of an object from one case in a museum to another. Such an event only sets in motion the socio-psychological process, for a society is a living body, the blood of which is composed of the psychological occurrences of the ever changing relations between its constituent members.

This, of course, does not necessarily imply that the object itself must undergo a visible change in the other society. It might or it might not do so; it might alter its meaning or function, as with the use of mats, knives, or hoes as symbols of value, or, on the other hand, the use of coins as necklaces. But at any rate the acceptance of a new article implies a change in the attitudes, social behavior, or even in the institutions of the receiving people. Such an alteration may be either slight or of great import, either sudden or gradual, depending on the actual conditions. It may often involve further changes in other realms of life. The introduction of European money in Africa, for instance, has provoked an acquisitive bent and a desire for monetary gain. This may lead to competition on the one hand, and on the other to a change in the structure of the family in that it shifts the basis of marriage from the concern of two clans or families to the affair of the two contracting persons.

This process of adaptation to new conditions of life is what we call acculturation. If a man emigrates from Europe or North America to the tropics he must obviously adapt himself to new circumstances. These are mainly climatic, of course. But when we speak of acclimatization we often also imply a more far-reaching adaptation involving social life.

To take an outstanding example let us examine the case of North America at the coming of the white man. There were then the adaptations of two races to be considered. For the European the important change was not that of climate, but of all those social and personal factors which arise from making a home in a new soil and among primitive surroundings. Our problem here, however, is not with the white man but with the Indian who was likewise affected, but in a different way. His life was opened to new implements as

---

[1] Zuerst erschienen im American Anthropologist, Vol. 34, No. 4 (1932).

well as to new impressions. He did not so much change his habitat as his mode of living. The maintenance of his ancient skills were now to be jeopardized by the results of trade. From the moment that he received iron, in the form of knives, axes, and other such "indispensable" implements, his life became different. And, the very process of the acceptance of these new things is indicative of the path of acculturation. It may well have been comparable to my own experiences in New Guinea among a people who had never seen a white man. At first they had only suspicion for the iron tools. So far from having used them, they had never even set eyes on them. My boys would exhibit their use, and then the Papuans would make their own gingerly essays. I worked like a salesman demonstrating the latest vacuum cleaner or the newest device for slicing vegetables, and my endeavors met with similar rejections and doubts before final acceptance.

In fact, psychologically, the process is the same as that of accepting a new contrivance for one's own daily use. The adaptation to new inventions is, in the main, similar to that, whether the inventions are from one's own people or from abroad. The situation is closely related to the process of learning which we all have to face from birth to death, although the periods of youth are filled with more intensive learning and the later stages with less. The cessation of learning psychologically means death.

What is learning? For our purposes we must discriminate between intellectual learning and what we may term "development of personality". Intelligent learning consists for the most part in an intentional storing of knowledge for the acquisition of skill in handling objects or affairs. One for instance learns farming, or repairing of automobiles, or the study of law or medicine. A man's continuous responses to the outer world become his experiences in so far as the remembrance of them is stored up consciously or unconsciously. These experiences in turn represent a kind of "learning", for they help to direct the change of the man's attitudes and behavior, and to make impressions on his mind and character. There follows a preference for certain reactions or stimuli. A man brought up in conditions of great poverty may in the beginning be induced to thrift, whereas the same man, becoming rich later in life, may prove a waster. Furthermore there might be changes, say, in political viewpoint due to emotional occurrences. Similarly, sexual experiences of various kinds are responsible for a change in character, as for example those described by the Freudian school.

The process of learning, however, refers mainly to the individual, while the problem of acculturation deals with social phenomena. Can we not apply the results of investigations in the domain of personality to social processes, and to what extent?

Every association consists of personalities and as such is itself a living entity. The main problem is the interaction of the individuals forming such associations. Any variety of personality implies specialization. Even in primitive society, every person is a specialist in his way. One may be clever at snaring birds, another a deft plaiter of baskets, still another an expert in raising fine crops, the next a brave warrior, a shrewd sorcerer or a convincing orator, and so on, in spite of the fact that each one is acquainted with the accomplishments of the others. It is the cooperation, particularly that of the leaders in each branch of pursuit, that builds up the community. Hence a complementary activity, like the working of cog-wheels, is present in each cluster. A similar agency operates between family heads, in a clan, in guilds. Further, a corresponding procedure may be observed among such clusters in still larger units, such as a social class or a state. When parallelism of endeavor occurs, jealousy and competition are however aroused, as for instance, between certain sorcerers, warriors, or hunters. A similar rivalry may also arise among competing clusters.

These basic clusters may join with larger units in a vocational or political group of a society. Within these a remarkable process is going on, consisting in the imitation and spontaneous conformity to the views or actions of experts or leaders. The accomplishments of an acknowledged master may serve as models, although neither he nor the others may realize this fact. Such a specialist may have been selected as a leader by a process of which no one was aware.

There are, however, persons who are apt neither to cooperate nor to lead, but who turn aside in their own way, thus falling into relative isolation. The same occurs with clans, tribes, or states, who may carry on a life more or less apart from the larger societies.

Acculturation is closely associated with all these processes. There is a selection of men as well as objects, ideas, and attitudes. Such a sifting takes place in the face of anything new offered to one man or group of men. On the other hand, it is not society, as such, that selects. It is this man or that man that gets an iron knife or tomahawk. What attitude the whole society will take very much depends on the position of the particular man in his society. This also refers to the reaction, say, of a Papuan village upon the appearance of a white man. Here you may be received cordially, there, with enmity. On later inquiry you may discover that some old man's good-will or his fear was the determining factor in your reception.

Even material objects never remain as they are, since they meet another environment, another society, other men with other aims and traditions. Consequently their function changes. In New Guinea big kitchen knives are generally used. But the natives do not employ them in the kitchen, since such an apartment is lacking. With them they cut branches of trees, chop wood, and even cut human heads in the fighting that goes on between them. The ax used by us for cutting wood is employed as a weapon by the Solomon Islanders and by the Indians. The iron blade of a plane serves to replace the stone chisel or the shell blade of an ax. Similar changes in function take place in the transfer of a utensil from one native tribe to another. The boomerang used in Australia became a ceremonial instrument in the New Hebrides and some of the Solomon Islands (Buin on Bougainville), and the throwing knife of the Sudan tribes, a weapon, becomes a household utensil among certain Bantu, and a ceremonial instrument among other Bantu.

There is a considerable difference in the rhythm and tempo of diffusion of various objects. For instance, it seems that objects of luxury spread easily. I found glass beads in the interior of New Guinea in places where white men had not been before; again, seashells were found among many mountain tribes. Narcotics and stimulants seem also to spread quickly. Consider the use of the betelnut or the kava over large areas. It is particularly noticeable that tobacco is planted and smoked in the mountain ranges of New Guinea, although it was not introduced on the coast of that island until the middle of the 18th century, perhaps by English or Dutch seafarers; Spanish traders seem not to have used it. Devices which fit in particularly well with the system of life of a people are usually accepted with comparative readiness: as, for instance, the pile-house in regions of inundation, the gun by most natives, the bow and arrow in olden times, and the horse among the North American Indians.

The same holds true of institutions, customs, and ideas, though the process and rhythm of alteration is different in each of these cases. The methods of becoming acquainted with other institutions show, however, considerable disparity.

The selection of objects, customs, institutions, or ideas which shall be chosen depends in a high degree on the ways of contact. For instance, the taking of women implies the acceptance of such devices or implements as are associated with the particular activities of the women in their own society according to the traditional division of labor between the sexes. If slaves or captives of war are used as vehicles for the acceptance of foreign civilization, another kind of selective process is at work. Handicrafts, devices, or particular knowledge on the part of the men is taken over. If a migration occurs, a special adjustment of the people to the new conditions of life is necessary. For one plant or animal in the old country, another in the new may be substituted, even in legend.

The far-reaching changes brought about by a new instrument are not, at the start, generally taken into consideration. The innumerable social consequences of the contact between herdsmen and agriculturists, when men of the pastoral clans would take wives among the latter, have certainly not been calculated. The use of machinery, of explosives, even of railways, which may originally have met with the derision received by other inventions, leads to a change of institution, as well as to another attitude of mind, and thus perhaps to further inventions.

The acceptance of new institutions involves different processes. Institutions embody the social system of a people, encompass the very atmosphere. From them are drawn the automatisms for behavoir in daily life. But any change in customs implies the working of a conscious process in order to achieve new attitudes and conventions. Such a change in pattern means "adaptation" in customs and institutions, which sometimes has far-reaching consequences comprehended only by time.

A similar process occurs with ideas, although they are always more in flux and bear differently on the standard pattern. New concepts as contained in legends, myths, or in poetry, do not necessarily conflict with traditional patterns, although such may often happen. Again they may seem to accord, but later even turn out to be revolutionary, as with European ideas of justice and procedure with litigants in Africa. Each adaptation is a vehicle for "evolutionary" development. Whether it works in a proper "revolutionary" sense depends less on its nature than on the attitude taken by the society toward the consequences involved.

Obviously, the results of transmission as explained cannot be considered as mere additional acquisitions. The effect for the future is hard to ascertain. The acceptance of anything material or immaterial may, and generally does, have consequences in various spheres of life. It radiates to the whole complex of the cultural constitution of the people concerned. There are three main factors to be taken into consideration:

1. The attitude and the relation between the "giving" people and the "accepting";
2. The constitution and tradition of the accepting people; and,
3. The circumstances in which such transference takes place.

ad 1. Of great importance is the difference in civilizatory equipment or what may be termed the "cultural tension" of the two tribes or nations that clash. This may be observed with the European coming to Africa, and in similar cases in the past, when pastoral tribes happened to meet agriculturists, or when the latter came up against hunters, trappers, and collectors of plants. As scientists, we should refrain from evaluation of cultural differences and content ourselves with regarding such a cultural tension only in reference to the drives and traditions with which they are imbued.

The people concerned, on the other hand, do not scruple to make such evaluations. The formation of values on their part involves their emotional attitudes in reacting to the exponent of another culture. Such valuations and reaction patterns, however, are not always the same. In the course of contact on both sides, there is a certain current and possibly a similar rhythm. At first the strangers meet with distrust and suspicion. A recourse to violence is often unavoidable unless one party is, in some way, accepted as a "superior".

(a) The suspicion and resentment of those mountain tribes in New Guinea who, until their encounter with me, had never met a white man, was diverted for a while by a certain deference and awe as for a supernatural being because of the overwhelming number of new impressions. They did not dare to shoot their arrows at me although they tried several times. One could frighten them by lighting a match, blowing a whistle, reflecting the sun's rays upon their eyes with a mirror, holding a watch at their ears, or pulling out the photographic tripod.

(b) The case is different with tribes nearer the coast. They come to know the European's excesses and shortcomings and will take revenge on him should he violate tabus or conventions or behave indecently. A certain feeling of inferiority, it is true, keeps him at a distance from the European, but he will not on that account tolerate indiscriminate license or infringements of propriety.

(c) A third stage is reached by those natives who come in more or less in constant contact with white men. They soon acquire the attitude of a "blasé", who feigns to know all about European accomplishments and even arrives occasionally at a remarkable stage of identification with the European. When I once in New Guinea brought a boy home to his native village in my motorboat, he addressed his people in pidgin-English, not in his native tongue, although he had stayed with me only about three months. Another asked me for a white suit to put on when he returned home. His people at first did not recognize him, and then refused to accept him, until he had rid himself of this white man's brand, and stood before them as his deity created him. The white man, having become a kind of ideal to be imitated in various ways, is able to exercise tremendous influence among natives who have reached this stage of transition.

This phase, the "devouring" of foreign civilizatory equipment, is one of the most significant. It may be observed in many places and in the history of many peoples. In Africa it is still dominant, and was so several decades ago in Japan. It existed in the early Middle Ages in most of the European countries; it prevailed among the old Romans for some time when they came in contact with Greek civilization, and later when they become acquainted with the Orientals.

We should note: first we generally find a stage of withdrawal from the unaccustomed. If, by certain events of emotional content, this repellent attitude is changed, a wave of imitation, almost of identification with the new or strange, gradually inundates all traditions. This is a most critical state for the accepting community.

In some cases a new social entity may ensue, as with the Rehoboth Bastards in Angola (Africa), composed of Transvaal Boers and the native Negroid element. The formation of such a new body as a matter of fact has occurred in history repeatedly, and all European nations bear out that evidence. The English nation, for instance, is built upon an earlier pre-Gaelic and Gaelic population, augmented considerably by a stock of Anglo-Saxons, Danes and Normans, and many localities still bear the stamp of the origin of their inhabitants. In present-day Italy we find merged, besides others, Lombards, Goths, Ligurians and Tyrrhenians. In Spain are remnants of the ancient Iberian and Ligurian stock, of Goths, Berbers and Moors, etc. But what is left of these peoples has lost its individuality. Such a losing of ethnic personality accounts for the "passing of a people" or the so-called *Völkertod*.

There may be, however, varieties and degrees of such loss of individuality. Often it is only the language, the political organization, or the social structure that is destroyed. The Scandinavian Waraegans in the early Middle Ages lost their language in Russia (Kiev), as did their Norman cousins in France and Sicily in about the same era, although they came as conquerors, a fact that undoubtedly must be ascribed to their having taken native wives, and thus procreated a mixed race, with the passing of their own ethnic individuality. Vice versa, the continuity of an appellation, or even of a language, in no way warrants ethnic or racial individuality. The modern Persians and Greeks speak languages similar to those of their ancient predecessors, but in the meantime their ethnic and racial stock has been radically transformed. They survive more in our romantic imagination than in reality. In Egypt even the language of the towns has been entirely superseded by the Arabic tongue.

In the archaic or Old Oriental type of state prevailing almost up to the age of the printing press, language and nationality were of secondary importance and could easily be preserved everywhere. It is only in more recent times, with the increased importance of the printed word to those living on an individualistic, democratic basis, that the spoken language, especially as taught in the schools, became a matter of political dispute, as in Europe. It is remarkable that African natives today not only do not object to learning English but even seek it most avidly as a key for disclosing the mysteries of Western thought and civilization. But by that they do not consider giving up their own language. The loss of political power, however, may be associated with the disappearance of ethnic and racial strength as with the North American Indians, Australian aborigines, Polynesian natives, the Bushmen and pigmy tribes of Southern and Central Africa, the Kubu of Sumatra, the Vedda of Ceylon, and a score of hunting, trapping, and collecting tribes in various parts of the world. Some of these tribes, consisting of what may be termed a "residue" population, for centuries past have been on the path of retreat before the more aggressive races of agriculturists, and particularly of herdsmen.

That the loss of political power, however, need not lead to a definite disappearance is proved in the recovery of independence by the Balkan peoples: the Greek, Serbs, Bulgars, Roumanians, and more recently the Czechs and the Poles, the Lithuanians, Letts, Esthonians and Finns. Quite apart is the fate of the Jews, who are, however, also on the way of regaining a political home in Palestine, although on a comparatively small scale.

(d) The fourth phase in the attitude of the recipient of new cultural stimuli is a "recovery" from the shock of threatened loss of national personality. It is a most marked reaction, for instance, in the demeanor and bearing of the "up-to-date" Japanese, or Hindu. In Africa it is to be noticed particularly among the black proletariat of the South and parts of the West Coast.

Also in Mexico and in parts of Central America an unmistakable national consciousness of the native Indians is gaining ground, and an assertion of the cultural individuality is the result.

ad 2. The constitution and tradition of the "accepting people" is an important factor in the procedure of transmission. There are to be considered, (a) the selective process. From the people with whom contact has been established, not everything is adopted. Why does one tribe accept this kind of object, institution, or belief, and another one choose that? Obviously, a sifting has taken place. One is struck by such selection among East African tribes, who have had, on the average, the same kind of contact with Eureopeans. Not only is the cultural individuality of each tribe different, but also the momentum of their own traditions, and the circumstances of transmission. The Masai, a purely pastoral people, are in a position quite different from the Wanyamwezi and Wassukuma, who keep poor cattle and work a hard soil on the barren plains. These in turn differ in condition form the Wanyakusa in the fertile highlands north of Lake Nyassa. Even in the relatively small district of the Usambara mountains conditions vary with the three or four minor areas. For instance, in the Vuga district Indian corn is sown and harvested three times a year, in Bumbuli twice a year, but in Mlalo only once a year, the difference being due to the periods of rain as well as to the quality of the soil. In spite of a single harvest a year the fertility is, in Mlalo, so exuberant that it often more than equals the income at Vuga. As a matter of course, each of these conditions presents a different face to European influences. The introduction of an irrigation system, for instance, may bring various results. The small tribe of the Mti, living on a fairly unyielding soil, changed its entire mode of farming by taking to planting potatoes, and have now lived on them for years. Other clans also accepted the cultivation of potatoes introduced by the Bethel Mission but did not shift entirely to this basis of gaining a livelihood.

(b) The rejective process is particularly significant from a psychological point of view. There are always a number of objects and thoughts which are rejected even if a people is prone to accept other things. This rejection points not only to self-assertion but also to the momentum of, and dependence on, their traditions. For example, in the main Japan and India rejected Christianity. The mode of life of hunting and collecting tribes excludes the adoption of any scheme for more permanent housing. There are mental attitudes and temperaments that make for rejection of a stable life and particularly the caring for animals and crops. The Bergdama, a hunting tribe of Southwest Africa, had even served as keepers of the herds of the Herero, sometimes returning home with their cattle. But on these occasions they simply slaughtered them to eat and never kept to herding and breeding. There seemed also to prevail among them, as also with herdsmen, an aversion to the drudgery of cultivating the soil. The Masai herdsmen never became agriculturists in spite of their centuries of intimate contact with farming tribes.

The function of these rejective processes becomes important particularly in all cases of more or less forced acculturation, as that of dictators like Amanullah, Ivan the Terrible, Peter the Great, and Lenin among their own people, or by outside pressure like that of missions, governments, or other instructors. All these rejections, however, may be altered by time. As a matter of fact they are often only the result of untimely collision of social traditions.

The rejective process should be distinguished from the eliminative, which means the replacing of old contrivances or institutions by new ones: as for instance, the spinning-wheel in favor of the modern weaving machinery, the use of carts drawn by horses, in favor of the automobile, the performance of old magic rites in favor of Christian ceremonies, or the loss of the blacksmith's craft in Africa because of the introduction of modern implements.

(c) The transformative process means that, in adoption, this or that selected object, institution, or idea, (1) may acquire a different meaning in the context of the new culture, and, further, (2) even its constitution may be changed. Nordenskiöld[2] in South America has carried on some research in this direction and has secured most valuable material.

As a matter of fact scores of new inventions are only adaptations due to new material, or adjustments to different purposes, which have occurred because of transference to another tribe and consequent change in the cultural texture Furthermore, these may have been brought about by migrations to regions granting different resources.

An invention or a change, it may be noted in passing, is generally traceable to one man, and it must go through a process of social reception by the community, a fact very often overlooked, but recorded in the old saying *Nemo propheta in patria*. Inventions return occasionally to the country of the inventor by having first been adopted abroad, as for instance, in recent times Diesel's engine. A transformation may be functional, as with the previously mentioned Australian boomerang, which becomes a ceremonial object in the New Hebrides and Solomon Islands, or the Sudanese throwing-knife which becomes a ceremonial instrument among Bantu tribes. Or the transformation may be essential, as the harnessing of oxen before a hoe, which is thus transformed into a plough.

ad 3. In cultural contact accidents and events are sometimes of the greatest importance, quite at the outset. Let us cite some of the events of the earliest contact between the English pioneers and the Indians, east of the Connecticut river. "English jurisdiction could not be easily established in a region where the Indian tribes were well organized; and the first English settlements were made in those spheres within which native rule had practically disappeared, by (1) the dwindling of the population, or (2) where it was demoralized by

---

[2] Erland Nordenskiöld, Modifications in Indian Culture through Inventions and Loans. Goteborg, 1930.

tribal wars, or (3) where it was destroyed by English arms. The first condition is illustrated by eastern Massachusetts (both the Bay and Plymouth area), in which a plague had recently destroyed a large percentage of the natives. The second condition existed about Narragansett bay and in Connecticut west of the river where the tribes were so weakened by wars with the Pequots that they welcomed Englishmen as allies. The third condition was the factor that led to the initial settlement of Connecticut, east of the river, and the Pequot war is the event with which the history begins." From the start the Pequots were hostile to the whites. English traders were killed in 1637; combined forces from Massachusetts and Connecticut, aided by non-Pequot Indians, destroyed villages and crops of the Pequots. There was no rising of Indians until a new generation appeared 1675.

Such circumstances in which transference takes place are of the utmost importance and often instrumental in selecting the institution or idea to be chosen from another people.

It is most fascinating to watch the developments resulting from the attitudes taken by groups brought into contact with one another. There are two possible reactions. The one alternative is the welding together of the groups by the slaying of the men and the abduction of the women. The other alternative is more pacific, since the groups keep apart in the beginning.

In an overwhelming number of cases, as has been pointed out, women or slaves are vehicles for the transmission of civilizatory components. The mere settling together or close by in democratic aggregations does not so much affect cultural texture unless the women are exchanged. As long as stratifications remain purely ethnic each unit preserves its tradition. Then commences the process of reciprocal evaluation resulting in the domination of one over the other. A certain amalgamation of more powerful families with representative clans or families of the inferior stratum concludes in a shifting of the standards of valuation and their control of conduct. The importance of descent is diminished in favor of political and economic influence. Certain families of the superior stratum thus emerge as dominant and gather support on this basis from representatives of other strata. By this departure, the exchange of women goes on between the various strata of the commonwealth, and leads, at least partially, to mutual acceptance of traditions. This is augmented by the establishment of tyrants and dictators, who may even have been foreigners. The fact of social gradation replaces the ethnic stratification. It means that the fact of possessing actual power in material values and political influence supersedes power ascribed to descent. The skeletal structure of a graded society persists, whereas the values on which the stratification is based change.

The other alternative is that women agriculturists may be taken by pastoral men and thus give birth to a new culture based upon a merging of the former traditions of each. These circumstances account for the position of women among several tribes, particularly in Polynesia and in Africa where, juridically, they are considered almost as slaves, though in practice they may be esteemed and even exercise considerable influence. Also the value of the traditions is generally in some way affected. As a matter of fact the mingling leads very often to an absorption of the one language by the other, the continuous acquisition of women of one ethnic body imposing the mother language on the new generation. The spread of the Bantu language was perhaps due to the acquisition of women of Bantu agriculturists in Africa.

Today in Africa and elsewhere the conditions of transmitting European accomplishments and ideas are entirely different. There are various other channels by which the new and foreign flows. The missions, schools, governmental ordinances, control of courts etc., are certainly outstanding factors. But it would be a bias in favor of these formal, intended forces to ignore the influence, equally effective, of the laborer in the plantation, the clerk in the office, and particularly of the houseboy who shares his master's life and home, becomes his intimate, and sometimes his friend. These avenues of influence are mentioned here to match them against the former, and furthermore to show the difference between the intended influences and those incidental but no at all ineffective forces often neglected by the European observer.

Finally we must consider the results of such a clash of cultures. An agglomeration of parts of various clans or tribes may lead to a prolonged sojourn together but without much contact that implies mutual learning. As mentioned above it is striking how little may be acquired from another. In the cases of the Yaunde and the pygmies of the Sangu, of the Kivu hunters and the Ruanda herdsmen, of the Herero and the Bergdama, of the Berber tribes and the Sudanese, and so on, each one kept for centuries exclusively to his own. The same even holds true of parts of larger associations such as castes and guilds, each jealously preserving its own traditions, skills, and customs.

Even nationalities from the many lands of Europe united by the bond of a constitution as in America, remain unamalgamated for generations. This is illuminated by the fact that even in the fold of

Catholicism in the United States there are to be found Polish, Italian, Spanish, and French, who all keep their own traditions.

But do all these attitudes persist forever?

We must regard them as passing tides in the stream of changing attitudes described above. There are tides of withdrawal, of assertion of the original traditions, alternating with waves of yielding and almost abandonment to the foreign influence. Such a tide may last for centuries nearly unchanged and impress the onlooker as something permanent.

The peculiarity of modern contact is marked by the special nature of the diffusion and short space of time within which an enormous number of new objects and events overwhelms the bearers of other cultures. The invading culture of today does not so much spread by living together or by exchanging wives, both of which methods require several generations for adjustment, as by the imposing of objects, techniques, concepts (such as Christianity), and by intellectual teaching. The ancient way of transference was imbued with more emotional and biological implications. On the average, we notice among the peripheral peoples of the present a rhythm similar to that we have discussed before, manifesting itself first in a repellent attitude, then being replaced, in many instances, by readiness to adjust to new conditions, and finally superseded by a vindication of the traditional self of the lost culture, as for instance with the cycle of the Japanese within the last century.

By comparing the older process of adaptation with the modern we arrive at an impression of the particularity of the latter. Even that can rightly be judged only by contemplating it as a growing process that never reaches a definite end, but serves as a source for untold new changes ahead.

These adaptive changes contain the core of what is called history. Superficially, political history seems to consist in a number of conflicts that may turn into wars or migration, and so on. These events, however, show only the climax of innumerable minute processes which indicate what goes on either in social contacts or as the result of internal alterations brought about by inventions.

Viewed from this point our problem is the most essential one of social history.

Völkerkundliche Vergleiche unter den Erdteilen*

Der Sinn der völkerkundlichen Studien liegt in zwei Richtungen: 1. nach der praktischen Seite für den Umgang mit den Bewohnern von außereuropäischen Ländern, deren Vorfahren nicht in derselben Vergangenheit wurzeln wie die Europäer. Diese Fremdvölker selbst sind nicht mehr dieselben, die sie noch vor wenigen Generationen waren, sondern durch die veränderten Existenzmöglichkeiten hat sich in ihnen eine äußerlich und innerlich tiefgreifende Wandlung vollzogen, die auch wieder auf die Europäer zurückwirkt und auf Seite der letzteren ein verändertes Verhalten herbeiführen muß. — 2. Nach der historisch-theoretischen Seite soll die Völkerkunde den Werdegang der Menschheit mit Hilfe der Reste und Anzeichen erhellen, die sich in „älteren Lagen" der heutigen Menschen erhalten haben — wenn man ein geologisches Bild gebrauchen darf. Gerade in dieser Hinsicht liegen verschiedene Fußangeln für den, der diesen Weg zu betreten wagt. Denn die heute lebenden sog. Naturvölker sind keineswegs den einstigen Primitiven gleichzusetzen, sondern machten verschiedene andersartige Erlebnisse namentlich mit fremden Völkern durch und veränderten sich selbst im Laufe der Zeit.

Voraussetzung sowohl für Punkt 1 als auch 2 ist eine Kenntnis der einzelnen Völker, Stämme, Splitter, Banden, die durch deren Beschreibung vermittelt wird. Doch schon solche Beschreibungen können nicht nur mehr oder minder zutreffend, einseitig, voreingenommen, unter gewissen Gesichtspunkten gemacht werden, sondern auch von bewußten oder unbewußten Tendenzen oder Absichten getragen sein usw. Man kann z. B. stets nachprüfbare Beschreibungen von Geräten, Werkzeugen, Waffen, Schmuck, Hausbau, deren Herstellung und Bestandteilen liefern, wie etwa A. *Krämer* in seinem zweibändigen Werk über Samoa. Andere Feldforscher haben sich der Aufnahme von Verwandtschaftsbezeichnungen ergeben, wie *Rivers* oder *Gifford*, andere richteten ihre Aufmerksamkeit auf magische Praktiken oder religiöse Vorstellungen wie *Evans-Pritchard*, andere auf Heiratsordnungen u. dgl., andere wieder versuchten sich in Monographien allgemeiner Art, die mitunter sehr speziell ausfielen, wieder andere gingen den Überlieferungen von Techniken, Bräuchen, Einrichtungen oder Vorstellungen nach usw. Verschiedene Seiten des Lebens wurden also

---

* Zuerst erschienen in „Afrikanische Studien", Diedrich Westermann zum 80. Geburtstag gewidmet. Akademie-Verlag, Berlin 1955. Der Aufsatz selbst wurde 1945 geschrieben für die damals geplante Festschrift.

von den einzelnen Beobachtern behandelt, andere meinen von Seite der Sprache allein Einsicht gewinnen zu können. Einige Forscher verbrachten Jahrzehnte oder doch Jahre bei einzelnen Stämmen, andere meinen in drei oder vier Monaten völkerkundlich mehr als genug ermittelt zu haben, manche begnügen sich mit noch weniger Zeit und betrachten sich als Sachverständige, wenn sie nur ein paar Wochen oder Tage irgendwo verbracht haben. In ihren naiven Überheblichkeiten meinen sie, es genüge, eine Reise da oder dorthin unternommen zu haben. Hinzu kommt, daß die einen gute Beobachter sind und die fremden Leute zu nehmen verstehen, so daß sie in kürzerer Zeit in der Tat mehr erfahren als andere in Jahren, während wieder andere ungeschickt sind oder von den Leuten das erfahren, was sie als Ermittler zu hören wünschen. Ferner gibt es Feldforscher, welche die Früchte, die sie gepflückt, sensationell aufblasen, während andere sich der Begrenztheit selbst sorgfältiger Untersuchungen bewußt bleiben. Die Museumsethnologen werden in der Regel durch die materiellen Gegenstände völlig in Anspruch genommen, und es bleibt ihnen wenig Zeit für die Zusammenhänge des Gesellungslebens oder für die geistigen Vorgänge.

Dies alles zeitigt eine Verschiedenheit des völkerkundlichen Materials in qualitativer, aber auch quantitativer Hinsicht. Von der Uneinheitlichkeit der Aufnahmen bildet fast nur das Gebiet des Staates Kalifornien eine rühmliche Ausnahme, denn dort wurden nach einem einheitlichen Schema, teils von Professor A.-L. *Kroeber* selbst, teils von seinen Schülern, während beinahe vierzig Jahren die meisten Indianerstämme bearbeitet, so daß auf dieser Grundlage von gleichen Fragestellungen sinnvolle Vergleiche ermöglicht werden. Denn unsere Kenntnis von den verschiedenen Stämmen und Stammessplittern ist sonst sehr lückenhaft, und außerdem ungleich je nach der erwähnten Eigenart des Berichterstatters. Erschwerend ist noch, daß nur die materiellen Gegenstände, soweit sie in Museen vorhanden sind, überprüfbar sind. Doch schon bei der Verwendung dieser Gegenstände oder gar bei deren Bedeutung und Deutung, etwa von „Schmuck", der oft mit magischen Vorstellungen zusammenhängt, entstehen Schwierigkeiten. Namentlich sind die Beschreibungen der den Museen eingesandten Gegenstände etwa eines zu eiligem Reisen genötigten Sammlers oft sehr dürftig. Früher lag den Museen mehr an vielen, die Schaulustigen anziehenden Gegenständen als an einem Eindringen in den Kultur- oder Denkzusammenhang der betreffenden Völker. Während z. B. auf historischem Gebiet Quellenkritik und Überprüfung des einen Forschers durch andere stets mit Recht gefordert wird und stattfindet, ist das auf völkerkundlichem Gebiet sehr schwer möglich. Das Vertrauen in die Verläßlichkeit überhaupt des mitgebrachten Materials und dessen Beschreibung muß groß sein. Das ist oft schwer, wenn die Oberflächlichkeit und Sensationshascherei eines Mannes, der sich als Forscher ausgibt, erkannt wird. Eine weitere Schwierigkeit besteht darin, daß oft im gleichen Stamm nahe Nachbarn, ja verschiedene Gewährsmänner desselben Dorfes in ihren Deutungen voneinander abweichen, auch in ihren Bräuchen ungleich sind, verschiedene Aussprachen, wenn nicht gar verschiedene Dialekte haben. So entstanden unter den Völkerforschern manchmal heftige Fehden, weil der eine auf den Brauch oder Dialekt seiner Gewährsmänner schwor, während der andere seine Gewährsmänner reden ließ und sie verteidigte. Keinem kam in der Hitze des Gefechts der Gedanke, daß auch der andere Recht haben könnte, sondern jeder hielt sich für unfehlbar und mindestens die Gewährsleute des anderen für Betrüger. Solche Dispute trugen sich z. B. bezüglich Schreibung und Aussprache der Worte der Gazelle-Halbinsel-Leute in der Südsee zu, aber auch andernorts. Man war von heimischen Verhältnissen ausgegangen und lebte in der Befangenheit, als ob die Bräuche und Gedanken gesetzlich vorgeschrieben, Sprache und Grammatik wissenschaftlich festgelegt seien.

Daraus wird ersichtlich, wie außerordentlich schwer Überprüfungen an mitgebrachtem völkerkundlichen Material sind und welchen Schwierigkeiten eine an sich dringend nötige Quellenkritik begegnet. Sie kann hauptsächlich nur aus einem Zusammenklang mit anderen Einrichtungen, Gebräuchen und Sprachen ermöglicht werden. Aus diesem Grunde sollten Stipendien für Forschungsreisen wenigstens auf ein bis zwei Jahre gegeben werden, mit dem Auftrage, sich mindestens dreiviertel Jahre an einem Ort aufzuhalten. Einem Anfänger müßte auch Zeit gelassen werden, sich einzuleben und anzupassen.

Trotz aller erwähnten Unstimmigkeiten drängt sich natürlich das Bemühen auf, zu Zusammenfassungen und Übersichten zu gelangen, um dem eingangs erwähnten Sinn der völkerkundlichen Studien zu entsprechen. Zunächst meinte man, etwa zur Zeit *Bastians,* jedes Volk habe sich selbst zu dem Höhestand gebracht, auf dem die Europäer es überraschten. Dieser Auffassung gegenüber wurde von geographischer Seite (*Ratzel*) eingewendet, daß sich in gewissen Gebieten ähnliche Völker finden. Solche Gedanken griff zunächst der bewegliche und stets zur Zündung bereite Geist von *Frobenius* als *Ratzels* Schüler auf und konstruierte „Kulturkreise". Dadurch angeregt suchten *Fritz Gräbner* für die Südsee und *Bernhard Ankermann* für Afrika in der Sammlung des Berliner Museums für Völkerkunde nach Gegenständen und Berichten von Reisenden, die ihnen gestatteten, das angeschnittene Thema zu vertiefen und im Jahre 1904 „Kulturkreise" aufzustellen. *Frobenius* selbst verbesserte im Laufe der Jahre seine anfänglichen Entwürfe, während *Gräbner* und *Ankermann* ihre Einteilung nicht abänderten, sondern durch Heranziehung neuer Vergleichsobjekte zu festigen suchten. P. *Wilhelm Schmidt*, der *Gräbner* anfangs bekämpft hatte, schloß sich den beiden zwar nicht unmittelbar an, stellte sich jedoch auf ihre Seite und arbeitete die sog. „Kulturhistorische Methode" aus. Statt „Methode" hätte er besser „Hypothese" gesagt, denn um eine solche handelte es sich, nicht um eine Methode für Feldforscher. Denn P. W. *Schmidt* hat sich niemals unter Naturvölkern aufgehalten. Wollte er den von ihm ausgesandten Missionaren eine Richtlinie für die Einordnung dessen, was aus ihrer Arbeit abgeleitet werden sollte, an die Hand geben? Auch der Ausdruck „historisch" hatte nur insoweit Berechtigung, als *Schmidt* an eine geschichtliche Abfolge der Kulturkreise dachte und diese an Stelle der von ihm prinzipell bekämpften „Evolutionstheorie" setzen wollte. In der Tat bekräftigte seine „Methode" teilweise die Entwicklungslehre.

Zweifellos haben die „Kulturkreislehre" und ihr Ableger, die „Kulturhistorische Methode", die Völkerkunde außerordentlich bereichert, teils dadurch, daß die alte Einteilung von *Waitz* und *Tylor* verbessert, teils der Gedanke der Übertragung und Beeinflussung von Volk zu Volk und von Stamm zu Stamm stark in den Vordergrund gerückt wurde. Wie es aber gewöhnlich geht, verfiel man von einer Übertreibung in die andere. Übertragungen wurden zwar überall gefunden, doch über den komplizierten, sozialpsychologisch wichtigen Vorgang der Auslese gerade gewisser Einrichtungen, Fertigkeiten oder Gedanken, über ihre weitere Einordnung und Abwandlung bei der Aufnahme in das vorhandene Kulturgewebe gab man sich keine Rechenschaft. Ebenso übersah man, daß infolgedessen die Verschiedenheit der Bräuche, Gedanken oder Dialekte innerhalb naher Nachbarschaft herbeigeführt wurde. Man merkte nicht, daß die Übernahme fremder Gedanken und Übungen gewöhnlich eine besondere Aufgabe zu erfüllen hat. Ebenso vernachlässigt man den Weg der Übernahme, der häufig über die Heirat mit fremden Frauen führt und erst in der folgenden Kindergeneration einen Niederschlag in Sprache, Sitte und Fertigkeiten findet. Man übersah, daß gerade dadurch die Dynamik der Vorgänge bei der Ablösung durch die Generationen beleuchtet wird. Schließlich zeigte sich noch zweierlei: 1. daß die anfänglich geringe Zahl von vier bis sechs „Kulturkreisen" nicht ausreichte, bis Hermann *Baumann* es bei seiner großen Übersicht über die afrikanischen Kulturen auf mehr als zwei Dutzend „Kulturprovinzen" brachte. 2. stellte sich heraus, daß auch diese Flächen nicht lückenlos sind, weil sich in vielen Gegenden Einsprengsel zurückgedrängter und teilweise durch die Fremden veränderter Stämme finden, wie etwa die Ciga[1] im Gebiet von Uganda, so daß die territoriale Einteilung überhaupt versagt. Etwas, das auch im Rechtsleben seinen

---

[1] Vgl. *Africa* Bd. II, 3, 1938, 325 ff.

Ausdruck fand und z. B. in Westafrika zu Mißverständnissen Anlaß gab[2].

Als Reaktion auf alle diese Mängel der Kulturkreislehre entstand der Funktionalismus, der zunächst von B. *Malinowski* propagiert wurde. Er vertrat unter dem Einfluß des Londoner Afrika-Instituts methodisch den Gesichtspunkt, daß der Feldforscher sich mit den Eingeborenen, so wie sie heute sind, beschäftigen und die Geschichte beiseite lassen soll. Auch die Fragen der Beeinflussung und der Entstehung von Einrichtungen und Gedanken überging er und legte Gewicht auf die zur Zeit bestehende Verflechtung der verschiedenen Seiten der Funktionen des Lebens. Es war sicher richtig, bei der Erforschung eines Stammes nicht bloß eine romantisch-historische Konstruktion aus der Vergangenheit des Eingeborenenlebens zu versuchen. Hinzu kam der praktische Nutzen solcher Untersuchungen für das koloniale Geschäftsleben, für Verwaltung und Mission. In diesem Sinne konnte ich schon 1927 *Malinowski* zustimmen. Doch schien mir schon damals die Umgrenzung zu eng. Natürlich war der Ausdruck „historisch" infolge von P. W. *Schmidts* „Kulturhistorischer Methode" stark dadurch belastet, daß diese ein starres Schema aufstellte, das eine dogmatisch festgelegte Abfolge von „Kulturkreisen" in Rechnung stellte. Gerade hierbei hätte die Kritik des Funktionalismus gegenüber der „kulturhistorischen" Richtung einsetzen müssen. *Malinowski* sah wohl diesen schwachen Punkt, doch lag ihm zunächst mehr an der Durchsetzung des Erfassens der gegenwärtigen Zustände und ihrer heute greifbaren Verflechtungen für praktische Zwecke. Wegen der Inanspruchnahme durch meine Reisen hatte ich erst Gelegenheit, in einem Aufsatz „Methoden in der Völkerkunde"[3] und in einem andern „Völkerwissenschaft" in der Mailänder *Scientia*[4] diesen Punkt wenigstens beiläufig hervorzuheben.

Durch andere Arbeiten[5] ist mir inzwischen die Bedeutung der Verschlungenheit des Geschehens und Denkens sowie die durch sie bedingte Dynamik noch klarer geworden. Denn allein schon die Ablösung der Generationen bedeutet, daß neue Menschen mit anderen Erlebnissen und Erfahrungen handelnd und denkend in den Vordergrund treten und als Träger der Überlieferungen dazu Stellung nehmen. Durch Veränderungen in den Beziehungen zu Nachbarn und Fremden entstehen allemal neue Situationen, auf die nun neue Menschen zu reagieren haben. So werden auch verschiedene Anlagen, Begabungen und Fähigkeiten in den Vordergrund geschoben. Dies

---

[2] Henri *Labouret*, *Paysans d'Afrique Occidentale*, 1941, 49 f., 53, 66 ff., 103.
[3] In *Kultur und Rasse*, hg. v. Hesch u. Spannaus, München 1939.
[4] 34. 1940, 163—167.
[5] Z. B. Funktion und Entwicklung im *Archiv für Anthropologie*. N. F. 26, 1940, 40 ff.

bedeutet eine veränderte Siebung und damit eine Verschiebung der führenden Charaktere sowie deren Einfluß auf den Gesamtcharakter der Gruppe. Als in die Augen springendes Beispiel sei nur an den Übergang einer Sippe oder Bande vom Wildbeutertum zur Anlage von Feldern, oder von Hirten zu teilweiser oder völliger Seßhaftigkeit und Einbeziehung von Feldbau für die Ernährung, etwa bei einigen Pygmäenstämmen, erinnert[6].

In allen diesen Vorgängen zeichnet sich die Einzigartigkeit und Einmaligkeit des historischen Geschehens ab. Dennoch können wir nicht umhin zu beobachten, wie sich trotz aller Besonderheiten grundsätzlich etwas ähnliches wiederholt. Man spricht von den „Lehren der Geschichte", die aber nirgends je formuliert noch weniger tatsächlich je beachtet oder gar von den Handelnden befolgt wurden. In erster Linie wäre eine „Völkerwissenschaft" dazu berufen, solche Formulierungen zu finden, ähnlich wie C. G. *Jung* auf psychologischem Gebiet von „Archetypen" spricht, die auf gemeinsame Anlagen aller Menschen zurückgeführt werden.

Voraussetzung für eine Herauslösung des Allgemeinen aus dem Wust von Besonderheiten bildet ein Vergleich der fundamentalen Funktionen des menschlichen Zusammenlebens und der entsprechenden Beherrschung der Natur, sowohl der Umgebung als auch der Natur des Menschen, nicht nur der Mitmenschen, sondern auch Einsicht und Zügelung des Selbst. Erst diese Selbstzucht krönt eine Kultur, nicht die Technik, nicht die Herrschaft über andere, so große Bedeutung ihnen auch zukommen mag. Nichtsdestoweniger bilden Technik und Herrschaft greifbare Marksteine des äußerlichen zivilisatorischen Fortschritts. Die zivilisatorisch-technische Ausrüstung und die dadurch bedingte Art der Lebensführung wirken sich überall auf allen Gebieten aus, jedoch im Rahmen der einzelnen Gemeinwesen und deren Seelen- und Geistesverfassung. Die Entwicklungslehre, der „Evolutionismus", beging den Fehler, in ihrer wolkenstürmerischen Art diese Einschränkungen zu übersehen und technische Errungenschaften, Menschen, Einrichtungen und Denken durcheinander zu werfen, statt die Auswirkung von Veränderungen einer Funktion auf andere Funktionen zu untersuchen. Denn das Trägheitsmoment der Überlieferung bewahrt das Bestehen einer Übung oder Einrichtung, etwa der Mutterfolge, so lange, bis ein besonderer Anstoß zu ihrer Änderung erfolgt. Bleibt der Anstoß aus, so läuft die Funktion in bisheriger Gestalt weiter, wie z. B. bei den Jibaros in Peru, die ursprünglich Pflanzer waren, trotz ihres Übergangs zum Hirtenleben Mutterfolge weiter besteht, obgleich sonst bei Hirten Vaterfolge herrscht[7].

---
[6] Beispiele dazu in meinem Aufsatz „Nahrungsgewinnung und Wirtschaft der Afrikaner" in *Beiträge zur Kolonialforschung*, 1944.
[7] Vgl. das Beispiel im Bd. I meiner *Menschlichen Gesellschaft*, 1931.

In solchen kleinen Besonderheiten schlägt sich das historisch Einmalige durch seine Verbindung mit vielen anderen Eigentümlichkeiten von Volk und Situation nieder.

Andererseits gibt es keine neuen Errungenschaften, die nicht auf den Voraussetzungen der alten aufgebaut wären. Doch läuft die Kette des Fortschritts nicht gleichmäßig und einlinig weiter, sondern hin und her über verschiedene „Kulturen". So bauten einige Menschen in einem Gemeinwesen auf den Errungenschaften des andern weiter, erfanden z. B. Segel, Bewässerung, Düngung, Rad, Pflug, Schmieden, Weben usw., während andere „steckenblieben" oder nur die eine oder andere Fertigkeit sich aneigneten, wie die altnigritischen Neger das Schmieden. Dadurch wurde ihre Lebensführung in besonderer Weise beeinflußt. Ja, im gleichen Stamm, wie bei den Kavirondo-Bantu[8] oder den ostafrikanischen Bena, erscheint ein Teil mehr dem Hirtenleben, ein anderer mehr dem Feldbau zugewendet, weil die historischen Voraussetzungen in jeder Gruppe andere waren[9].

Löst man die Verknüpfung der Fertigkeiten und Kenntnisse untereinander heraus ohne Rücksicht auf die sie tragenden Menschen, Gemeinwesen und Kulturen, so erhält man Reihen, die objektive Übersichten ermöglichen. Darauf baut ein Vorgang, den ich als „Anhäufungsprozeß" bezeichnete und dem ein Ausscheidungs- und Ersatzvorgang entspricht (das Steinmesser wird durch das Eisenmesser, wenigstens allmählich, verdrängt). Doch häufig findet nur eine Spezialisierung statt, die das Weiterbestehen alter Fertigkeiten neben der neuen gestattet (wie das Segelboot neben dem Ruderboot oder dem Floß, die Hacke neben dem Pflug, Jagd neben der Viehzucht usw.). Die Entwicklungstheoretiker sahen nur den Anhäufungsvorgang und übersahen nicht nur die komplementären Ersatz- und Spezialisierungserscheinungen, sondern vernachlässigten die Gebundenheit dieser Vorgänge an einzelne *Kulturen* und deren Eigenleben, sowie weiterhin die Verschiedenheit der Kulturen von den sie tragenden *Gemeinwesen* (Banden, Sippen, Gruppen, Staatsbildung), und dieser wieder von der Eigenart und Begabung der *Menschen,* die sich, mit dem Ablauf der Zeit, in wechselnder Weise zusammensetzen. Doch nicht nur das, auch die politischen und wirtschaftlichen Einrichtungen (Häuptlingswesen, Hörigkeit, Sklaverei usw.) spielen sehr wesentlich in den Anhäufungsprozeß und seine komplementären Erscheinungen hinein. Aus dem Ineinanderwirken aller dieser Faktoren entstehen die örtlich und zeitlich gebundenen *Weltbilder.* Bei der Ablösung der Weltbilder ist es daher ganz unzulässig, wie es häufig von philosophischer Seite

---

[8] Günter *Wagner,* Wesenszüge der politischen Struktur der Kavirondo-Bantu. *Studien zur Auslandskunde, Afrika I,* 1942, 7 ff.

[9] Neuerlich versuchte ich einen Überblick zu geben in *Der Mensch geringer Naturbeherrschung,* Berlin 1950.

geschieht, das eine aus dem andern abzuleiten, vielmehr muß jeweils die volle funktionelle *Verknüpftheit* der Entstehung jedes einzelnen Weltbildes untersucht werden. Doch bleiben bei der Ablösung des Weltbildes stets Reste früherer Vorstellungen bestehen, ähnlich wie bei dem Ersatz von Fertigkeiten. Auch sind nicht alle Funktionen gleichwertig und gleich stark in ihrer Ausstrahlung.

Es kann nicht zweifelhaft sein, daß die *Art der Nahrungsgewinnung* und der *politischen* Gestaltung von ausschlaggebender Bedeutung sowohl für den Zusammenschluß der Gemeinwesen als auch für die Artung der Menschen wurde. Denn dadurch werden *Artung und Siebung* der führenden Persönlichkeiten und *Auslese* oder Ausmerze für die Fortpflanzung beeinflußt[10]. Dabei greifen *Ordnungen* für Geschlechtsverkehr, Heirat und Fortpflanzung tief in das Geschehen ein. Es ist bemerkenswert, daß sich Wildbeuter, Pflanzenbauer und Hirten verschieden verhalten. *Wildbeuter* nehmen *Fremde*, falls sie keine Feindschaft oder Beeinträchtigung ihres Beutegebietes befürchten, willig auf und assimilieren sie. *Pflanzenbauer* sind infolge ihres mehr seßhaften Lebens gewöhnlich nach Sippen mit Mutter- oder Vaterfolge organisiert, die — ohne hier auf die unterschiedlichen Feinheiten der Heiratsordnungen eingehen zu können — miteinander in regelmäßiger Heiratsverbindung stehen, ähnlich wie sie auch bei Wildbeutern zu finden ist, so daß eine Anzahl von Banden, Sippen oder Dörfern auf Grund der sog. Sippenexogamie eine feste Fortpflanzungsgemeinschaft bilden. So entstanden auch leicht Verbindungen zwischen Pflanzenbauern und Wildbeutern auf der Basis der Gleichheit. Begegneten die Feldbauer Fremden, so wurde häufig, besonders in der Südsee (doch finden sich auch in Afrika Spuren davon), ein Zweigruppensystem eingeführt, das später dem Ethnologen als Stammeshalbierung erscheint.

Grundsätzlich anders verhielten sich die *Rinder-Hirten* und *Seefahrer*. Unter den ursprünglichen Hirten, die in kleinen Großfamilien lebten, scheint starke, bis zur Inzucht gesteigerte Nahzucht geherrscht zu haben[11], insbesondere fällt die Heirat der Großvaterklasse mit der Enkelinnenklasse auf. Innerhalb der Altersklassen aber herrscht freies Liebesleben, hauptsächlich bis zum 35. bis 40. Lebensjahr, bis zur späteren Heirat der Männer. Feste Schranken bestehen nur zwischen Eltern- und Kindergeneration und zwischen (auch durch Kuhtausch) befreundeten Sippen. Der zweite auffallende und weittragende Unter-

---

[10] Ausführliches darüber in meinem Aufsatz: „Dynamik der Rassenvorgänge", *Zeitschrift für Rassenkunde*, 1944.

[11] Ausführliches in dem oben angeführten Aufsatz über Dynamik der Rassenvorgänge; insbes. auch Gulla *Pfeffer, Die Djafun Bororo* usw. Dissertation, Berlin 1936; und Paul *Berger*, Die Datoga, *Koloniale Rundschau* 1938, 177—193; sowie *Wilson-Haffenden, The Red Men of Nigeria*, London 1930.

schied besteht in der grundsätzlichen Ablehnung der Fremden und der Fortpflanzung mit ihnen. Die kriegerische Erziehung der Jungmannschaft (Reife bis Heirat) zum Schutz der Herden gegen wilde Tiere und Menschen brachte eine militärische Überlegenheit mit sich, der stete Umgang mit Tieren abwartende Klugheit, das Herumziehen und Suchen nach Weiden, Berührung und schlaues weitblickendes Behandeln von Menschen, aber auch Sammlung von Erfahrungen und schließlich das Gefühl der Überlegenheit allen anderen gegenüber. Die starke Nahzucht vermochte diese Eigenschaften herauszuzüchten, die außerdem durch verschiedene Sitten bei der Jünglingsweihe und im Leben der Krieger auch für vorbildliche Wirkung auf die Gemeinschaft ausgesiebt wurden. — Beinahe dieselben Vorgänge und Charakterzüge kann man bei den mikro- und polynesischen Stämmen der Südsee-Inseln und Nachbargebiete beobachten. Ob diese Stämme, wie infolge von Funden bei den Maori angenommen werden kann, einen starken Einschlag von Hirtentum besitzen, etwa von Turaniern, oder ob die Gefahren der Seefahrt zur Herausbildung von ähnlichen Charakterzügen und Sitten wie bei den Hirten führten, mag vorläufig dahingestellt bleiben, doch kann beides zusammengewirkt haben.

Der *politische* Erfolg war der gleiche. Bei Berührung mit Fremden trat Überschichtung ein, d. h. die Familien und Sippen der Hirten oder Seefahrer, die sich grundsätzlich *abgesondert* hielten, übernahmen teils den Schutz der vor anderen Hirten oder Feldbauer-Feinden geflüchteten Stämme oder Stammessplitter, oder die Hirten traten in Tauschbeziehung zu den Pflanzer-Stämmen. Eine ganz ähnliche Absonderungstendenz ist bei den Mikronesiern und Polynesiern festzustellen und findet sich sogar in der Kasteneinteilung der Mbowamb[12] auf der zentralen Hochebene von Neu-Guinea. Wir dürfen uns diese Vorgänge nicht statisch vorstellen, sondern im ganzen dynamischen Ablauf[13]. Denn jede folgende Generation ging von der durch ihre Eltern geschaffenen neuen Lage aus. Solche *Übergangszeiten* wurden durch *stationäre* Perioden abgelöst, wie in Afrika und in der Südsee durch die Schaffung der Aristokratien. Während in der Südsee bis zum Erscheinen der Europäer keine neuen Völker auftraten und das stationäre Stadium bis dahin andauerte, sehen wir seit den ältesten Zeiten auf dem weiten afrikanischen Kontinent immer neue Wellen von Hirten und den Hirten assimilierten Stämmen eindringen, wodurch in verschiedenen Gebieten, vor allem in Ägypten, Abessinien und im Sudan, doch auch in Westafrika und an der Guineaküste samt Hinterland und Nachbarschaft usw. Überschichtungen einander folgten.

---

[12] G. Vicedom u. Tischner, *Die Mbowamb*, Hambg. Mus. 1943.
[13] Vgl. meine Schilderungen im IV. Bde. meiner *Menschlichen Gesellschaft*, 1935, und in den vorhergegangenen Aufsätzen des *Reallexikon der Vorgeschichte* 1924—29.

Auf diese Weise und durch die Einflüsse der asiatischen Despotien, vor allem aber durch die vielen großen Kämpfe gegen Fremde wurde die Möglichkeit gefördert, daß statt miteinander rivalisierender Adelsherren ein sakraler Fürst oder ein aufgestiegener Tyrann (z. B. der Zulu-Herrscher Schaka) sich betätigte wie in den mittelalterlichen Staaten des Sudan, daß also große autoritäre Herrschaften und Staatsbildung Fuß faßten.

Dabei spielen die kulturellen Varianten und die Zusammensetzung der einzelnen Gruppen eine gewisse Rolle. Über die ursprüngliche Entstehung des Rinderhirtentums aber gibt uns Afrika keinen Aufschluß, obgleich sich das Hirtentum in primitiven Formen in Afrika erhalten hat. Denn wenn wir die älteste erreichbare Quelle, das Gilgamesch-Epos, heranziehen, die auf sumerische Zeit zurückreicht, so finden wir darin schon die Bedeutung des Hirtentums hervortreten und überdies bereits eine Überschichtung von Feldbauern und Wildbeutern sowie staatliche Frühformen, etwa um 4000 v. Zw. Wie so häufig wurden primitive Lebensformen, in diesem Fall des Hirtentums, nach den Peripherien gedrängt, wo sie sich, wie in Afrika, erhielten. Jedenfalls barg das Hirtentum eine große vergesellende Kraft dadurch, daß es andere Menschen in Abhängigkeit brachte und organisierte.

Doch gerade darin lag auch seine Schwäche. Denn mit der Herrschaft und dem Seßhaftwerden trat zersetzender Luxus ein, wie die sog. „Kuh-Ful" mit Recht gegen die „Stadt-Ful" tadelnd hervorheben. Man braucht nur an dieses Beispiel zu denken, um die Fallschlingen zu erkennen, die mit steigender Macht, mit Wohlhabenheit und Luxus unabwendbar verknüpft sind, worauf hier einzugehen zu weit führen würde.

Gegen die Bedeutung des Hirtentums könnte auf das vorkolumbische Amerika verwiesen werden, wo es keine Hirten gab. Allein die Frage der Herkunft der aztekischen und Inkakulturen ist noch nicht geklärt. Die ältere amerikanistische Schule sträubt sich, an Einflüsse von Asien oder gar Europa zu denken. Doch sind in neuerer Zeit mancherlei Einzelfälle sowohl materieller als auch sprachlicher Art nachgewiesen worden, die an solchen Einflüssen keinen Zweifel mehr gestatten. Früh hat in einer Zusammenstellung von Fällen darauf G. *Friederici* hingewiesen[14].

Zunächst sahen wir, daß für die Untersuchung von Zusammenhängen ein Kontinent allein nicht ausreicht. Das Beispiel des Rinderhirtentums zeigt es. Ebenso steht es mit den Kamelhirten. Die Über-

---

[14] *Über eine melanesische Wanderstraße*, Erg. 4. 7 der Mitt. a. d. dtsch. Schutzgeb. Bln. 1913; insbes.: *Malaio-Polynesische Wanderungen*. Leipzig 1914. Vgl. *Der Charakter der Entdeckung und Eroberung Amerikas durch die Europäer*, 1. Bd., 1936.

tragung anderer Formen der Nahrungsgewinnung ist nicht so eindeutig. Viel eher sind es Handfertigkeiten, vor allem das Schmieden. In dieser Hinsicht steht z. B. die Übertragung aus Indien nach dem malayischen Archipel außer Frage, während bei der Nachahmung in Holz, wie D. J. *Wölfel* nachweisen kann, die verlorenen Schmelzformen in Holz nachgebildet werden, was einen ebenso handgreiflichen Beweis für Zusammenhänge bedeutet, wie der von Gefäßen (W. E. *Gifford*) oder Musikinstrumenten (H. H. *Roberts*) in Amerika. Die geographischen Abgrenzungen wollen also nichts für die Abgrenzungen der Zusammenhänge unter Menschen und deren Kulturen besagen oder kommen dafür erst in zweiter Linie in Betracht.

Andererseits begegnen wir charakteristischen Eigentümlichkeiten:

1. Kleinwüchsige finden wir außer in Afrika (Pygmäen, Buschmänner) noch an einigen Stellen Asiens (Malakka-Halbinsel, Südchina), unter den Aeta der Philippinen, in Neu-Guinea und unter den Baining der Gazelle-Halbinsel. Sie fehlen in Amerika und Australien. Die ausgestorbenen Tasmanier können ihnen nicht bestimmt zugerechnet werden. In Europa sind Spuren solcher Kleinwüchsigen nachgewiesen.

2. Das ursprüngliche Wildbeutertum hat sich nicht nur bei den Kleinwüchsigen erhalten, sondern auch bei vielen anderen, z. B. den Australiern, Eskimo, Samojeden und besonders — in einem fortgeschrittenen Stadium — bei den nordamerikanischen Siouxstämmen, während andererseits manche kalifornischen Indianer noch heute ein recht primitives Wildbeutertum zeigen. Man kann sagen, die „neue Welt" ist reicher an ursprünglichem Wildbeutertum als die „alte". In der Südsee sind die kleinwüchsigen Papuaniden durch Mischung mit den zugezogenen Melanesiern zur Anlage von Gärten übergegangen.

3. Die Anlage von Gärten mittels des Grabstocks, der Bau von Feldern mit der Hacke, beides überwiegend durch die Frau, und das Setzen von Bäumen durch die Männer kennzeichnen den Übergang zur pfleglichen Wirtschaft. Dieser hat sich auf allen Kontinenten vollzogen mit Ausnahmen von Australien, das zum großen Teil allerdings trockene Steppe ist, aber im Südosten und an einigen anderen Stellen wohl Anbau zugelassen hätte. Es scheint jedoch, daß möglicherweise zugewanderte Pflanzenbauer von den Molukken im Laufe der Generationen das Wildbeutertum vorteilhafter fanden. In der Südsee findet sich ebenso wie im äquatorialen Afrika der Gebrauch des Grabstockes. Die Verwendung der Hacke ist hier für die Lockerung des Bodens und beim Setzen von Schößlingen der Knollenfrüchte Taro, Yams, Süßkartoffel überflüssig, obwohl die Hacke als Werkzeug zum Fällen von Bäumen und sonstiger Holzbearbeitung gebraucht wird. In Afrika dagegen wird auf den zum erheblichen Teil trockenen Böden eine Hacke zur Lockerung der Schollen nötig. Ähnlich ist es in Amerika, wo der

Bodenbau in den wärmeren Gürteln betrieben wird. Eine vergleichende Untersuchung des Bodenbaues in Nord- und Südamerika mit dem der Südseeinseln, Indonesiens, Indiens und Südost-Asiens wäre lehrreich, leider fehlt es vorläufig dazu an Material.

4. Über die Verbreitung des Hirtentums und der Seefahrer wurde schon gesprochen, doch nicht über die Verbreitung der *Überschichtung*. Gerade die Absonderung der Oberschichten im alten Mexiko und Peru würde auf Einfluß von Seefahrertum hinweisen, ähnlich wie er auch in der mikro- und polynesischen Südsee zu finden ist.

Am Ende dieser skizzenhaften Ausführungen fragen wir uns, was aus diesen Vergleichen für die Entwicklungsfrage zu gewinnen ist. Jedenfalls die Antwort, daß die Spezialisierung auf einen einzigen Kontinent nicht ausreicht, um den historisch wahrscheinlichen Verlauf der Vorgänge festzuhalten. Der eurasiatische Raum bildet offenbar den Kern, an dessen Rändern und in dessen Wüsten, Steppen und Gebirgen noch vielerlei alte Reste schlummern. Afrika birgt besonders im Norden, doch auch im Süden manche frühen Ausstrahlungen und wurde durch seine Grenze am Mittelmeer und am Roten Meer in das Brodeln der ältesten Kulturen hineingezogen, ähnlich wie Indonesien und die Philippineninseln. Wie in Afrika Hirten bis an das südliche Kap gelangten, so auch die frühmelanesischen und polynesischen Seewanderer nach den am weitesten östlich gelegenen Inseln. Ob es aber vorher noch eine Wanderung megalithischer Seefahrer gab, die etwa den Muschelhaufen entlang an der asiatischen Küste nordwärts und an der amerikanischen südwärts wanderten, erscheint ebensowenig unwahrscheinlich, wie die frühe Besiedlung der östlichen Inseln des Großen Ozeans durch die Vorfahren der späteren Manahune oder der Osterinsulaner. Auch das südliche Afrika hat sein Kulturrätsel in der sogenannten rhodesischen Kultur und im Vorkommen von Glasperlen indischen Ursprungs.

Wenn wir Kulturgeschichte der Menschheit betreiben wollen, müssen wir uns an die wahre Bedeutung der Worte Kultur, Geschichte und Menschheit halten und ohne vorgefaßte Meinung mit gespannter Aufmerksamkeit der Enthüllung der Vorgänge entgegenstreben. Denn es handelt sich um einen Teil von unserer Selbsterkenntnis und von allgemein gültigen Vorgängen, von denen auch wir Europäer betroffen werden.

Printed by Libri Plureos GmbH
in Hamburg, Germany